우리에게 주어진 이 땅에서의 삶은

예수 그리스도와의 만남과 영원한 삶을 준비하기 위한 것이다

KB211070

영적 성장의 지름길 II

어떻게 새 생명으로 살 것인가?

초판 1쇄 ｜ 2016년 10월 10일 발행
개정판 1쇄 ｜ 2023년 7월 3일 발행
개정판 2쇄 ｜ 2025년 5월 21일 발행

지은이 ｜ 조용식
펴낸이 ｜ 조용식
펴낸곳 ｜ 좋은군사
편집지원 ｜ 재미마주
일러스트 ｜ 정재영
신고번호 ｜ 제 2024-000068
신고년월일 ｜ 2010. 10. 20
주소 ｜ 서울시 관악구 낙성대로33
전화 ｜ 02) 844-1230

e-mail ｜ v-center@hanmail.net
독자의 의견을 기다립니다.

ISBN
책값은 뒤표지에 있습니다.

영적 성장의 지름길 Ⅱ

어떻게 새 생명으로 살 것인가?

글   조용식

새로운 피조물은 새로운 생각을 입는다

좋은군사

세 종류의 사람

사람은 다 똑같은 생명을 가진 것인가? 그렇지 않다. 겉으로 보기에는 다 똑같아 보여도 본성적으로 보면 죄인의 본성을 가진 아담의 후손과 하나님의 생명(본성)으로 거듭난 새로운 피조물이 있다고전15:22. 예수 그리스도께서는 인간에게 하나님의 생명을 주시기 위해 이 땅에 오셨다. "내가 온 것은 양으로 생명(ZOE)을 얻게 하고 더 풍성히 얻게 하려는 것이라"요10:10. 하나님의 생명을 받은 사람은 전에 존재한 적이 없는 새로운 인류이다. "누구든지 그리스도 안에 있으면 새로운 피조물(new creation)이라 이전 것은 지나갔으니 보라 새 것이 되었도다" 고후5:17. 성경은 다음과 같이 사람을 세 부류로 나눠 설명한다. 당신은 다음 중 어떠한 사람인가?

첫 번째, 육에 속한 사람

"육에 속한 사람은 하나님의 성령의 일들을 받지 아니하나니 이는 그것들이 그에게는 어리석게 보임이요, 또 그는 그것들을 알 수도 없나니 그러한 일은 영적으로 분별되기 때문이라"고전2:14.

원래 사람은 하나님의 형상과 모양대로 지음 받은 영적인 존재로 하나님과 교제하며 모든 것을 하나님과 공유하며 살도록 창조되었다. 그러나 사람이 하나님께 죄를 범한 후 하나님과 단절됨으로 인간은 하나님 없이 살게 되었다창6:3. 이러한 육에 속한 사람은 하나님도 모르고 영원한 소망도 없는 사람이다엡2:12. 이들은 오감에 기초한 육체와 마음이 원하는

4

것을 하며 살아가는 땅에 속한 자들로서 공중 권세를 잡은 사탄에게 속한 본질상 진노의 자녀들이다엡2:1-3. 그러므로 예수님께서는 사람이 거듭나야만 한다고 말씀하셨다. "예수께서 대답하시되 진실로 진실로 네게 이르노니 사람이 물과 성령으로 나지 아니하면 하나님의 나라에 들어갈 수 없느니라. 육으로 난 것은 육이요 영으로 난 것은 영이니, 내가 네게 거듭나야 하겠다 하는 말을 놀랍게 여기지 말라"요3:5-7.

두 번째, 육신적인 그리스도인 (영적 어린아이)

"형제들아 내가 신령한 자들을 대함과 같이 너희에게 말할 수 없어서 육신에 속한 자 곧 그리스도 안에서 어린 아이들을 대함과 같이 하노라 … 너희는 아직도 육신에 속한 자로다. 너희 가운데 시기와 분쟁이 있으니 어찌 육신에 속하여 사람을 따라 행함이 아니리요"고전3:1-3.

육신적인 그리스도인은 하나님의 생명으로 거듭 태어난 새로운 피조물이고 하늘에 속한 자들이지만, 영적으로 성장하지 않아 영적인 어린아이 상태에 머물러 있는 자들이다. 그들은 거듭난 새 생명으로 살기보다는 육에 속한 사람과 같이 오감에 기초한 이성과 감정을 따라 이 세상의 풍조를 본받아 살아감으로 인해 하나님의 영원한 계획과 축복들을 놓치게 된다엡4:14.

세 번째, 영적인 그리스도인 (영적으로 성장한 자)

"신령한 자는 모든 것을 판단하나 자기는 아무에게도 판단을 받지 아니하느니라. 누가 주의 마음을 알아서 주를 가르치겠느냐? 그러나 우리가 그리스도의 마음을 가졌느니라"고전2:15-16.

신령한 그리스도인은 하나님의 생명으로 거듭났으며 거듭난 새 생명을 계속 성장시켜 영적으로 성숙한 단계에 들어선 자들이다. 이들은 성품 면에서 예수 그리스도의 신성한 성품을 닮아 온전케 되고, 능력 면에서도 주님의 사명을 감당할 수 있도록 진리의 말씀과 성령으로 영적 성장을 이룬 자들이다엡4:12-15. 그들은 눈에 보이는 감각적 세계는 물론 보이지 않는 초자연적인 영적 세계를 의식하며, 거듭난 영이 진리의 말씀을 따라 이성과 감정과 육신을 다스리며 살아간다. 그리하여 온갖 세상의 가치관에 흔들리지 않고 그리스도의 마음을 가지고 하나님의 말씀을 따라 살아가는 영적인 그리스도인이다.

왜 영적으로 성장해야 하는가?

사람은 하나님을 닮은 영적인 존재로서 혼을 가지고 육체 안에 살고 있다. 사람의 육체의 생명이 자라나는 것처럼 거듭 태어난 새 생명도 자라나야 한다. 그러면 예수 그리스도 안에서 다시 태어난 새로운 피조물이 영적으로 성장해야 하는 이유는 무엇일까?

첫째, 하나님의 은혜와 자유를 누리기 위해서이다. 예수님은 마귀의 일을 멸하기 위해 이 땅에 오셨다. 예수님의 생명으로 거듭난 새로운 피조물도 진리의 말씀으로 영적으로 성장하면 그로 인해 모든 묶임과 억눌렸던 것들로부터 자유롭게 되고 하나님이 은혜로 주신 약속들을 받아 누릴 수 있다. "진리를 알지니 진리가 너희를 자유케 하리라"요8:32; 갈4:6.

둘째, 예수님을 닮아가고 그분의 뜻을 이해하기 위해서 성장해야 한다골1:9-12; 롬12:2. 우리는 하나님의 자녀로서 그분을 알고 예수님의 형상을 닮아가기 위해 부름을 받았다. "우리가 다 하나님의 아들을 믿는 것과 아는 일에 하나가 되어 온전한 사람을 이루어 그리스도의 장성한 분량이 충만한 데까지 이르리니 이는 우리가 이제부터 어린 아이가 되지 아니하여 사람의 속임수와 간사한 유혹에 빠져 온갖 교훈의 풍조에 밀려 요동하지 않게 하려 함이라 오직 사랑 안에서 참된 것을 하여 범사에 그에게까지 자랄지라 그는 머리니 곧 그리스도라"엡4:13-15.

이 세상에서 육체적 뿐만 아니라 정신적으로 성장해야 올바른 의사소통이 가능하듯이 영이신 하나님과 깊이 소통하기 위해서는 영적으로 성장해야 한다. 성장할수록 그분과 친밀한 교제를 나눌 수 있고 하나님께서 나를 위해 예비하신 온전한 계획 가운데 있을 수 있다.

셋째, 사명을 이루기 위해 성장해야 한다. 우리는 주님의 몸된 교회와 세상에서 각자에게 주어진 역할을 잘 감당해야 한다. 주님의 명령은 모든 족속(영역)을 제자로 삼아 주님의 말씀을 가르쳐 지키도록 하는 것이다마 28:19-20. 이 사명을 이루기 위해서는 자신이 먼저 주님의 제자가 되어 훈련받고 성장해야 한다. "이는 성도를 온전하게 하여 봉사(사역)의 일을 하게 하며 그리스도의 몸을 세우려 하심이라"엡4:12; 딛2:14. 영적으로 온전하게 된 사람은 하나님의 지혜와 능력으로 주님의 일은 물론 세상의 모든 분야에서도 모범이 되고 지도력을 발휘할 수 있다.

넷째, 그리스도와 함께 하나님 나라의 상속자로 준비되기 위해서 성장해야 한다. 거듭난 새로운 피조물은 그리스도와 함께 하나님의 상속자로 부름을 받았다롬8:17. 그러므로 그 영광과 권세에 걸맞은 능력을 갖추기 위해 영적으로 성장해야 한다.

육체와 마음이 삶의 주체가 되면 영적 생활에 실패한다

그리스도인의 삶은 거듭난 새 생명의 정체성을 의식하는 것에서 시작된다롬6:4. 그러나 새 생명을 성장시키지 않는다면 이 세상의 가치관을 따라 육체와 마음(혼)이 자신을 지배하는 자기중심적인 삶을 살 수밖에 없다갈5:19-21. 그러므로 새롭게 창조된 새 생명의 성장은 무엇보다 중요한 삶의 과제이다. 우리가 영적으로 성장하려면 우리 영혼의 양식인 하나님의 말씀과 새 생명에 대한 의식과 성령의 충만함이 필요하다. 그럴 때 영과 진리로써 모든 삶을 통제하는 더 높은 차원의 삶 즉 성령과 동행하며 하나님께서 우리를 위해 예비하신 온전한 뜻 가운데 살 수 있다.

영적 성장의 지름길은 두 권으로 구성돼 있다. 1권(구원과 새 생명의 정체성)은 인간이 왜 구원받아야 하는지, 예수 그리스도는 누구신지, 구원의 길, 그리고 구원받은 새로운 피조물의 정체성 즉 그리스도 안에서 나는 누구이며, 무엇을 가졌으며, 무엇을 해야 하는지에 관해 성경 말씀을 근거하여 정리하였다. 2권(어떻게 새 생명으로 살 것인가?)은 새로운 피조물에게 적용되는 영적 법칙과 어떻게 새 생명으로 살아야 하는지를 다루었다.

본인은 이 두 권의 책에 신앙생활에 꼭 필요한 모든 것을 담으려 노력하였다. 이 책의 내용을 묵상하고 기도하며 삶에 적용한다면 영적으로 성장하여 풍성한 삶을 누리며 자신에게 주어진 사명을 완수하리라 확신한다요10:10. 이 글을 읽는 모든 분에게 주 예수 그리스도의 은혜와 하나님의 사랑과 성령의 교통하심이 함께하시길 축복합니다.

조용식 · 서영미

거듭난 사람이 어떻게 새 생명으로
살아가야 하는지 성경을 근거로 정리한
야전교범(Field Manual)이 되는 책입니다

예수님께서 우리에게 축복하신 것은 모든 사람과 나라를 부활하신 예수님의 제자로 삼는 것입니다. 그리고 성숙한 제자는 대를 이어 재생산되는 제자입니다. 이것이 모든 목회자와 선교사들의 숙제입니다.

이 책은 조용식 목사와 서영미 사모가 20여년간 목회 현장에서 성령님의 기름부음으로 깨닫고 적용한 제자양육 교재로 정리한 책입니다.

'구원과 새 생명의 정체성'과 '어떻게 새 생명으로 살 것인가?' 이 두 권의 책을 통해 한 사람을 제자로 삼고 그 제자가 또 다른 사람을 제자로 삼을 수 있도록 하였습니다. 책의 내용은 인간이 왜 예수를 믿어 거듭 태어나야 하는지와 거듭난 사람이 어떻게 새 생명으로 살아가야 하는지 성경을 근거로 정리한 야전교범(Field Manual)이 되는 책입니다. 이 책은 아직 부활하셔서 현존하시는 예수님을 만나지 못한 분이거나 이미 믿는 분이라도 책을 처음부터 배우며 성령 안에서 삶에 적용한다면 영적으로 성장하여 제자를 삼을 수 있는 제자가 되리라 확신하여 이 책을 기쁘게 추천합니다.

강보형 목사

총신대학원 졸업, 제자선교회(DCF) 이사장, 선교통일한국협의회 공동대표, 행복한교회 담임목사. 저서: 노동 축복인가 저주인가?, 사역의 표준화 외 10권. 1980년 제자선교회를 설립하고 40년 동안 영역별 제자 삼는 사역에 전력해왔다. 신학생과 목회자, 법조계, 교육계, 육군사관학교생도, 금융인, 비지니스맨, 정치인, 심지어 구두닦이들에 이르기까지.

육신적인 삶에서 어떻게 새 생명으로
살아갈 수 있는지를 알기 쉽게 정리해 주었습니다

신앙생활이 오래되어도 여전히 인간적인 연약함을 벗어나지 못하는 성도들을 볼 때 안타까운 마음이 드는 것이 목회자의 심정입니다. 최근 한국교회 현재 문제는 성화를 약화한 데 있습니다. 머리로는 교리가 이해되는데 그것이 삶으로 이어지지 않은 데 있지요. 왜냐하면 강단의 선포만 있었지 삶으로 이어지지 않았기 때문입니다.

조용식 목사님과 서영미 사모님이 쓰신 '구원과 새 생명의 정체성' '어떻게 새 생명으로 살 것인가?'는 옛 사람의 정체성과 거듭난 새 생명의 정체성을 진리의 말씀을 통해 명쾌하게 정리하므로 육신적인 삶에서 어떻게 새 생명으로 살아갈 수 있는지를 알기 쉽게 정리해 주었습니다. 따라서 이 교재를 공부하며 삶에 적용한다면 거듭난 새 생명이 성장하여 신령한 그리스도인이 될 것을 확신합니다.

목사님이 쓴 교재는 신학을 성도의 삶에 적용하여 실제적인 믿음을 갖도록 안내하면서 영적 성장의 지름길을 밝혀 주리라 믿습니다. 이 교재의 활용을 통해 더욱 많은 성도와 목회자들이 영적 성장을 이루어 세상에서 빛과 소금의 역할을 감당하기를 축복하고 목사님의 글이 널리 읽히기를 바라며 추천합니다.

김의원 교수
총신대학교 신학대학원 M.div. 미국웨스트민스터 신학대학원 Th.m. 뉴욕대학교 대학원 Ph.d. 총신대학교 신학대학원 구약학교수(23년). 총신대학교 제 2대 총장(은퇴). 백석대학교 부총장(은퇴). 개혁주의신학회 회장. 현 아태아대학원 총장.

조용식 목사님과 서영미 사모님이 혼신을 다해 펴낸 이 '영적 성장의 지름길'은 정말 지름길입니다. 아주 안전하고 쉽게 생명에 이를 수 있는 멋진 진리의 책입니다. 누구나가 이 축복을 누릴 수 있게 하는 좋은 길잡이 책을 강하게 추천합니다. 할렐루야!
– 이재환 선교사(전 감비아 선교사, 현 컴미션 국제대표)

그리스도인이 된다는 것은 단순한 변화가 아니라, 완전히 새로운 생명을 얻는 것입니다. 그러나 많은 이들이 여전히 옛 삶의 방식과 사고에 얽매여 새 생명의 능력을 온전히 누리지 못합니다. 『어떻게 새 생명으로 살 것인가』는 그리스도 안에서 변화된 정체성이 무엇인지 선명하게 조명하며, 이를 실제 삶에서 어떻게 적용할지를 구체적으로 제시하는 책입니다. 조용식 목사는 신학적 깊이와 실천적 지혜를 겸비하여, 독자들이 단순한 이론이 아닌 '살아 있는 복음'을 경험하도록 돕습니다.
이 책을 읽는 동안, 우리는 단순한 신앙생활이 아니라, 진정한 새 생명의 삶으로 초대받고 있음을 깨닫게 될 것입니다. 깊이 있는 통찰과 강력한 메시지가 담긴 이 책을 기쁘게 추천합니다.
– 하용병 선교사(캄보디아 선교사, GMS)

거듭난 그리스도인이 아무리 말씀을 많이 듣고 여러 경건의 훈련들을 받을지라도 그의 생각이 새롭게 변화되지 않으면 영적인 성장을 이루지 못합니다. 날마다 복음의 말씀으로 생각을 새롭게 하고 우리의 거듭난 속사람을 훈련해야지만 우리는 점차 영적으로 성장하고 그 새 생명 안에서 온전하게 왕 노릇하고 다스리는 삶을 살 수 있습니다.
이 시대의 교회 가운데 가장 필요한 것은 우리가 그리스도 안에서 누구이며 어떤 사람인지 또 무엇을 할 수 있는지를 정확히 알고 하나님께서 우리를 어떻게 보시는지를 알 때 비로소 이 땅에서 삶의 모든 영역에서 형통하며 승리하는 삶을 살게 될 것입니다.
조용식목사님께서 쓰신 두 권의 책을 통해 거듭난 한 사람이 그리스도 안에서 사랑과 능력으로 사는 제자가 되고 그 제자가 또 다른 제자를 가르치며 성장시킬 수 있는 탁월한 지침서임에 감사드립니다.
– 김사라 권사(선한목자교회)

영적 성장의 지름길 Ⅱ

어떻게 새 생명으로 살 것인가?

하나님의 생명으로 거듭난 사람은 어떻게 살아야 하는가?

영적 성장의 지름길 I

구원과 새 생명의 정체성

그리스도의 생명으로 살며
제자가 되고 제자를 삼아라!

Q
당신의 삶의 기준은 무엇인가?

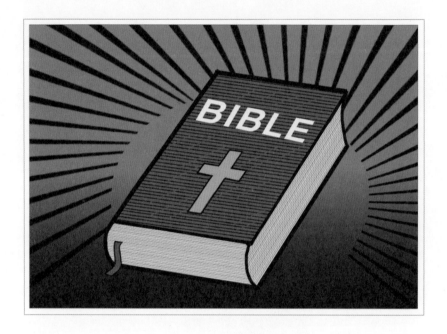

"청하건대 너는 하나님의 입에서 교훈을 받고
하나님의 말씀을 네 마음에 두라"
- 욥22:22 -

"하나님 아는 것(말씀)을 대적하여 높아진 것을 다 무너뜨리고
모든 생각을 사로잡아 그리스도에게 복종하게 하니
너희의 복종이 온전하게 될 때에 모든 복종하지 않는 것을
벌하려고 준비하는 중에 있노라"
- 고후10:5-6 -

새롭게 창조된 사람에게 주어진

새로운 법

"이제 그리스도 예수 안에 있는 자들에게는 결코 정죄함이 없나니
그들은 육신을 따라 걷지 아니하고 성령을 따라 걷느니라
이는 그리스도 예수 안에 있는 생명의 성령의 법이
죄와 사망의 법에서 너를 해방하였음이라" – 롬8:1-2 KJV –

하나님의 말씀은 법이다

하나님은 말씀으로 온 우주를 창조하셨고 모든 피조물에게 생명과 질서를 부여하셨다. "하나님이 이르시되 하늘의 궁창에 광명체들이 있어 낮과 밤을 나뉘게 하고 그것들로 징조와 계절과 날과 해를 이루게 하라. 또 광명체들이 하늘의 궁창에 있어 땅을 비추라 하시니 그대로 되니라"창1:14-15.

하나님의 말씀은 온 세계의 질서를 유지하는 법이다. 자연세계의 질서를 부여하신 하나님께서는 인간의 운명에 관한 법을 말씀하셨다.

"여호와 하나님이 그 사람에게 명하여 이르시되 동산 각종 나무의 열매는 네가 임의로 먹되, 선악을 알게 하는 나무의 열매는 먹지 말라 네가 먹는 날에는 반드시 죽으리라"창2:16-17.

그러나 하나님의 말씀에 아담과 하와는 불순종하였으며 그 죄로 인해 이 세상에는 사망이 들어왔다. 흔히 사망이란 생명체가 더 이상 생명체로서 기능하지 않는 것으로 정의한다. 그러나 성경에서 말하는 사망은 생명의 근원이신 하나님과 분리됨을 말하며 그리하여 영원히 멸망하는 것을 의미한다. "한 사람으로 말미암아 죄가 세상에 들어오고 죄로 말미암아 사망이 들어왔나니 이와 같이 모든 사람이 죄를 지었으므로 사망이 모든 사람에게 이르렀느니라"롬5:12. 그러므로 모든 인류는 죄와 사망의 법 아래 살아가게 된 것이다 엡2:2-3; 4:18. 그리고 죄가 증가됨으로 죄가 무엇인지 알려주고 죄를 억제하기 위한 율법이 모세를 통해 주어졌다 갈3:19.

그리스도 안에서 새롭게 태어난 사람에게는 새로운 법이 적용된다

성자 하나님께서 참 생명을 잃어버린 인류를 위해 하나님의 생명(ZOE)을 주시려고 친히 그리스도가 되셔서 이 땅에 오셨다. "내가 온 것은 양으로 생명(ZOE)을 얻게 하고 더 풍성히 얻게 하려는 것이라"요10:10.

"하나님이 세상을 이처럼 사랑하사 독생자를 주셨으니 이는 그를 믿는 자마다 멸망하지 않고 영생(ZOE)을 얻게 하심이라"요3:16.

성경의 핵심 진리는 하나님께서 우리에게 영생을 주신다는 것이다. 그리스도 안에서 영생(ZOE)을 얻어 본성이 새롭게 창조된 사람들은 죄와 사망에서 벗어난 자유인이다. "누구든지 그리스도 안에 있으면 새로운 피조물이라. 이전 것은 지나갔으니 보라 새 것이 되었도다"고후5:17. 이러한 새로운 피조물에게는 우월한 새로운 법이 주어졌다.

"내게는 우리 주 예수 그리스도의 십자가 외에 결코 자랑할 것이 없으니 그리스도로 말미암아 세상이 나를 대하여 십자가에 못 박히고 내가 또한 세상을 대하여 그러하니라. 할례나 무할례가 아무 것도 아니로되 오직 새로 지으심을 받는 것(새로운 피조물) 만이 중요하니라. 무릇 이 규례(rule)를 행하는 자에게와 하나님의 이스라엘에게 평강과 긍휼이 있을지어다"갈6:14-16.

"나는 우리 주 예수 그리스도의 십자가만을 자랑하겠습니다. 그 십자가로 말미암아 나는 이 세상에 대해 십자가에 못 박혔고, 남을 기쁘게 하거나 남이 지시하는 하찮은 방식에 나를 끼워 맞추려는 숨 막히는 분위기에서 벗어났습니다. 여러분은 이 모든 일의 핵심이 무엇인지 알겠습니까? 그것은 할례를 받거나 안 받거나 하는 일과 같이, 여러분과 내가 하는 일에 있지 않습니다. 핵심은 하나님께서 지금 하고 계신 일에 있습니다. 그분은 완전히 새로운 것(새로운 피조물의), 곧 자유로운 삶을 창조하고 계십니다! 이 기준(카논)에 따라 사는 사람은 누구나 하나님의 참 이스라엘, 곧 하나님이 택하신 백성입니다. 이들에게 평화와 긍휼이 있기를 바랍니다!"갈6:14-16 MSG.   * 카논(기준, 법칙, 규례, 규칙, 표준): 법을 근거로 해서 내린 판결들.

이제 교회는 새 언약 안에서 그리스도와 연합하여 죄 사함을 받고 새 생명으로 태어난 그리스도인이 어떻게 새 생명으로 살 수 있는지를 알아야 한다. 죄인의 생명을 가진 사람들에게는 죄와 사망의 법이 적용되지만, 하나님의 생명으로 거듭난 사람들에게는 새로운 법이 적용된다. 그들은 자유롭게 하는 온전한 법, 생명의 성령의 법, 믿음의 법, 사랑의 법으로 살도록 부르심을 받은 사람들이다.

자유롭게 하는 온전한 법
새로운 피조물의 정체성을 알려주는 '은혜의 말씀'에 집중한다

하나님께서 나를 '누구'라고 말씀하시는 내가 '진정한 나'이다!

"자유롭게 하는 온전한 (율)법을 들여다보고 있는 자는 듣고 잊어버리는 자가 아니요 실천하는 자니 이 사람은 그 행하는 일에 복을 받으리라"약1:25.

"너희는 자유의 (율)법대로 심판 받을 자처럼 말도 하고 행하기도 하라" 약2:12. 하나님의 구원은 우리를 자유롭게 한다. '자유롭게 하는 온전한 법 (the perfect law that gives freedom)'은 그리스도의 속량으로 죄와 사망으로부터 자유롭게 된 자들의 정체성을 알려주는 은혜로운 약속의 말씀들이다. 그리고 그 법은 보면 볼수록 우리에게 자유를 준다. "너희가 내 말에 거하면 참으로 내 제자가 되고 진리를 알지니 진리가 너희를 자유롭게 하리라"요8:31-32. 사도들은 그 말씀을 '은혜의 말씀'이라고 말했다.

"두 사도가 오래 있어 주를 힘입어 담대히 말하니 주께서 그들의 손으로 표적과 기사를 행하게 하여 주사 자기 은혜의 말씀을 증언하시니"행14:3.

"지금 내가 여러분을 주와 및 그 은혜의 말씀에 부탁하노니 그 말씀이 여러분을 능히 든든히 세우사 거룩하게 하심을 입은 모든 자 가운데 기업이 있게 하시리라"행20:32.

그 은혜의 말씀은 예수 그리스도(새 언약) 안에 있는 자들에게 주어진 하나님의 은혜가 무엇인지 알려주는 약속의 말씀들이다. 옛 언약의 율법은 자신의 행위에 따라 심판을 받는다. 하지만 새 언약 안에 있는 자들은 그리스도께서 우리를 위해 이루신 은혜 안에 있다. 신약성경에는 그리스도 안에서 거듭난 새로운 피조물이 어떤 존재인지를 약 130회 이상에 걸쳐서 말하고 있다. 따라서 은혜의 말씀을 통해 거듭난 자신의 정체성을 발견할 때, 죄와 사망의 법에서 자유롭게 된 자신을 보게 된다.

당신은 어떤 거울로 자신을 바라보는가 율법의 거울인가 복음의 거울인가?

율법의 거울과 복음의 거울

"율법은 모세로 말미암아 주어진 것이요 은혜와 진리는 예수 그리스도로 말미암아 온 것이라"요1:17.

우리의 얼굴은 거울을 통해서만 볼 수 있다. 이와 마찬가지로 변화된 우리 속사람은 오직 하나님의 말씀을 통해서만 볼 수 있다. 이것을 말씀의 거울이라고 부른다.

율법의 거울로 사람들을 보면 모두 죄인으로 보인다. 하지만 예수 그리스도(새 언약) 안에 있는 자들을 복음의 거울로 보면 죄 용서받고 예수님의 생명으로 새롭게 창조된 의인으로 보인다. 새로운 피조물은 예수님과 같은 생명을 가진 사람이다요일5:12. 그러므로 우리가 예수님을 알아갈수록 거듭난 자신의 가능성을 보게 된다. "이 비밀은 너희 안에 계신 그리스도시니 곧 영광의 소망이니라"골1:27; 갈2:20.

자유롭게 하는 온전한 법(은혜의 말씀) 안에서 자신을 발견하라!

하나님의 말씀이 우리의 속사람을 어떤 사람이라고 말하는 것이 진정한 우리의 모습이다. 왜냐하면 사람의 본질은 영이며 영적인 신분이 그 사람의 진정한 정체성이 되기 때문이다. 그리고 우리의 육적인 신분은 육적인 생명이 끝날 때 없어지지만 그리스도 안에서 주어진 영적인 신분은 영원토록 지속된다. 영적인(속사람의) 정체성은 그 사람의 영원한 정체성이다. 그래서 사도 바울은 이렇게 말했다.

"우리가 이제부터는 어떤 사람도 육신을 따라 알지 아니하노라 비록 우리가 그리스도도 육신을 따라 알았으나 이제부터는 그같이 알지 아니하노라 그런즉 누구든지 그리스도 안에 있으면 새로운 피조물이라 이전 것은 지나갔으니 보라 새것이 되었도다"고후5:16-17.

"너희는 하나님으로부터 나서 그리스도 예수 안에 있고 예수는 하나님으로부터 나와서 우리에게 지혜와 의로움과 거룩함과 구원함이 되셨으니"고전1:30.

"긍휼이 풍성하신 하나님이 우리를 사랑하신 그 큰 사랑을 인하여 허물로 죽은 우리를 그리스도와 함께 살리셨고 또 함께 일으키사 그리스도 예수 안에서 함께 하늘에 앉히시니 … 우리는 그가 만드신 바라 그리스도 예수 안에서 선한 일을 위하여 지으심을 받은 자니"엡2:4-10.

"주께서 그러하심과 같이 우리도 이 세상에서 그러하니라"요일4:17.

"너희는 택하신 족속이요 왕 같은 제사장들이요 거룩한 나라요 그의 소유가 된 백성이니 이는 너희를 어두운 데서 불러 내어 그의 기이한 빛에 들어가게 하신 이의 아름다운 덕을 선포하게 하려 하심이라"벧전2:9; 계1:5-6.

"그(예수님) 안에는 신성의 모든 충만이 육체로 거하시고 너희도 그 안에서 충만하여졌으니 그는 모든 통치자와 권세의 머리시라"골2:9-10.

자유롭게 하는 온전한 법(은혜의 말씀) 안에서 든든히 서라!

우리는 자신을 율법의 눈으로 보지 말고 은혜의 말씀 안에서 바라보아야 한다. 은혜의 말씀은 우리의 생각을 교정하여 하나님 자녀의 특권과 기업을 얻게 한다. 우리가 은혜의 말씀 안에서 자신을 발견하고 그 믿음 안에서 서로 교제할 때 새롭게 창조된 본성 안에 있는 선한 것을 알게 됨으로 그리스도를 닮아갈 수 있다. 또한 그 정체성을 계속해서 의식하고 말하고 행동하면 자유롭게 되고 온전하게 된다.

"이는 너의 믿음의 교제가 그리스도 예수 안에서 네 안에 있는 모든 선한 것을 인식함으로 인하여 효과가 있게 하려 함이라"몬1:6 KJV.

"누구든지 말씀을 듣기만 하고 행하는 자가 되지 않는 사람은 거울로 자기의 타고난 얼굴을 보는 사람과 같으니 이는 그가 자기를 보고는 가서 즉시 자기가 어떻게 생겼는지를 잊어버림이라. 그러나 자유의 온전한 법을 주시하고 그 안에 계속 머물러 있는 자는 듣고 잊어버리는 자가 아니라 오히려 실행하는 자니, 이 사람은 그의 행실로 복을 받으리라"약1:23-25 KJV.

"너희는 자유의 (율)법대로 심판 받을 자처럼 말도 하고 행하기도 하라"약2:12. "하나님과 우리 주 예수를 앎으로 은혜와 평강이 너희에게 더욱 많을지어다. 그의 신기한 능력으로 생명과 경건에 속한 모든 것을 우리에게 주셨으니 … 우리를 부르신 이를 앎으로 말미암음이라"벧후1:2-3.

우리가 예수님을 알아갈수록 거듭난 자신의 가능성을 보게 된다. 영광의 주님이 내 안에 계시기 때문이다. 새로운 피조물에게는 주의 영이 계심으로 주님을 바라볼 때 주님과 같은 형상으로 변화되어 점점 더 영광스러워진다. "이 비밀은 너희 안에 계신 그리스도시니 곧 영광의 소망이니라"골1:27; 갈2:20.

"우리가 다 수건을 벗은 얼굴로 거울을 보는 것 같이 주의 영광을 보매 그와 같은 형상으로 변화하여 영광에서 영광에 이르니 곧 주의 영으로 말미암음이니라"고후3:18.

생명의 성령의 법
생명을 주는 성령님의 도우심과 인도를 받는다

죄와 사망의 법과 생명의 성령의 법

"이제 그리스도 예수 안에 있는 자들에게는 정죄함이 없나니, 그들은 육신을 따라 걷지 아니하고 성령을 따라 걷느니라. 이는 그리스도 예수 안에 있는 생명의 성령의 법이 죄와 사망의 법에서 나를 해방시켰기 때문이라"롬8:1-2 KJV.

"너희가 만일 성령의 인도하시는 바가 되면 율법 아래에 있지 아니하리라"갈5:18.

"너희가 율법 아래 있지 아니하고 은혜 아래 있으므로 죄가 너희를 지배하지 못하리라"롬6:14 KJV.

그리스도 밖에 있는 사람들은 자신도 모르는 사이에 죄와 사망의 지배 아래 살다가 영원한 지옥에 들어가게 된다요8:34; 롬6:23. 이것이 죄와 사망의 법의 지배를 받는 사람들의 운명이다. 그러나 이제 그리스도 예수(새 언약) 안에서 하나님의 생명을 얻은 사람들에게는 생명의 성령의 법이 주어졌다.

"이는 그리스도 예수 안에 있는 생명의 성령의 법이 죄와 사망의 법에서 너를 해방하였음이라"롬8:2.

생명의 성령의 법이란 성령님의 도우심과 인도하심이 역사하는 상태를 말한다. 이 법은 죄와 사망의 법 보다 위에 있다. 성령님은 그리스도 예수 안에 있는 자들에게 죄를 이길 수 있는 능력을 주신다. 할렐루야! 이것은 마치 지구 상에 중력의 법칙이 항상 존재하지만 양력의 법칙이 중력의 법칙 위에 있는 것과 마찬가지이다. 즉 중력이 존재하지만 비행기가 비행하는 것과 같이 새로운 피조물이 성령 안에서 행할 때 죄와 사망의 법에 지배 당하지 않는다. 새로운 피조물들은 죄와 사망보다 위에 있는 생명을 주시는 성령님의 도우심과 인도를 받도록 부름 받은 것이다. 그러므로 성경은 다음과 같이 말하고 있다. "너희는 성령을 따라 행하라 그리하면 육체의 욕심을 이루지 아니하리라"갈5:16; 엡5:18.

육신대로 살면 하나님의 나라를 유업으로 받지 못한다

사람은 하나님의 형상을 닮은 영적인 존재이다. 그리고 성경은 성령을 따라 살고 육신의 욕망을 따라 살지 말라고 단호히 경고하고 있다.

"육신의 생각은 사망이요 영의 생각은 생명과 평안이니라"롬8:6; 창6:3-5.

"너희가 육신대로 살면 반드시 죽을 것이로되 영으로써 몸의 행실을 죽이면 살리니 무릇 하나님의 영으로 인도함을 받는 사람은 곧 하나님의 아들이라"롬8:13-14; 롬7:6.

"육체의 일은 분명하니 곧 음행과 더러운 것과 호색과 우상 숭배와 주술과 원수 맺는 것과 분쟁과 시기와 분냄과 당 짓는 것과 분열함과 이단과 투기와 술 취함과 방탕함과 또 그와 같은 것들이라 전에 너희에게 경계한 것 같이 경계하노니 이런 일을 하는 자들은 하나님의 나라를 유업으로 받지 못할 것이요"갈5:19-21.

"내가(거듭난 속사람) 내 몸을 쳐 복종하게 함은 내가 남에게 전파한 후에 자신이 도리어 버림을 당할까 두려워함이로다"고전9:27.

성령님과 교통하며 보조를 맞추어 살 때 죄와 사망의 저주가 벗겨지고 열매를 맺는다. 그리스도 안에 있는 자들이 하나님의 말씀과 생명을 주시는 성령으로 살 때 저주의 멍에가 벗겨지고 묶임에서 자유케 될 수 있다.

"그 날에 그의 짐이 네 어깨에서 떠나고 그의 멍에(저주)가 네 목에서 떠나며 그 멍에는 기름 부음(성령)으로 인하여 부러지리라"사10:27 KJV.

또한 성령으로 충만하고 내 영 안에서 감동을 주시는 성령님의 인도를 따를 때 열매 맺는 신앙생활을 할 수 있고 주의 뜻을 이룰 수 있다.

"술 취하지 말라 이는 방탕한 것이니 오직 성령으로 충만함을 받으라"엡 5:18.

"오직 성령의 열매는 사랑과 희락과 화평과 오래 참음과 자비와 양선 과 충성과 온유와 절제니 이같은 것을 금지할 법이 없느니라"갈5:22-23.

"내 영을 너희 속에 두어 너희로 내 율례를 행하게 하리니 너희가 내 규 례를 지켜 행할지라"겔36:27.

"육신을 따르지 않고 그 영을 따라 행하는 우리에게 율법의 요구가 이 루어지게 하려 하심이니라"롬8:4; 빌2:13; 신30:6.

"육신의 생각은 사망이요 영의 생각은 생명과 평안이니라"롬8:6; 창6:3-5.

"만일 우리가 성령으로 살면 또한 성령으로 행할지니"갈5:25.

"하나님의 나라는 먹는 것과 마시는 것이 아니요 오직 성령 안에 있는 의와 평강과 희락이라 이로써 그리스도를 섬기는 자는 하나님을 기쁘시게 하며 사람에게도 칭찬을 받느니라"롬14:17-18.

믿음의 법
믿음으로 생각하고 말하고 행한다

믿음은 하나님의 백성들의 삶의 법칙이다

"무슨 법으로냐 행위로냐? 아니라 오직 믿음의 법으로니라"롬3:27.

주님은 믿음의 말씀으로 세상을 창조하셨다 창1장; 요1:1; 히1:3. 그리고 믿음으로 구원받은 하나님의 자녀는 예수님과 같은 믿음으로 살도록 부름 받았다. 믿음은 새로운 피조물의 삶의 방식이다. "나의 의인은 믿음으로 말미암아 살리라"히10:38. 우리는 믿음으로 하나님이 말씀하신 모든 것은 실재이며 보이지 않아도 확실한 증거가 된다는 것을 안다히11:1. 따라서 우리는 보이지 않는 감각 세계 그 이상의 것들을 하나님의 말씀을 통해 알고, 그 믿음에 근거해서 살아가야 한다. 그러나 만일 우리가 믿음으로 살지 않는다면 이 세상 풍조에 휘말려 살게 되고 하나님께서 예비하신 풍성한 삶과 복음 전파의 사명을 이루지 못할 것이며 영원한 천국 또한 놓치게 된다.

"이제 우리가 믿음으로 행하고 보는 것으로 행하지 아니하노라"고후5:7.

"무릇 하나님께로부터 난 자마다 세상을 이기느니라 세상을 이기는 승리는 이것이니 우리의 믿음이니라"요일5:4.

"이는 믿음을 따라 하지 아니하였기 때문이라 믿음을 따라 하지 아니하는 것은 다 죄니라"롬14:23.

믿음이란 무엇인가?

믿음이란 하나님의 말씀에 대한 인간의 반응으로 성경에 기록된 모든 말씀은 진리이므로 보이지 않아도 실상임을 믿고 충성스럽게 따르는 것이다딤후3:16-17. 그 믿음은 바라는 것들을 실상으로 만든다. "믿음은 바라는 것들의 실상이요 보이지 않는 것들의 증거니 선진들이 이로써 증거를 얻었느니라. 믿음으로 모든 세계가 하나님의 말씀으로 지어진 줄을 우리가 아나니 보이는 것은 나타난 것으로 말미암아 된 것이 아니니라"히11:1-3.

우리는 어떤 믿음을 가져야 하는가? 믿음의 창시자요 주인이시며 우리를 온전하게 하시는 예수님이 가지신 믿음으로 살아야 한다.

"믿음의 주요 또 온전하게 하시는 이인 예수를 바라보자 그는 그 앞에 있는 기쁨을 위하여 십자가를 참으사 부끄러움을 개의치 아니하시더니 하나님 보좌 우편에 앉으셨느니라"히12:2.

"우리의 믿음의 창시자요 또 완성자이신 예수님을 바라보자"히12:2 KJV.

"내가 그리스도와 함께 십자가에 못 박혀 있으나 그럼에도 불구하고 사노라. 그러나 내가 아니요 그리스도께서 내 안에 사시느니라. 나는 지금 내가 육체 안에서 사는 삶을 나를 사랑하사 나를 위해 자신을 주신 하나님 아들의 믿음으로 사노라"갈2:20 KJV.

믿음은 어떻게 생기며 굳건해지고 온전해지는가?

믿음은 그리스도의 말씀을 들을 때 생긴다. "믿음은 들음에서 나며 들음은 그리스도의 말씀으로 말미암았느니라"롬10:17. 믿음은 하나님의 말씀을 듣고 깨닫는 만큼 자란다마13:23. 그러므로 우리는 하나님의 말씀을 들음으로 믿음을 성장시켜야 한다벧전2:2. 또한 새로운 피조물에게 주어진 은혜의 말씀을 믿음으로 고백할 때 믿음이 강건해진다. "지금 내가 여러분을 주와 및 그 은혜의 말씀에 부탁하노니 그 말씀이 여러분을 능히 든든히 세우사 거룩하게 하심을 입은 모든 자 가운데 기업이 있게 하시리라"행20:32.

즉 그리스도 안에서 자신이 누구인지를 고백할 때 믿음이 굳건해진다.

나는 하나님께로부터 나서 그리스도 예수 안에 있고 예수님은 하나님께로부터 나에게 오셔서 나의 지혜와 의로움과 거룩함과 구원함이 되었다.

"너희는 하나님으로부터 나서 그리스도 예수 안에 있고 예수는 하나님으로부터 나와서 우리에게 지혜와 의로움과 거룩함과 구원함이 되셨으니"고전1:30. "기록된 바 내가 믿었으므로 말하였다 한 것 같이 우리가 같은 믿음의 마음을 가졌으니 우리도 믿었으므로 또한 말하노라"고후4:13.

"우리에게는 하늘에 올라가신 위대한 대제사장이신 하나님의 아들 예수가 계십니다 그러므로 우리의 신앙 고백을 굳게 지킵시다"히4:14 새번역.

다음의 말씀을 자신의 믿음으로 고백하라!

"그가 네(내) 모든 죄악을 사하시며 네(내) 모든 병을 고치시며 네 생명을 파멸에서 속량하시고 인자와 긍휼로 관을 씌우시며 좋은 것으로 네 소원을 만족하게 하사 네 청춘을 독수리 같이 새롭게 하시는도다"시103:3-5.

또한 하나님의 말씀에 충성스럽게 순종(행)할 때 믿음이 온전해진다.

"우리 조상 아브라함이 그 아들 이삭을 제단에 바칠 때에 행함으로 의롭다 하심을 받은 것이 아니냐? 네가 보거니와 믿음이 그의 행함과 함께 일하고 행함으로 믿음이 온전하게 되었느니라 … 영혼 없는 몸이 죽은 것 같이 행함이 없는 믿음은 죽은 것이니라"약1:21-26.

우리가 믿음으로 살 때 얻는 유익

믿음으로 구원 받는다

예수님께서는 믿음이라는 법칙을 만드셔서 '인간 구원을 위해 대속하신 일'을 사람들이 믿음으로 구원받게 하셨다. "우리의 믿음의 창시자요 또 완성자이신 예수님을 바라보자"히12:2 KJV. 우리는 예수 그리스도가 내 생명의 구원자이시며 주인이심을 마음으로 믿고 입으로 시인하여 구원받는다.

"네가 만일 네 입으로 예수를 주로 시인하며 또 하나님께서 그를 죽은 자 가운데서 살리신 것을 네 마음에 믿으면 구원을 받으리라. 사람이 마음으로 믿어 의에 이르고 입으로 시인하여 구원에 이르느니라"롬10:9-10.

믿음은 하나님을 기쁘시게 한다

믿음은 하나님의 말씀에 반응하는 우리의 의지적 행동이다. 이러한 믿음은 하나님을 기쁘시게 한다. "믿음이 없이는 하나님을 기쁘시게 하지 못

하나니 하나님께 나아가는 자는 반드시 그가 계신 것과 또한 그가 자기를 찾는 자들에게 상 주시는 이심을 믿어야 할지니라"히11:6.

믿음으로 마귀를 대적하고 자신을 보호한다

우리는 영적인 전쟁 상황 속에서 살아가고 있다. 마귀와 그의 부하들은 우리의 영혼을 도둑질하고 죽이고 멸망시키려고 호시탐탐 거짓으로 우리를 속이고 해치려 한다요10:10. 그러므로 우리는 진리의 말씀을 믿음으로 생각을 무장하여 악한 영의 거짓된 생각들로부터 자신을 보호해야 한다. 그리고 예수님의 이름으로 마귀를 대적하고 약속의 말씀을 굳게 믿고 선포해야 한다. "믿는 자들에게는 이런 표적이 따르리니 곧 그들이 내 이름으로 귀신을 쫓아내며 새 방언을 말하며 뱀을 집어올리며 무슨 독을 마실지라도 해를 받지 아니하며"막16:17-18.

"근신하라 깨어라 너희 대적 마귀가 우는 사자 같이 두루 다니며 삼킬 자를 찾나니 너희는 믿음을 굳건하게 하여 그를 대적하라 이는 세상에 있는 너희 형제들도 동일한 고난을 당하는 줄을 앎이라"벧전5:8-9.

"모든 것 위에 믿음의 방패를 가지고 이로써 능히 악한 자의 모든 불화살을 소멸하고 구원의 투구와 성령의 검 곧 하나님의 말씀을 가지라"엡6:16-17.

믿음은 세상을 이기고 사명을 감당하게 한다

우리는 믿음으로 세상을 이길 수 있다. 그래서 성경은 "나의 의인은 믿음으로 말미암아 살리라"고 말하는 것이다히10:38. "자녀들아 너희는 하나님께 속하였고 또 그들을 이기었나니 이는 너희 안에 계신 이가 세상에 있는 자보다 크심이라"요일4:4.

"무릇 하나님께로부터 난 자마다 세상을 이기느니라 세상을 이기는 승리는 이것이니 우리의 믿음이니라"요일5:4.

우리는 또한 믿음을 사용함으로 우리에게 주어진 사명을 감당할 수 있다. "예수께서 이르시되 할 수 있거든이 무슨 말이냐? 믿는 자에게는 능히 하지 못할 일이 없느니라"막9:23.

"내게 능력 주시는 자 안에서 내가 모든 것을 할 수 있느니라"빌4:13.

"믿음의 선한 싸움을 싸우라 영생을 취하라 이를 위하여 네가 부르심을 받았고 많은 증인 앞에서 선한 증언을 하였도다"딤전6:12.

인내하는 믿음은 하나님의 약속을 받아 누리게 한다

진정한 믿음이 있는 사람은 오래 참고 인내하여 하나님의 약속을 받아 누릴 수 있다. "우리가 간절히 원하는 것은 너희 각 사람이 동일한 부지런함을 나타내어 끝까지 소망의 풍성함에 이르러 게으르지 아니하고 믿음과 오래 참음으로 말미암아 약속들을 기업으로 받는 자들을 본받는 자 되게 하려는 것이니라. 하나님이 아브라함에게 약속하실 때에 가리켜 맹세할 자가 자기보다 더 큰 이가 없으므로 자기를 가리켜 맹세하여 이르시되 내가 반드시 너에게 복 주고 복 주며 너를 번성하게 하고 번성하게 하리라 하셨더니 그가 이같이 오래 참아 약속을 받았느니라"히6:11-15; 히11:33; 행6:12.

"예수께서 그들에게 항상 기도하고 낙심하지 말아야 할 것을 비유로 말씀하여 이르시되"눅18:1.

어떻게 믿음으로 사는가?
믿음으로 생각한다(하나님의 말씀으로 생각을 변화시킨다)

믿음으로 생각한다는 것은 어떤 상황과 대상에 대해 하나님의 관점으로 생각하는 것이다. 우리의 거듭난 영은 하나님의 뜻을 따라 살려고 하지만 우리의 마음(생각)은 세상 풍조에 젖어있다. 그러므로 믿음으로 살기 위해서는 먼저 하나님의 말씀으로 마음을 새롭게 하여 하나님의 뜻을 알아야 한다. "너희는 이 세대를 본받지 말고 오직 마음을 새롭게 함으로 변화를 받아 하나님의 선하시고 기뻐하시고 온전하신 뜻이 무엇인지 분별하도록 하라" 롬12:2.

믿음으로 말한다(하나님과 같은 말을 한다)

하나님을 닮은 우리의 말에는 창조적인 능력이 있다. 따라서 우리의 말은 배의 방향을 움직이는 배의 키와 같다. 선장은 큰 배를 작은 키로 자신이 가고자 하는 방향으로 운전해 간다. "배를 보라 그렇게 크고 광풍에 밀려가는 것들을 지극히 작은 키로 사공의 뜻대로 운전하나니 이와 같이 혀도 작은 지체로되 큰 것을 자랑하도다"약3:4-5.

우리의 말 또한 우리의 인생을 만들어 간다. 우리의 말은 우리가 말하는 그곳을 향해 가도록 만들어 준다. 그리고 현재 우리의 삶은 과거의 자신의 말에 대한 결과물이다. 어떤 사람의 말이 혼란스러우면 그의 삶은 혼란스러울 것이며 그의 말이 건강하면 그의 삶은 건강할 것이다. 우리가 하는 말들은 영적 영역과 물질적 영역에 영향을 준다. 그 이유는 인간은 하나님을 닮은 영적 존재로서 우리가 하는 말에 창조의 능력이 있기 때문이다. 또한 하나님이 우리 입술의 열매를 창조하시고 천사들이 우리가 고백하는 하나님의 말씀이 이루어지도록 일하기 때문이다.

"입술의 열매를 창조하는 자 여호와가 말하노라"사57:19; 민14:28.

"능력이 있어 여호와의 말씀을 행하며 그의 말씀의 소리를 듣는 여호와의 천사들이여 여호와를 송축하라"시103:20.

예수님은 말씀으로 물질세계를 창조하셨다요1:1-3;히1:2-3. 그리고 믿음의 말씀으로 파도를 잠잠케 하셨고 사람들의 병을 고치셨으며 무화과나무를 뿌리째 마르게 하심으로 문제를 향하여 믿음으로 말하는 것의 중요성을 가르쳐 주셨다. "예수께서 그들에게 대답하여 이르시되 하나님을 믿으라. 내가 진실로 너희에게 이르노니 누구든지 이 산더러 들리어 바다에 던져지라 (말)하며 그 말하는 것이 이루어질 줄 믿고 마음에 의심하지 아니하면 (말한) 그대로 되리라"막11:22-23. "주께서 이르시되 너희에게 겨자씨 한 알만한 믿음이 있었더라면 이 뽕나무더러 뿌리가 뽑혀 바다에 심기어라 하였을 것이요 그것이 너희에게 순종하였으리라"눅17:6; 마17:20.

성경은 우리에게 중요한 교훈이 되는 한 사건을 소개하고 있다. 하나님께서는 이스라엘 민족에게 가나안 땅을 주시겠다고 약속하셨고, 지도자 모세는 민족 각 지파의 대표 12명을 가나안 땅으로 정탐하도록 보냈다. 그러나 그들이 돌아와서는 그들 중 10명은 이렇게 보고하였다.

"우리는 능히 올라가서 그 백성을 치지 못하리라 그들은 우리보다 강하니라"민13:31. 그들은 보이는 대로 마음이 느끼는 대로 보고한 것이다. 그러나 나머지 두명 여호수아와 갈렙은 가나안 땅을 주시겠다는 하나님의 말씀에 반응하여 믿음으로 보고하였다. "우리가 두루 다니며 정탐한 땅은 심히 아름다운 땅이라 여호와께서 우리를 기뻐하시면 우리를 그 땅으로 인도하여 들이시고 그 땅을 우리에게 주시리라"민14:7-8.

하지만 이스라엘 백성들은 10명의 정탐꾼의 말에 동의하여 하나님과 모세를 원망하였으며 이 모든 것을 들으신 하나님께서는 이렇게 말씀하셨다.

"여호와의 말씀에 내 삶을 두고 맹세하노라 너희 말이 내 귀에 들린 대로 내가 너희에게 행하리니"민14:28.

하나님의 말씀을 믿지 않고 눈에 보이고 귀에 들리는 대로 반응하고 원망한 백성들은 모두 광야에서 죽었다. 하지만 하나님의 말씀을 믿음으로 말한 여호수아와 갈렙은 가나안 땅을 정복하여 하나님의 약속을 받아 누렸다. 그러므로 우리 일상의 대화가 믿음의 고백이 되어야 한다. 우리는 눈에 보이고 귀에 들리는 대로 말하는 것이 아니라 하나님의 말씀에 반응하여 믿음으로 말해야 한다. "죽고 사는 것이 혀의 힘에 달렸나니 혀를 쓰기 좋아하는 자는 혀의 열매를 먹으리라"잠18:21.

"그러므로 우리의 신앙 고백을 굳게 지킵시다"히4:14 새번역.

믿음으로 기도한다(하나님의 말씀을 붙잡고 기도한다)

믿음의 기도는 하나님의 말씀에 근거한 확신에 찬 기도이다. 많은 사람이 상황과 느낌에 근거하여 확신을 갖기도 한다. 하지만 믿음의 기도는 하

믿음은 하나님의 말씀에 자신을 맡기고 행하는 것이다!

나님의 말씀을 최우선으로 두고 그 약속의 말씀을 붙잡고 기도하는 것이다. 그 믿음의 기도는 소망을 현실로 바꿀 수 있다. 믿음은 미래에 될 것이 아니라 현재 내 눈에 보이지 않아도 나는 그것을 가졌다고 확신하는 것이다. "믿음은 바라는 것들의 실상이요 보이지 않는 것들의 증거니"히11:1.

믿음으로 기도한다는 것은 하나님의 말씀을 철저히 신뢰하여 구하는 것을 받은 줄로 믿는 것이다. 예수님께서는 이렇게 약속하셨다.

"너희가 기도할 때에 무엇이든지 믿고 구하는 것은 다 받으리라"마21:22.

"내가 너희에게 말하노니 무엇이든지 기도하고 구하는 것은 받은 줄로 믿으라. 그리하면 너희에게 그대로 되리라"막11:24.

믿음으로 행동한다(하나님의 말씀에 충성스럽게 순종한다)

믿음의 사람 노아는 방주를 지으라는 하나님의 명령을 받고 그 명령에 따라 산 위에 방주를 지었다. 그는 사람들의 조롱에 반응하지 않고 오직 하나님의 말씀에 따라 믿음으로 행동했고 하나님의 구원을 체험했다창6-7장.

아브라함도 하나님의 말씀에 따라 친척 아비 집을 떠나 약속의 땅으로 갔다. 또한 그는 백 세의 나이에 자신의 몸이 죽은 것 같음을 알고도 아들을 주신다는 하나님의 약속을 의심하지 않고 확실히 믿었다롬4:18-21. 아브라함의 후손인 모세는 바로의 공주의 아들이라 칭함 받기를 거절하고 상 주시는 분을 바라보며 애굽의 모든 보화보다 그리스도를 위하여 받는 수모를 귀하게 여겼다. 또한 여호수아와 이스라엘 백성은 믿음으로 요단강을 건너 여리고 성을 함락시키고 약속의 땅에 들어갔다. 이것이 믿음의 사람들의 삶의 방식이다히11장. "나의 의인은 믿음으로 말미암아 살리라 또한 뒤로 물러가면 내 마음이 그를 기뻐하지 아니하리라"히10:38.

그러므로 하나님의 말씀을 따라 충성스럽게 순종하라. 행함이 없는 믿음은 죽은 믿음이다. 아브라함은 이삭을 바침으로써 온전한 믿음이라고 인정받았다창22:12. "아아 허탄한 사람아 행함이 없는 믿음이 헛것인 줄을 알고자 하느냐? 우리 조상 아브라함이 그 아들 이삭을 제단에 바칠 때에 행함으로 의롭다 하심을 받은 것이 아니냐? 네가 보거니와 믿음이 그의 행함과 함께 일하고 행함으로 믿음이 온전하게 되었느니라"약2:20-22.

"누구든지 나의 이 말을 듣고 행하는 자는 그 집을 반석 위에 지은 지혜로운 사람 같으리니 비가 내리고 창수가 나고 바람이 불어 그 집에 부딪치되 무너지지 아니하나니 이는 주초를 반석 위에 놓은 까닭이요"마7:24-25.

"자유롭게 하는 온전한 율법을 들여다보고 있는 자는 듣고 잊어버리는 자가 아니요 실천하는 자니 이 사람은 그 행하는 일에 복을 받으리라"약1:25.

믿음은 사랑이 동기가 되고 사랑으로 표현되어야 한다

하나님은 사랑이심으로 사랑을 따라 일하신다. 우리 또한 사랑이 동기가 되어 사랑으로 믿음이 표현되어야 한다. "그리스도 예수를 믿는 사람에게는 할례를 받았다든지 받지 않았다든지 하는 것이 중요하지 않고 오직 사랑으로 표현되는 믿음만이 중요합니다"갈5:6 공동번역; 고전13:1-2.

사랑의 법
아가페 사랑이 동기가 되어 사랑으로 행한다

사랑은 하나님 왕국의 법이다

"너희가 만일 성경에 기록된 대로 네 이웃 사랑하기를 네 몸과 같이 하라 하신 최고(왕국)의 법을 지키면 잘하는 것이거니와 만일 너희가 사람을 차별하여 대하면 죄를 짓는 것이니 율법이 너희를 범법자로 정죄하리라"약 2:8-9.

하나님은 사랑(아가페)이시다. 하나님의 아가페 사랑만이 인간의 모든 갈등을 해결할 수 있다. 인간적인 사랑은 인간의 이기심에 기초한 까닭에 실패할 수 있지만, 하나님의 사랑(아가페)은 자신의 유익을 구하지 않기에 실패가 없으며 우리가 하나님의 형상을 닮아가도록 한다.

"새 계명을 너희에게 주노니 서로 사랑(아가페)하라 내가 너희를 사랑한 것 같이 너희도 서로 사랑하라"요13:34.

우리는 하나님의 사랑(아가페)을 받은 자이다

하나님의 아들 예수님은 이 세상에 아가페 사랑을 가지고 오셨다. 아가페 사랑은 자기의 유익을 구하지 않는 하나님의 조건 없는 사랑이다. 그 사랑은 죄인도 원수도 사랑하는 사랑이다. 예수님께서는 아가페 사랑으로 자기를 십자가에 못 박은 사람들과 우리 모두의 죄를 대신 짊어지시고 죽으시고 부활하셨다. 이 사랑만이 인간을 살릴 수 있고 하나 되게 할 수 있다.

"예수께서 이르시되 아버지 저들을 사하여 주옵소서 자기들이 하는 것을 알지 못함이니이다"눅23:34.

"우리가 아직 죄인 되었을 때에 그리스도께서 우리를 위하여 죽으심으로 하나님께서 우리에 대한 자기의 사랑을 확증하셨느니라"롬5:8; 요일3:16.

하나님의 사랑(아가페)이 우리 마음에 부어졌다

자녀는 부모와 같은 본성을 갖는다. 이와 같이 하나님의 사랑의 본성이 성령을 통하여 우리 마음에 부어졌다. 이제 아가페 사랑은 우리의 새로운 본성이다. "소망이 우리를 부끄럽게 하지 아니함은 우리에게 주신 성령으로 말미암아 하나님의 사랑이 우리 마음에 부은 바 됨이니"롬5:5.

"내가 아버지의 이름을 그들에게 알게 하였고 또 알게 하리니 이는 나를 사랑하신 사랑이 그들 안에 있고 나도 그들 안에 있게 하려 함이니이다" 요17:26.

우리는 주님의 사랑(아가페)으로 사랑하도록 부름받았다

우리는 하나님의 사랑을 받은 자이고 또 그 사랑을 가진 자이다. 사랑의 주님이 우리 안에 계신다. 그리고 주님은 그분의 사랑으로 서로 사랑하라고 우리에게 말씀하신다. 우리는 사랑의 사람으로 세워져야 한다.

"새 계명을 너희에게 주노니 서로 사랑(아가페)하라 내가 너희를 사랑한 것 같이 너희도 서로 사랑하라 너희가 서로 사랑하면 이로써 모든 사람이 너희가 내 제자인 줄 알리라"요13:34-35.

"나의 계명을 지키는 자라야 나를 사랑하는 자니 나를 사랑하는 자는 내 아버지께 사랑을 받을 것이요 나도 그를 사랑하여 그에게 나를 나타내리라   예수께서 대답하여 이르시되 사람이 나를 사랑하면 내 말을 지키리니 내 아버지께서 그를 사랑하실 것이요 우리가 그에게 가서 거처를 그와 함께 하리라"요14:21-23.

"믿음으로 말미암아 그리스도께서 너희 마음에 계시게 하시옵고 너희가 (그리스도의) 사랑 가운데서 뿌리가 박히고 터가 굳어져서 능히 모든 성도와 함께 지식에 넘치는 그리스도의 사랑을 알고 그 너비와 길이와 높이와 깊이가 어떠함을 깨달아 하나님의 모든 충만하신 것으로 너희에게 충만하게 하시기를 구하노라"엡3:17-19.

"오직 사랑 안에서 참된 것을 하여(진리를 말함으로) 범사에 그에게까지 자랄지라 그는 머리니 곧 그리스도라"엡4:15.

"우리가 사랑함은 그가 먼저 우리를 사랑하셨음이라"요일4:19.

"자녀들아 우리가 말과 혀로만 사랑하지 말고 행함과 진실함으로 하자" 요일3:18.

"사랑하는 자들아 우리가 서로 사랑하자 사랑은 하나님께 속한 것이니 사랑하는 자마다 하나님으로부터 나서 하나님을 알고 사랑하지 아니하는 자는 하나님을 알지 못하나니 이는 하나님은 사랑이심이라"요일4:7-8.

"사랑하는 자들아 하나님이 이같이 우리를 사랑하셨은즉 우리도 서로 사랑하는 것이 마땅하도다 어느 때나 하나님을 본 사람이 없으되 만일 우리가 서로 사랑하면 하나님이 우리 안에 거하시고 그의 사랑이 우리 안에 온전히 이루어지느니라"요일4:11-12.

"그러므로 너희는 하나님이 택하사 거룩하고 사랑 받는 자처럼 긍휼과 자비와 겸손과 온유와 오래 참음을 옷 입고 누가 누구에게 불만이 있거든 서로 용납하여 피차 용서하되 주께서 너희를 용서하신 것 같이 너희도 그리하고 이 모든 것 위에 사랑을 더하라 이는 온전하게 매는 띠니라"골3:12-14.

"사랑(아가페)은 오래 참고 사랑은 온유하며 시기하지 아니하며 사랑은 자랑하지 아니하며 교만하지 아니하며 무례히 행하지 아니하며 자기의 유익을 구하지 아니하며 성내지 아니하며 악한 것을 생각하지 아니하며 불의를 기뻐하지 아니하며 진리와 함께 기뻐하고 모든 것을 참으며 모든 것을 믿으며 모든 것을 바라며 모든 것을 견디느니라"고전13:4-7.

사랑(아가페)을 행하는 것이 율법의 완성이다

"피차 사랑의 빚 외에는 아무에게든지 아무 빚도 지지 말라 남을 사랑하는 자는 율법을 다 이루었느니라 간음하지 말라, 살인하지 말라, 도둑질하지 말라, 탐내지 말라 한 것과 그 외에 다른 계명이 있을지라도 네 이웃을 네 자신과 같이 사랑하라 하신 그 말씀 가운데 다 들었느니라. 사랑은 이웃에게 악을 행하지 아니하나니 그러므로 사랑은 율법의 완성이니라"롬13:8-10.

"온 율법은 네 이웃 사랑하기를 네 자신 같이 하라 하신 한 말씀에서 이루어졌나니"갈5:14.

"이로써 사랑이 우리에게 온전히 이루어진 것은 우리로 심판 날에 담대함을 가지게 하려 함이니 주께서 그러하심과 같이 우리도 이 세상에서 그러하니라 사랑 안에 두려움이 없고 온전한 사랑이 두려움을 내쫓나니 두려움에는 형벌이 있음이라 두려워하는 자는 사랑 안에서 온전히 이루지 못하였느니라. 우리가 사랑함은 그가 먼저 우리를 사랑하셨음이라"요일4:17-19.

사랑(아가페)을 행하지 않으면

"그 형제를 사랑하지 아니하는 자는 하나님께 속하지 아니하니라. 우리는 서로 사랑할지니 이는 너희가 처음부터 들은 소식이라 … 우리는 형제를 사랑함으로 사망에서 옮겨 생명으로 들어간 줄을 알거니와 사랑하지 아니하는 자는 사망에 머물러 있느니라"요일3:10-14.

"사랑하는 자들아 우리가 서로 사랑하자 사랑은 하나님께 속한 것이니 사랑하는 자마다 하나님으로부터 나서 하나님을 알고 사랑하지 아니하는 자는 하나님을 알지 못하나니 이는 하나님은 사랑이심이라"요일4:7-8.

"누구든지 하나님을 사랑하노라 하고 그 형제를 미워하면 이는 거짓말하는 자니 보는 바 그 형제를 사랑하지 아니하는 자는 보지 못하는 바 하나님을 사랑할 수 없느니라. 우리가 이 계명을 주께 받았나니 하나님을 사랑하는 자는 또한 그 형제를 사랑할지니라"요일4:20-21.

되짚어보기

새롭게 창조된 사람에게 적용되는 **새로운 법**(자유, 성령, 믿음, 사랑의 법)

새롭게 창조된 사람은 하나님의 나라에 속한 자로서 새로운 법칙에 따라 살도록 부름 받았다. 우리는 자유롭게 하는 온전한 법, 생명의 성령의 법, 믿음의 법 그리고 사랑의 법의 토대 위에서 살아가야 한다. 이제 우리는 자유롭게 하는 은혜의 말씀 속에서 자신의 정체성을 발견하고, 생명의 성령의 도우심과 인도를 받으며, 믿음으로 살고 사랑으로 행하는 새로운 피조물이다. 그러므로 새로운 피조물에게 적용되는 법칙을 항상 의식하여 삶에 적용해야 한다.

1 이번 배움을 통해 깨달은 것을 나누기

서론에서 다루었던 세 부류 사람의 특성에 관해 나눠보자.

_____

은혜의 말씀 속에서 각자 자신의 정체성을 확인하고 그 생각을 나눠보자.

_____

당신은 생명의 성령의 법 안에서 살고 있는가 아니면 죄와 사망의 법 아래 살고 있는가?

_____

믿음으로 사는 것과 하나님의 사랑으로 사는 것에 관해 나눠보자.

_____

※나누기에 대한 해답은 교재 맨 뒤 240 쪽에 있습니다.

2 믿음의 고백은 믿음을 효과 있게 한다

새로운 법(자유롭게 하는 온전한 법, 생명의 성령, 믿음, 사랑의 법)

나는 새로운 법칙에 따라 살아가는 새로운 피조물입니다.
나는 자유케 하는 온전한 법 안에서 새롭게 된 나를 발견함으로 자유케 됩니다.
나는 생명의 성령님의 도우심과 인도를 받습니다.
나는 모든 것을 믿음으로 생각하고 말하고 행동합니다.
나는 내 안에 계시는 그리스도의 사랑으로 행합니다.

3 하나님 아버지!
우리를 그리스도 안에서 새 사람이 되게 하심에 감사드립니다.
은혜의 말씀 속에서 진정한 나의 모습을 보게 하시고, 생명의 성령을 따라
믿음으로 살게 하옵소서. 그리고 그리스도의 사랑에 뿌리가 박혀 자라게
하옵소서. 예수님의 이름으로 기도드립니다. 아멘.

4 암송해야 할 중요한 성경 말씀

"자유롭게 하는 온전한 (율)법을 들여다보고 있는 자는 듣고 잊어버리는 자가 아니요 실천하는 자니 이 사람은 그 행하는 일에 복을 받으리라" 야고보서1:25.

"이제 그리스도 예수 안에 있는 자들에게는 정죄함이 없나니, 그들은 육신을 따라 걷지 아니하고 성령을 따라 걷느니라. 이는 그리스도 예수 안에 있는 생명의 성령의 법이 죄와 사망의 법에서 나를 해방시켰기 때문이라" 로마서8:1-2 KJV.

"믿음은 들음에서 나며 들음은 그리스도의 말씀으로 말미암았느니라" 로마서10:17.

"나의 의인은 믿음으로 말미암아 살리라" 히브리서10:38.

"새 계명을 너희에게 주노니 서로 사랑(아가페)하라 내가 너희를 사랑한 것 같이 너희도 서로 사랑하라" 요한복음13:34.

5 다음 단계로 올라가는 말

새롭게 창조된 우리는 새로운 법칙에 따라 살도록 구별되었다. 하지만 우리는 오랜 시간 감각적 지식에 기초하여 이성과 감정에 이끌리는 삶을 살아왔다. 그렇기 때문에 새로운 법칙에 따라 살기 위해서는 우리 생각을 새롭게 하고 새로운 습관을 가져야 한다. 다음 단계에서는 그것에 관해 구체적으로 알아보자.

6 다음 단계를 위해 읽어올 성경말씀

갈라디아서 1-6장.

Q
당신은 어떤 생명으로 살고 있는가?
옛 생명으로 살고 있는가 아니면 새 생명으로 살고 있는가?

새 생명으로 살기 위해서는 옛 사람(구습)을 벗어버리고
새 사람(새 생각과 습관)을 입어야 한다

"너희는 유혹의 욕심을 따라 썩어져 가는
구습을 따르는 옛 사람을 벗어버리고
오직 너희의 심령이 새롭게 되어 하나님을 따라
의와 진리의 거룩함으로 지으심을 받은 새 사람을 입으라"
– 엡4:22-24 –

Step

2

새롭게 창조된 사람이 가져야 할

그리스도 의식

"너희가 다 믿음으로 말미암아 그리스도 예수 안에서
하나님의 아들이 되었으니 누구든지 그리스도와 합하기 위하여
세례를 받은 자는 그리스도로 옷 입었느니라"- 갈3:26-27 -

새롭게 창조된 사람은
예수님과 같은 생명을 가진 사람이다

"하나님이 우리에게 영생을 주신 것과 이 생명이 그의 아들 안에 있는 그것이니라. 아들이 있는 자에게는 생명이 있고 하나님의 아들이 없는 자에게는 생명이 없느니라. 내가 하나님의 아들의 이름을 믿는 너희에게 이것을 쓰는 것은 너희로 하여금 너희에게 영생이 있음을 알게 하려 함이라" 요일5:11-13. 개는 개의 생명(본성)을 고양이는 고양이의 생명을 가졌다. 그리고 아담의 후손은 모두 죄인의 생명(본성)으로 태어난다. 그러나 거듭난 새로운 피조물은 예수님과 같은 생명을 가졌다. "아담 안에서 모든 사람이 죽은 것 같이 그리스도 안에서 모든 사람이 삶(생명)을 얻으리라"고전15:22. 그러므로 예수님께서는 죄인이 하나님의 생명으로 다시 태어나야 한다고 말씀하신 것이다. "예수께서 대답하시되 진실로 진실로 네게 이르노니 사람이 물과 성령으로 나지 아니하면 하나님의 나라에 들어갈 수 없느니라" 요3:5.

새로운 피조물은 예수님과 같은 정체성을 가진 사람이다

예수님께서는 이 세상에 계실 때 사람들과 다른 정체성을 가지고 사셨다. 예수님은 바리새인들에게 이렇게 말씀하셨다. "예수께서 이르시되 너희는 아래에서 났고 나는 위에서 났으며 너희는 이 세상에 속하였고 나는 이 세상에 속하지 아니하였느니라"요8:23. 그러나 예수님은 자신을 믿는 자들에게는 이렇게 말씀하셨다. "내가 세상에 속하지 아니함 같이 저희도 세상에 속하지 아니함을 인함이니이다"요17:14; 마6:32. 또한 예수님은 자신이 세상의 빛이시며 믿는 우리 또한 세상의 빛이라고 말씀하셨다. "예수께서 또 말씀하여 이르시되 나는 세상의 빛이니 나를 따르는 자는 어둠에 다니지 아니하고 생명의 빛을 얻으리라"요8:12. "너희는 세상의 빛이라"마5:14.

"주께서 그러하심과 같이 우리도 이 세상에서 그러하니라"요일4:17.

이러한 말씀들은 그리스도인이 예수님과 같은 정체성을 가졌다는 뜻이다. 그러므로 우리가 새롭게 된 자신의 정체성을 깨닫고 새 생명을 개발하고 성장시킬 때 비로소 영적인 성장이 가능하다. 그렇지 않을 경우 지성과 감성과 육체의 잠재력만 개발될 뿐이다. 하나님께서는 우리를 새 생명으로 살게 하기 위해 거듭나게 하셨다.

"우리가 그의 죽으심과 합하여 세례를 받음으로 그와 함께 장사되었나니 이는 아버지의 영광으로 말미암아 그리스도를 죽은 자 가운데서 살리심과 같이 우리로 또한 새 생명 가운데서 행하게 하려 함이라"롬6:4.

우리는 예수님 처럼 살도록 부름 받았다

아버지께서 예수님을 보내신 것 같이 예수님께서 우리를 세상에 보내셨다. "예수께서 또 이르시되 너희에게 평강이 있을지어다 아버지께서 나를 보내신 것 같이 나도 너희를 보내노라. 이 말씀을 하시고 그들을 향하사 숨을 내쉬며 이르시되 성령을 받으라. 너희가 누구의 죄든지 사하면 사하여질 것이요 누구의 죄든지 그대로 두면 그대로 있으리라 하시니라"요

20:21-23. 새롭게 창조된 그리스도인은 예수님과 같이 자연적이면서 동시에 초자연적인 존재로서 영적인 영역에서 영향력을 행사할 수 있다. "내가 진실로 진실로 너희에게 이르노니 나를 믿는 자는 내가 하는 일을 그도 할 것이요 또한 그보다 큰일도 하리니 이는 내가 아버지께로 감이라"요14:12.

"진실로 너희에게 이르노니 무엇이든지 너희가 땅에서 매면 하늘에서도 매일 것이요 무엇이든지 땅에서 풀면 하늘에서도 풀리리라"마18:18; 잠11:11. 세상의 모든 사람들은 하나님의 자녀들이 나타나서 자신들을 구원의 길로 인도하길 기다리고 있다. "피조물이 고대하는 바는 하나님의 아들들이 나타나는 것이니 피조물이 허무한 데 굴복하는 것은 자기 뜻이 아니요 오직 굴복하게 하시는 이로 말미암음이라. 그 바라는 것은 피조물도 썩어짐의 종 노릇 한 데서 해방되어 하나님의 자녀들의 영광의 자유에 이르는 것이니라"롬8:19.

우리의 영적인 정체성이 진정한 나이며 그 정체성은 영원하다

우리에게는 육적인 신분이 있지만 인간의 본질은 영이므로 우리의 영적인 신분이 '진정한 나'이다. 그리고 육적인 신분은 육신의 생명이 끝날 때 사라지지만 하나님과의 관계 속에서 주어진 영(본성)적인 신분은 영원토록 지속된다. 왜냐하면 사람은 하나님과 같은 영적인 존재로서 영원히 존재하기 때문이다. 영적인 정체성이야말로 진정한 '나'이며 그 사람의 영원한 정체성이다. 그러므로 우리는 그리스도 안에서 내가 누구인지를 깨닫고 주님의 임재 속에서 살아야 한다. "우리가 이제부터는 어떤 사람도 육신을 따라 알지 아니하노라 비록 우리가 그리스도도 육신을 따라 알았으나 이제부터는 그같이 알지 아니하노라. 그런즉 누구든지 그리스도 안에 있으면 새로운 피조물이라 이전 것은 지나갔으니 보라 새것이 되었도다"고후5:16-17.

"우리가 주목하는 것은 보이는 것이 아니요 보이지 않는 것이니 보이는 것은 잠깐이요 보이지 않는 것은 영원함이라"고후4:18.

새로운 피조물이 가져야 할 '그리스도 의식'

1) 나의 옛 사람은 그리스도와 함께 죽었다. 나는 죄에 대하여 죽은 자이다. 예수 그리스도를 주로 영접한 자들은 그분과 한 생명으로 연합된 자들이다고전6:17. 그러므로 죄인 된 나의 옛 사람은 그리스도와 함께 십자가에 못박혀 죽은

> **의식(Consciousness)**
>
> 자기 자신이나 대상에 대하여 인식하며 생각하고 있는 상태를 말한다.

것이다. 죄인의 본성을 가진 우리의 옛사람이 죽었으므로 우리는 죄에 대하여 죽은 자들이다. 이 진리를 우리는 믿고 항상 의식해야 한다.

"내가 그리스도와 함께 십자가에 못 박혔나니"갈2:20.

"우리가 알거니와 우리의 옛 사람이 예수와 함께 십자가에 못 박힌 것은 죄의 몸이 죽어 다시는 우리가 죄에게 종 노릇 하지 아니하려 함이니"롬6:6.

"이와 같이 너희도 너희 자신을 죄에 대하여는 죽은 자요 그리스도 예수 안에서 하나님께 대하여는 살아 있는 자로 여길지어다"롬6:11.

"이는 너희가 죽었고 너희 생명이 그리스도와 함께 하나님 안에 감추어졌음이라"골3:3.

2) 내 안에 그리스도가 사신다(내 안에 그리스도의 생명이 있다)

"내가 그리스도와 함께 십자가에 못 박혔나니 그런즉 이제는 내가 사는 것이 아니요 오직 내 안에 그리스도께서 사시는 것이라"갈2:20.

"이 비밀은 너희 안에 계신 그리스도시니 곧 영광의 소망이니라"골1:27.

"우리에게 주신 성령으로 말미암아 그(예수님)가 우리 안에 거하시는 줄을 우리가 아느니라"요일3:24; 요일4:13; 롬8:9.

"누가 주의 마음을 알아서 주를 가르치겠느냐? 그러나 우리가 그리스

복음의 거울로 나를 바라보면 내 안에 계신 그리스도가 보인다

도의 마음(의식)을 가졌느니라"고전2:16.

　우리는 하나님의 의로움과 거룩함을 가지고 다시 태어난 새로운 사람이며 내 안에 그리스도를 모신 자이다. 그러므로 예수 그리스도께서 내 안에 계심을 의식하며 살아야 한다. 영광의 주님이 내 안에 계심을 항상 의식하며 성령으로 살아갈 때 우리 안에 있는 그리스도의 생명이 활성화 되어 두려움과 경건하지 않은 것으로 부터 자유케 되고 새 생명 안에서 다스리는 자로 살아갈 수 있다. "하나님께서는 우리에게 두려움의 영을 주지 아니하시고 권능과 사랑과 건전한 생각의 영을 주셨느니라"딤후1:7 KJV.

　우리가 자신 안에 계신 그리스도를 의식하며 살아갈 때 그리스도는 나를 통하여 말씀하시고 나를 통하여 사랑을 나타내시고 나를 통하여 역사하신다. 그러므로 세상은 나를 통하여 그리스도를 알 수 있다.

3) 나는 영을 따르는 자이다

"우리에게 주신 성령으로 말미암아 그(예수님)가 우리 안에 거하시는 줄을 우리가 아느니라"요일3:24.

예수 그리스도께서 성령으로 내 안에 계시므로 영을 따르는 것이다. 하나님은 영이시듯 하나님의 형상으로 창조된 사람의 본질은 영이며 혼을 가지고 몸 안에 살고 있다. 하나님께서는 우리의 본질인 영을 거듭나게 하셨다. 영(본성)이 하나님의 생명으로 새롭게 창조된 사람은 육체와 마음을 따라 사는 것이 아니라 영을 따라 살아야 한다.

영을 따른다는 것은 주님께서 하신 말씀을 따른다는 것이다.

"살리는 것은 영이니 육은 무익하니라 내가(예수님) 너희에게 이른 말은 영이요 생명이라"요6:63.

즉 영으로부터 오는 하나님의 말씀과 성령을 따른다는 것이다. 또한 거듭난 나의 영을 따라 새로운 정체성으로 산다는 것이다. 그리스도 안에서 새롭게 태어난 나는 하나님의 생명을 가진 자로서 예수님의 지혜와 의로움과 권세를 가진 자이며 마귀를 이긴 자이고 주와 복음을 위하여 사는 자이다고전1:10.

당신은 육체와 마음을 따라 사는가 아니면 말씀과 성령의 감동을 따라 사는가? 당신이 말씀과 성령의 감동을 따른다면 당신은 영적인 사람이다. 우리가 영을 따라갈 때 생명과 평안 그리고 하나님의 뜻 가운데 살아갈 수 있다. "육신을 따르는 자는 육신의 일을 영을 따르는 자는 영의 일을 생각하나니 육신의 생각은 사망이요 영의 생각은 생명과 평안이니라"롬8:5-6.

"바울이 공회를 주목하여 이르되 여러분 형제들아 오늘까지 나는 범사에 양심(영)을 따라 하나님을 섬겼노라"행23:1.

"너희가 육신대로 살면 반드시 죽을 것이로되 영으로써 몸의 행실을 죽이면 살리니 무릇 하나님의 영으로 인도함을 받는 사람들은 누구나 하나님의 자녀들이다"롬8:13-14.

4) 나는 그리스도의 믿음으로 사는 자이다

우리는 예수 그리스도를 믿음으로 구원 받았으며 또한 그리스도께서 가지신 믿음으로 살도록 부름 받았다. 내 안에 그리스도께서 사시니 이제는 그리스도의 믿음으로 사는 것이다. 믿음으로 사는 것은 새로운 피조물의 삶의 방식이다.

"내가 그리스도와 함께 십자가에 못 박혀 있으나 그럼에도 불구하고 사노라. 그러나 내가 아니요 그리스도께서 내 안에 사시느니라. 나는 지금 내가 육체 안에서 사는 삶을, 나를 사랑하사 나를 위해 자신을 주신 하나님의 아들(그리스도)의 믿음으로 사노라"갈2:20 KJV.

하나님께서 말씀하신 모든 것은 진리(실재)이다. 하나님은 우리가 감각 세계 이상의 보이지 않는 것들을 하나님의 말씀을 통해 믿음으로 바라보고 그 진리에 근거해서 모든 상황 가운데 믿음으로 살아가길 원하신다. 그러나 만일 우리가 믿음으로 살지 않는다면 현재 눈에 보이는 현실세계에만 집중하게 되어 세상 가치관에 휘말려 죄와 사망의 시스템의 희생자가 될 것이다. 또한 하나님이 우리를 위해 예비하신 풍성한 삶을 누리지 못할 것이며 하나님이 주신 사명과 영원한 천국과 상급도 놓치게 된다. 그러므로 우리는 하나님의 영광스러운 부르심을 위해 믿음으로 살아가는 자임을 항상 의식해야 한다.

"복음에는 하나님의 의가 나타나서 믿음으로 믿음에 이르게 하나니 기록된 바 오직 의인은 믿음으로 말미암아 살리라"롬1:17.

"이제 우리가 믿음으로 행하고 보는 것으로 행하지 아니하노라"고후5:7.

"그리스도 예수 안에서는 할례나 무할례나 효력이 없으되 사랑으로써 역사하는 믿음뿐이니라"갈5:6; 엡3:17.

"무릇 하나님께로부터 난 자마다 세상을 이기느니라 세상을 이기는 승리는 이것이니 우리의 믿음이니라"요일5:4; 고전15:57.

새 생명의 삶을 훈련하기
(새 사람의 의식과 습관 갖기)

"옛 사람을 벗어버리고 … 새 사람을 입으라"엡4:22-24.

흔히들 신앙생활은 무척 부담스러운 것으로 알고 있다. 금지하는 것들이 많을 거라고 지레짐작한다. 물론 죄악의 행위는 금한다. 하지만 신앙생활은 그렇게 단순하게 '하라, 하지 말라'에 국한되는 것이 아니라 죄의 본성으로 살아가던 사람이 신의 성품(본성)에 참여해서 살아가는 영광스러운 삶으로, 마치 새 차를 사서 운전하는 것처럼 즐거운 도전의 삶이다벧후1:4.

"누구든지 그리스도 안에 있으면 새로운 피조물이라 이전 것은 지나갔으니 보라 새것이 되었도다"고후5:17.

이 말씀에서 '이전 것은 지나갔다' 라는 뜻은 이미 옛 사람은 주님과 함께 십자가에서 죽었다는 의미이다갈6:14; 빌3:20. 그러므로 이제 우리는 예전에 따르던 옛사람의 습관을 버려야 한다. 그리고 예수님을 마음에 모시고 그분의 사랑에 뿌리를 박고 터가 굳어져 그 사랑의 너비와 길이와 높이와 깊이가 어떠함을 깨달아 예수님의 생명으로 충만해지고 새 사람의 옷을 입어야 한다엡3:17-19.

"너희는 유혹의 욕심을 따라 썩어져 가는 구습을 따르는 옛 사람을 벗어 버리고 오직 너희의 심령이 새롭게 되어 하나님을 따라 의와 진리의 거룩함으로 지으심을 받은 새 사람을 입으라"엡4:22-24; 계3:18.

"우리를 양육하시되 경건하지 않은 것과 이 세상 정욕을 다 버리고 신중함과 의로움과 경건함으로 이 세상에 살고"딛2:12.

예수님께서는 나로 의가 되게 하시려고 그분이 죄가 되었고, 우리를 새 생명으로 살게 하시려고 우리를 대신하여 죄가 되어 죽으셨다. 나를 치유하시려고 예수님이 채찍에 맞으셨으며 나를 부요하게 하려고 예수님이 가난하게 되셨다. 나에게 영광을 주시려고 예수님이 수치를 당하셨고, 나로 하나님의 영광스러운 자녀가 되게 하시려고 자신이 하나님께 버림받으셨다 사53:3-5; 고후8:9.

그러므로 새로운 피조물의 삶은 새 생명 안에서 참 평안과 기쁨이 넘치는 역동적인 삶이다. 하지만 우리는 오랜 시간을 오감에 기초한 육체와 마음에 이끌려 사는 생활을 해왔기 때문에 옛것을 버리고 새 생명으로 살아가는 훈련을 해야 한다. "오직 경건에 이르기를 연습(훈련)하라 육체의 연습은 약간의 유익이 있으나 경건은 범사에 유익하니 현재와 내생에 약속이 있느니라"딤전4:7-8 개역한글; 롬6:4.

우리는 그리스도 안에서 새롭게 창조된 자신의 정체성을 의식하고 성령의 도우심과 인도를 받으며 믿음으로 살도록 부름 받았다. 그 삶은 진리 안에서 점점 자유롭게 되는 축복의 삶이다. 그러면 새로운 법 안에서 새 생명으로 살아가기 위해서는 어떻게 해야 하나?

첫째, 옛 사람의 생각과 습관을 버려라

"너희는 유혹의 욕심을 따라 썩어져 가는 구습을 따르는 옛 사람을 벗어 버리고"엡4:22.

"우리를 양육하시되 경건하지 않은 것과 이 세상 정욕을 다 버리고"딛2:12. 죄인 된 우리의 옛사람은 죽었다. 우리는 죄에 대하여 죽은 자이다. 그러므로 이제 옛사람의 경건하지 않은 것과 이 세상을 따르는 삶의 습관을 벗어 버려야 한다. 경건하지 않은 것을 따르는 것은 나의 본성이 아니고 내 안에 프로그램된 나의 옛 습관이다. 즉 이 세상의 모든 정욕을 따라 살던 라이프 스타일이다. "너희는 이 세대를 본받지 말고"롬12:2.

"이 세상이나 세상에 있는 것들을 사랑하지 말라 누구든지 세상을 사랑하면 아버지의 사랑이 그 안에 있지 아니하니 이는 세상에 있는 모든 것이 육신의 정욕과 안목의 정욕과 이생의 자랑이니"요일2:15-16.

"너는 이것을 알라 말세에 고통하는 때가 이르러 사람들이 자기를 사랑하며 돈을 사랑하며 자랑하며 교만하며 비방하며 부모를 거역하며 감사하지 아니하며 거룩하지 아니하며 무정하며 원통함을 풀지 아니하며 모함하며 절제하지 못하며 사나우며 선한 것을 좋아하지 아니하며 배신하며 조급하며 자만하며 쾌락을 사랑하기를 하나님 사랑하는 것보다 더하며 경건의 모양은 있으나 경건의 능력은 부인하니 이같은 자들에게서 네가 돌아서라" 딤후3:1-5.

"불의한 자가 하나님의 나라를 유업으로 받지 못할 줄을 알지 못하느냐? 미혹을 받지 말라 음행하는 자나 우상 숭배하는 자나 간음하는 자나 탐색하는 자나 남색하는 자나 도적이나 탐욕을 부리는 자나 술 취하는 자나 모욕하는 자나 속여 빼앗는 자들은 하나님의 나라를 유업으로 받지 못하리라" 고전6:9-10.

"육체의 일은 분명하니 곧 음행과 더러운 것과 호색과 우상 숭배와 주술과 원수 맺는 것과 분쟁과 시기와 분냄과 당 짓는 것과 분열함과 이단과 투기와 술 취함과 방탕함과 또 그와 같은 것들이라" 갈5:19-21; 엡4:31.

"그리스도 예수의 사람들은 육체와 함께 그 정욕과 탐심을 십자가에 못박았느니라" 갈5:24.

둘째, 성령으로 충만하라

성령님과 새로운 피조물의 삶은 떼려야 뗄 수 없는 관계이다. 성령으로 충만한 만큼 신성한 성품이 흘러 나와 새 생명으로 살 수 있다.

"술 취하지 말라 이는 방탕한 것이니 오직 성령으로 충만함을 받으라 시와 찬송과 신령한 노래들로 서로 화답하며 너희의 마음으로 주께 노래하며 찬송하며 범사에 우리 주 예수 그리스도의 이름으로 항상 아버지 하나님께 감사하며 그리스도를 경외함으로 피차 복종하라" 엡5:18-21.

성령으로 충만하다는 것은 성령님의 통치를 받는다는 것이다. 우리는 성령 충만하여 성령께서 주시는 하나님의 말씀과 영의 생각과 감동을 따라 행할 때 성령의 열매를 맺을 수 있다. "오직 성령의 열매는 사랑과 희락과 화평과 오래 참음과 자비와 양선과 충성과 온유와 절제니 이같은 것을 금지할 법이 없느니라. 그리스도 예수의 사람들은 육체와 함께 그 정욕과 탐심을 십자가에 못 박았느니라. 만일 우리가 성령으로 살면 또한 성령으로 행할지니"갈5:22-25.

셋째, 영으로 기도하고 또 마음으로 기도하라

기도는 살아계신 하나님과 교제하는 것이다. 하나님과의 교제는 그분의 생명과 연결되는 것으로서 마치 포도나무에 가지가 연결되어 영양분을 흡수하는 것과 같다요15:5. 우리는 기도를 통해 하나님과 교제하며 강건해진다. 그러므로 새로운 피조물은 어떤 일이 있어야만 기도하는 것이 아니라 기도가 일상이 되어야 한다.

"모든 기도와 간구를 하되 항상 성령 안에서 기도하고 이를 위하여 깨어 구하기를 항상 힘쓰며 여러 성도를 위하여 구하라"엡6:18; 막9:29.

우리는 마음으로 기도하고 또한 영으로도 기도할 수 있다. 구약시대의 성도들은 마음의 기도 밖에 할 수 없었으나 거듭난 새로운 피조물에게는 새 방언을 말하는 특권이 주어졌다. 방언은 믿는 자들이 성령충만을 받은 후 나타나는 증거이다. "믿는 자들에게는 이런 표적이 따르리니 곧 그들이 내 이름으로 귀신을 쫓아내며 새 방언을 말하며"막16:17.

"그들이 다 성령의 충만함을 받고 성령이 말하게 하심을 따라 다른 언어들로 말하기를 시작하니라"행2:4.

영의 기도(방언)의 유익

방언기도는 우리 안에 계시는 성령님의 도우심으로 우리의 영이 하나님께 드리는 영의 기도이다. 그러면 우리는 왜 방언을 말해야 하는가?

＊하나님과 교통하며 비밀을 말하는 것이다: "방언을 말하는 자는 사람에게 하지 아니하고 하나님께 하나니 이는 알아 듣는 자가 없고 영으로 비밀을 말함이라"고전14:2.

＊ 나의 영을 강건하게 세워준다(충전한다): "방언을 말하는 자는 자기의 덕을 세우고(자신을 세우고)"고전14:4.

＊ 믿음을 굳건하게 한다: "사랑하는 자들아 너희는 너희의 지극히 거룩한 믿음 위에 자신을 세우며 성령으로 기도하며"유1:20.

＊ 하나님의 온전한 뜻을 따라 기도하게 한다: "성령도 우리의 연약함을 도우시나니 우리는 마땅히 기도할 바를 알지 못하나 오직 성령이 말할 수 없는 탄식으로 우리를 위하여 친히 간구하시느니라 마음을 살피시는 이가 성령의 생각을 아시나니 이는 성령이 하나님의 뜻대로 성도를 위하여 간구하심이니라"롬8:26-27.

＊ 하나님을 높이며 온전한 감사를 드리는 것이다: "방언을 말하며 하나님 높임을 들음이러라"행10:46; 고전14:15-17.

＊ 쉼과 상쾌함을 준다: 마음이 답답할 때 방언으로 기도하면 마음에 평안함과 상쾌함이 온다. "더듬는 입술과 다른 방언으로 그가 이 백성에게 말씀하시리라. 전에 그들에게 이르기를 이것이 너희 안식이요 이것이 너희 상쾌함이니 너희는 곤비한 자에게 안식을 주라"사28:11-12.

사도 바울은 방언을 많이 말함으로 하나님과 친밀한 교제를 가졌으며 주님으로 부터 많은 지혜와 계시를 얻었다. 그러나 영의 기도는 대부분 이해할 수 없으므로 마음의 기도를 병행하라고 성경은 권면하고 있다.

"내가 너희 모든 사람보다 방언을 더 말하므로 하나님께 감사하노라"고전14:18.

"내가 영으로 기도하고 또 마음으로 기도하며 영으로 찬송하고 또 마음으로 찬송하리라"고전14:15.

넷째, 진리로 생각을 새롭게 하라(새로운 피조물의 의식을 가져라)

우리는 내 안에 계시는 그리스도와 새롭게 창조 된 나의 정체성을 의식하며 살아가야 한다. 우리는 죄에 대하여 죽고 그리스도를 내 안에 모신 새로운 피조물로서 하나님의 말씀으로 생각을 새롭게 하며 믿음으로 살아가야 한다. 성경은 "대저 그 마음의 생각이 어떠하면 그 위인도 그러한즉"잠23:7. 이라고 선언하였다. 사람의 생각은 그 사람 됨됨이의 판단기준이 되고 또한 그가 어떻게 행동하는가를 결정한다. 현재 당신은 생각의 기준을 합리적이고 경제적인 가치에 두고 있지는 않는가? 아니면 인간적이고 경험적인 기준에 따라 생각하고 판단하는가? 우리의 삶에 있어서 이러한 합리적이고 경제적인 사고가 필요한 것은 사실이다. 하지만 삶 속에서 우리의 생각이 하나님의 말씀과 충돌될 때 우선에 두어야 할 기준은 하나님의 말씀이다. 우리는 세상의 가치관과 세상의 이론을 따라 사는 것이 아니라 하나님의 말씀을 따라 생각하며 믿음으로 살아가는 자들이다. "예수께서 대답하여 이르시되 기록되었으되 사람이 떡으로만 살 것이 아니요 하나님의 입으로부터 나오는 모든 말씀으로 살 것이라 하였느니라"마4:4. 신8:3.

"너희는 이 세대를 본받지 말고 오직 마음을 새롭게 함으로 변화를 받아 하나님의 선하시고 기뻐하시고 온전하신 뜻(말씀)이 무엇인지 분별하도록 하라"롬12:2.

"하나님을 아는 것(지식)을 대적하여 높아진 것을 다 무너뜨리고 모든 이론을 사로잡아 그리스도에게 복종하게 하니 너희의 복종이 온전하게 될 때에 모든 복종하지 않는 것을 벌하려고 준비하는 중에 있노라"고후10:5-6.

다섯째, 믿음으로 진리를 말하라(고백하라)

우리의 일상의 대화가 자신의 믿음의 고백이 돼야 한다. 그렇다면 우리는 어떠한 말을 해야 하는가? 우리는 진리를 따라 말하고 진리에서 어긋나는 말은 하지 말아야 한다. "우리가 다 실수가 많으니 만일 말에 실수가 없는 자라면 곧 온전한 사람이라 능히 온 몸도 굴레 씌우리라"약3:2. 말에 실수가 없다는 것에서의 '말'은 진리(logos)를 말한다. 즉 진리에서 어긋난 말을 하기 때문에 그것을 실수라고 하며 그러한 말의 실수로 인해 사람들은 어둠 속에 다니게 된다시107:10-11. 그래서 성경은 말의 중요성을 다루고 있다.

"죽고 사는 것이 혀의 힘에 달렸나니 혀를 쓰기 좋아하는 자는 혀의 열매를 먹으리라"잠18:21.

"네 입의 말로 네가 얽혔으며 네 입의 말로 인하여 잡히게 되었느니라" 잠6:2. 새로운 피조물은 하나님의 말씀으로 태어난 자들이며 또 말씀으로 살아가는 자들이다. 그러므로 우리는 자신의 정체성과 진리에 일치하도록 말해야 한다. 우리가 믿음으로 진리를 계속해서 말할 때 우리의 믿음이 더욱더 굳건히 세워지며 말하는 결과를 얻을 수 있다.

"우리는 사랑 안에서 진리를 말하면서 모든 면에서 자라나서 머리이신 그리스도에게까지 이르러야 합니다"엡4:15 새번역; 롬10:10.

"기록된 바 내가 믿었으므로 말하였다 한 것 같이 우리가 같은 믿음의 마음(영)을 가졌으니 우리도 믿었으므로 또한 말하노라"고후4:13.

우리는 믿음으로 진리를 고백하므로 마음(생각)을 새롭게 해야 한다. 우리는 그리스도 안에서 내가 누구이며 무엇을 가졌으며 무엇을 할 수 있는지를 고백해야 한다(1권 구원과 새생명의 정체성 8과 9과 참조). 이렇게 말씀을 묵상하면 마음이 새롭게 되어 진리를 행할 수 있다.

"이 율법책(은혜의 말씀)을 네 입에서 떠나지 말게 하며 주야로 그것을 묵상하여 그 안에 기록된 대로 다 지켜 행하라 그리하면 네 길이 평탄하게 될 것이며 네가 형통하리라"수1:8.

> **묵상(默想)이란**
>
> 진리의 말씀을 소리내어 고백하면서 진리로 마음(생각)을 새롭게 하여 말씀을 실천할 수 있도록 하는 것이다.

여섯째, 믿음으로 진리를 행하라

"그가 그 피조물 중에 우리로 한 첫 열매가 되게 하시려고 자기의 뜻을 따라 진리의 말씀으로 우리를 낳으셨느니라 … 너희는 말씀을 행하는 자가 되고 듣기만 하여 자신을 속이는 자가 되지 말라"약1:18, 22; 벧전1:23.

우리는 진리의 말씀으로 속사람이 새롭게 창조된 자들이다. 새롭게 창조된 사람은 진리를 말하는 자이며 진리를 행할 수 있는 능력을 갖춘 자이다. 우리가 진리를 행할 때 그 말씀은 우리 자신의 일부가 된다. 말씀을 행하는 것은 마치 자신의 영적인 집을 건축하는 것과 같다. 주님은 "누구든지 나의 이 말을 듣고 행하는 자는 그 집을 반석 위에 지은 지혜로운 사람 같으리니"라고 말씀하셨다마7:24. 우리가 믿음으로 진리를 행할 때 자유롭게 되고 믿음은 온전케 되며 예수 그리스도를 닮아가는 위대한 건축을 이루어 가게 된다유1:20-21.

"너희가 내 말에 거하면 참으로 내 제자가 되고 진리를 알지니 진리가 너희를 자유롭게 하리라"요8:31-32.

"이와 같이 행함이 없는 믿음은 그 자체가 죽은 것이라 … 네가 보거니와 믿음이 그의 행함과 함께 일하고 행함으로 믿음이 온전하게 되었느니라"약2:17, 22.

"자유롭게 하는 온전한 율법을 들여다보고 있는 자는 듣고 잊어버리는 자가 아니요 실천하는 자니 이 사람은 그 행하는 일에 복을 받으리라"약1:25.

일곱째, 믿음으로 아가페 사랑을 행하라

"우리가 사랑함은 그가 먼저 우리를 사랑하셨음이라"요일4:19.

하나님은 우리가 죄인 되었을 때, 우리가 하나님을 사랑하기도 전에 우리를 사랑하셨다. 우리는 하나님의 사랑(Agape)을 받은 자이며 또 그 사랑을 소유한 자이다. 사랑은 새롭게 창조된 사람의 본성이다. 그러므로 예수 그리스도께서는 그분의 생명을 가진 우리에게 서로 사랑하라고 명령하셨

길에서 강도를 만난 사람이 있었다. 그렇다면 누가 강도 만난 사람의 이웃이 되어주겠느냐?

다. "우리에게 주신 성령으로 말미암아 하나님의 사랑이 우리 마음에 부은 바 됨이니"롬5:5.

"새 계명을 너희에게 주노니 서로 사랑하라 내가 너희를 사랑한 것 같이 너희도 서로 사랑하라 너희가 서로 사랑하면 이로써 모든 사람이 너희가 내 제자인 줄 알리라"요13:34-35.

"사랑은 오래 참고 사랑은 온유하며 시기하지 아니하며 사랑은 자랑하지 아니하며 교만하지 아니하며 무례히 행하지 아니하며 자기의 유익을 구하지 아니하며 성내지 아니하며 악한 것을 생각하지 아니하며 사랑은 오래 참고 사랑은 온유하며 시기하지 아니하며 사랑은 자랑하지 아니하며 교만하지 아니하며 무례히 행하지 아니하며 자기의 유익을 구하지 아니하며 성내지 아니하며 악한 것을 생각하지 아니하며"고전13:4-7.

사랑은 우리의 삶의 방식이며 삶의 태도가 되어야 한다. 우리는 사랑(아가페) 없이는 누구와도 하나가 될 수 없다. 사랑은 상대방의 허물과 죄를 용서하고 또한 기억하지 않는 것이다. 우리가 사랑을 행할 때 하나님의 임재를 경험하게 되며 우리 안에 있는 거듭난 영(본성)이 활성화 되고 예수님의 성품을 닮아가게 된다. 새로운 피조물은 하나님의 사랑의 흐름을 따라 행하는 자이다.

"사랑하는 자들아 우리가 서로 사랑하자 사랑은 하나님께 속한 것이니 사랑하는 자마다 하나님으로부터 나서 하나님을 알고"요일4:7.

"사랑하는 자들아 하나님이 이같이 우리를 사랑하셨은즉 우리도 서로 사랑하는 것이 마땅하도다 어느 때나 하나님을 본 사람이 없으되 만일 우리가 서로 사랑하면 하나님이 우리 안에 거하시고 그의 사랑이 우리 안에 온전히 이루어지느니라"요일4:11-12; 고전13:4-7.

"자녀들아 우리가 말과 혀로만 사랑하지 말고 행함과 진실함으로 하자"요일3:18.

앞에서 살펴본바 같이 새 생명의 삶을 훈련할 때 우리는 주님을 닮아가고 하나님께서 계획하신 온전한 은혜를 누리며 자신에게 주어진 사명을 감당하고 하나님의 나라를 상속받을 수 있다.

새롭게 창조된 사람이 가져야 할 **그리스도 의식**

새롭게 창조된 성도의 삶은 지금까지 살아온 삶의 방식과 사뭇 다르다.
새로운 피조물은 옛 것을 버리고 그들 안에 계신 그리스도를 의식하며
영과 진리를 따라 믿음으로 살아가는 자들이다.

1 **이번 가르침을 통해 깨달은 것을 나눠 보자**

새로운 피조물이 가져야 할 '그리스도 의식'을 나눠 보자.

_____

어떻게 새 생명의 삶을 훈련하는지 나눠 보자.

_____

나의 영적습관에서 어떠한 부분을 보완해야 할지 나눠보자.

_____

※나누기에 대한 해답은 교재 맨 뒤 240 쪽에 있습니다.

2 **믿음의 고백은 믿음을 효과 있게 한다**

우리는 자신의 믿음을 고백해야 한다.
"우리가 같은 믿음의 마음을 가졌으니 우리도 믿었으므로 또한 말하노라"고후4:13.

새롭게 창조된 사람이 가져야 할 그리스도 의식

나의 옛 사람은 그리스도와 함께 죽었습니다.

내 안에 그리스도가 계십니다.

나는 영을 따르는 자입니다.

나는 그리스도의 믿음으로 사는 자입니다.

나는 세상의 경건하지 않은 옛 습관을 버립니다.

나는 항상 성령 충만을 받으며 영으로 기도하고 마음으로 기도합니다.

나는 진리로 생각하고 진리를 말하고 진리를 행합니다.

나는 그리스도의 사랑을 행합니다. 사랑은 새로운 피조물의 삶의 방식입니다.

3

하나님 아버지!

제 안에 예수 그리스도의 생명을 주심에 감사합니다. 그리스도께서 내 안에 계심을 항상 의식하며 예수 그리스도께서 나를 주관하셔서 내 안에서 그리스도만 드러나게 하옵소서. 예수님의 이름으로 기도드립니다. 아멘.

4

암송해야 할 중요한 성경 말씀

"그리스도를 죽은 자 가운데서 살리심과 같이 우리로 또한 새 생명 가운데서 행하게 하려 함이니라"로마서6:4.

"내가 그리스도와 함께 십자가에 못 박혔나니 그런즉 이제는 내가 사는 것이 아니요 오직 내 안에 그리스도께서 사시는 것이라"갈라디아서2:20.

"육신을 따르는 자는 육신의 일을 영을 따르는 자는 영의 일을 생각하나니 육신의 생각은 사망이요 영의 생각은 생명과 평안이니라"로마서8:5-6.

"너희는 유혹의 욕심을 따라 썩어져 가는 구습을 따르는 옛 사람을 벗어 버리고 오직 너희의 심령이 새롭게 되어 하나님을 따라 의와 진리의 거룩함으로 지으심을 받은 새 사람을 입으라"에베소서4:22-24.

"우리를 양육하시되 경건하지 않은 것과 이 세상 정욕을 다 버리고 신중함과 의로움과 경건함으로 이 세상에 살고"디도서2:12.

5

다음 단계로 올라가는 말

예수 그리스도의 은혜로 우리는 새롭게 창조되었다. 우리는 만왕의 왕이요 만주의 주이신 그분의 몸된 지체가 되어 주님의 뜻을 세상에 실현하도록 부름 받았다. 다음 단계에서는 예수 그리스도의 주인되심에 관해 알아보자.

6

다음 단계를 위해 읽어올 성경말씀

마태복음 5-7장, 골로새서 1-2장.

Q
당신은 어느 나라에서 살고 있는가?

우리는 예수님을 믿음으로 흑암의 권세에서
종노릇 하다가 하나님의 나라 본국으로 돌아 온 것이다.

"그가 우리를 흑암의 권세에서 건져내사
그의 사랑의 아들의 나라로 옮기셨으니"

— 골1:13 —

Step 3 예수님의 주인 되심

"우리가 살아도 주를 위하여 살고 죽어도 주를 위하여 죽나니 그러므로 사나 죽으나 우리가 주의 것이로다. 이를 위하여 그리스도께서 죽었다가 다시 살아나셨으니 곧 죽은 자와 산 자의 주가 되려 하심이라" - 롬14:8-9 -

우리는 하나님의 나라(왕국) 본국으로 온 것이다

"하늘의 하나님이 한 나라를 세우시리니"단2:44.

하나님께서는 아담과 하와의 범죄 이후 여자의 후손을 통해 뱀의 머리를 상하게 할 그리스도를 보내시고 그를 통해 이 땅에 하나님의 나라를 세우고자 계획하셨다. 그 나라는 하나님이 친히 세우시고 경영하는 나라이다. 하나님은 그 나라를 세우기 위해 아브라함을 부르셨으며, 그를 통해 이스라엘 민족을 만드시고 그 민족을 통해 하나님의 아들이 그리스도가 되어 이 땅에 오셨다히11:10. 예수 그리스도께서는 그를 믿는 자들과 새 언약을 맺으시고 십자가의 죽음과 부활을 통해 죄와 사망에서 해방된 하나님의 자녀들을 탄생시키셨다. 그들은 이 세상에 살지만 이 세상에 속한 것이 아니라 하나님의 나라(왕국)에 속한 백성이다빌3:20. 그 나라는 영원한 나라이며 이에 대해 하나님의 사람 다니엘은 다음과 같이 예언했다.

"이 여러 왕들의 시대에 하늘의 하나님이 한 나라를 세우시리니 이것은 영원히 망하지도 아니할 것이요 그 국권이 다른 백성에게로 돌아가지도 아니할 것이요 도리어 이 모든 나라를 쳐서 멸망시키고 영원히 설 것이라"단 2:44; 사9:6-7.

"예수께서 대답하시되 내 나라는 이 세상에 속한 것이 아니니라 만일 내 나라가 이 세상에 속한 것이었더라면 내 종들이 싸워 나로 유대인들에게 넘겨지지 않게 하였으리라 이제 내 나라는 여기에 속한 것이 아니니라. 빌라도가 이르되 그러면 네가 왕이 아니냐? 예수께서 대답하시되 네 말과 같이 내가 왕이니라 내가 이를 위하여 태어났으며 이를 위하여 세상에 왔나니 곧 진리에 대하여 증언하려 함이로라 무릇 진리에 속한 자는 내 음성을 듣느니라"요18:36-37; 요15:19.

만물이 예수님에 의해 창조되었고 그를 위하여 창조되었다

"그는 보이지 아니하는 하나님의 형상이시요 모든 피조물보다 먼저 나신 이시니 만물이 그에게서 창조되되 하늘과 땅에서 보이는 것들과 보이지 않는 것들과 혹은 왕권들이나 주권들이나 통치자들이나 권세들이나 만물이 다 그로 말미암고 그를 위하여 창조되었고"골1:15-16; 요일5:20; 롬14:8-9.

예수님께서는 모든 만물의 창조주 하나님이시며 구원의 하나님이시다. 그러나 타락한 사람들은 마음에 하나님 두기를 싫어하고 자신이 주인 되어 자기의 뜻대로 살아가고 있다. 그래서 자기 자신도 모르는 사이에 사탄의 지배 아래서 사탄의 종노릇을 하고 있다롬1:28. 그러한 인류를 구원하기 위해 성자 예수님께서는 대속의 죽음과 부활을 통해 인간의 죄의 문제를 해결하시고 세상의 진정한 주인이심을 보이셨다.

"그리스도께서 죽었다가 다시 살아나셨으니 곧 죽은 자와 산 자의 주가 되려 하심이라"롬14:9.

하나님의 나라(왕국)는 예수님을 주(主)로 믿고 따르는 자들만이 들어갈 수 있다. 하나님의 나라는 만왕의 왕이며 만주의 주이신 예수님께서 친히 다스리시는 나라(왕국)이며 그분의 다스리심과 보호 안으로 들어오는 것을 구원받는다고 말한다계17:14; 계19:16. 그러므로 구원의 조건은 내 삶의 주인을 바꾸는 것이다. 즉 내가 내 인생의 주인이 아니라 진정한 왕이신 예수님이 자신의 주인임을 마음으로 믿고 입으로 시인하여 그분의 다스림과 보호 안으로 들어가는 것이다. "네가 만일 네 입으로 예수를 주로 시인하며 또 하나님께서 그를 죽은 자 가운데서 살리신 것을 네 마음에 믿으면 구원을 받으리라 사람이 마음으로 믿어 의에 이르고 입으로 시인하여 구원에 이르느니라"롬10:9-10.

따라서 예수님을 주로 믿고 모신 자들은 사탄의 권세로부터 벗어나 하나님의 나라로 옮겨진 자들이다. "그가 우리를 흑암의 권세에서 건져내사 그의 사랑의 아들의 나라로 옮기셨으니"골1:13; 빌3:20.

우리가 예수님의 주인 되심을 마음으로 믿고 주님의 다스림을 받을 때 하나님의 나라가 내 마음과 내 삶 속에 임하게 된다. 하지만 예수님께 대한 진정한 믿음을 갖지 못하고 우리 삶의 각 영역을 내어 드리지 않고 자기 마음대로 산다면 우리는 자신의 이기적 욕망을 따라 육신대로 살다가 결국은 죄의 종이 될 것이다. 그렇기에 구원 받는다는 것은 사탄의 지배에서 벗어나 나를 사랑하시어 자신의 생명을 내어주신 예수님을 내 삶의 왕으로 믿고 그분의 보호와 다스림 안으로 들어가는 것이다골1:13.

그러므로 신앙생활의 성공과 실패는 예수 그리스도의 주(主)되심을 삶의 모든 부분에서 얼마나 인정하느냐에 달려 있고 또한 주님의 말씀에 대한 우리의 태도를 통해 결정된다. 우리가 믿는 예수님은 진정한 왕이요 주인이시다. 사도 요한은 다시 오실 그리스도의 모습을 보고 다음과 같이 기록했다. "그 옷과 그 다리에 이름을 쓴 것이 있으니 만왕의 왕이요 만주의 주라 하였더라"계19:16.

"너희는 나를 불러 주여 주여 하면서도 어찌하여 내가 말하는 것을 행하지 아니하느냐?" 많은 성도들이 예수 그리스도를 주님이라고 부르지만 주님의 말씀을 따르지 않고 있다. 그러한 자들의 삶에 대해 예수님께서는 이렇게 말씀하셨다.

"나더러 주여 주여 하는 자마다 다 천국에 들어갈 것이 아니요 다만 하늘에 계신 내 아버지의 뜻대로 행하는 자라야 들어가리라. 그 날에 많은 사람이 나더러 이르되 주여 주여 우리가 주의 이름으로 선지자 노릇 하며 주의 이름으로 귀신을 쫓아 내며 주의 이름으로 많은 권능을 행하지 아니하였나이까 하리니 그 때에 내가 그들에게 밝히 말하되 내가 너희를 도무지 알지 못하니 불법을 행하는 자들아 내게서 떠나가라 하리라"마7:21-23.

"너희는 나를 불러 주여 주여 하면서도 어찌하여 내가 말하는 것을 행하지 아니하느냐? 내게 나아와 내 말을 듣고 행하는 자마다 누구와 같은 것을 너희에게 보이리라. 집을 짓되 깊이 파고 주추(기초)를 반석 위에 놓은 사람과 같으니 큰물(홍수)이 나서 탁류가 그 집에 부딪치되 잘 지었기 때문에 능히 요동하지 못하게 하였거니와 듣고 행하지 아니하는 자는 주추 없이 흙 위에 집 지은 사람과 같으니 탁류가 부딪치매 집이 곧 무너져 파괴됨이 심하니라 하시니라"눅6:46-49.

이 말씀은 우리가 주님의 말씀을 듣고 행하지 않는다면 우리의 믿음과 인생 전체가 위험에 처함을 경고하고 있다.

"행함이 없는 믿음은 그 자체가 죽은 것이라"약2:17.

왜 그리스도인이라고 하는 많은 사람이 예수님을 믿는다고 말하면서 주님의 말씀에 순종하지 않는가? 그 이유는 예수님을 경외하지 않기 때문이다. 경외함이란 피조물인 인간이 거룩하신 창조주 하나님을 공경하는 마음에서 갖는 거룩한 두려움이다. 사도 바울은 우리가 주님을 경외하지 않을 경우 버림받을 수 있음을 경고하고 있다. "하나님께서는 자비로우시기도 하고 준엄하시기도 하다는 것을 알아두십시오. 하나님께서는 당신을 거역하는 자들에게는 준엄하시지만 여러분에게는 자비로우십니다. 그러나 그것은 여러분이 하나님의 자비를 저버리지 않을 때에 한한 일이고 그렇지 못할 때에는 여러분도 잘려 나갈 것입니다"롬11:22 공동번역.

"그런즉 사랑하는 자들아 이 약속을 가진 우리는 하나님을 두려워하는 가운데서 거룩함을 온전히 이루어 육과 영의 온갖 더러운 것에서 자신을 깨끗하게 하자"고후7:1.

우리는 자기를 부인하고 진정한 왕 되신 예수 그리스도를 따라야 한다

인생에는 두 가지의 길이 있다고 예수님은 말씀하셨다. 한 길은 영원한 멸망(지옥)을 향하여 가는 길로서 많은 사람이 그 길을 간다고 하셨고, 또 하나의 길은 영원한 생명으로 가는 길이며 그 길의 끝은 천국이지만 그 길은 찾는 자가 적다고 하셨다. "좁은 문으로 들어가라 멸망으로 인도하는 문은 크고 그 길이 넓어 그리로 들어가는 자가 많고 생명으로 인도하는 문은 좁고 길이 협착하여 찾는 이가 적음이니라"마7:13-14.

당신은 지금 어떤 길을 가고 있는가? 생명으로 가는 길은 자신의 이기적인 욕망을 내려놓고 예수 그리스도와 복음을 위해 자신의 십자가를 지고 예수님을 따르는 삶이다. 예수님께서는 이렇게 말씀하셨다.

"무리에게 이르시되 아무든지 나를 따라오려거든 자기를 부인하고 날마다 제 십자가를 지고 나를 따를 것이니라"눅9:23; 마16:24.

"누구든지 자기 목숨을 구원하고자 하면 잃을 것이요 누구든지 나와 복음을 위하여 자기 목숨을 잃으면 구원하리라"막8:35.

자기가 주인된 삶을 사는 사람은 자신의 영원한 생명을 잃어버린다. 우리의 삶 전체는 하나님의 말씀을 지키느냐 안 지키느냐에 대한 시험이다.

"네 하나님 여호와께서 이 사십 년 동안에 네게 광야 길을 걷게 하신 것을 기억하라 이는 너를 낮추시며 너를 시험하사 네 마음이 어떠한지 그 명령을 지키는지 지키지 않는지 알려 하심이라"신8:2.

첫 사람 아담과 하와는 하나님의 말씀에 불순종하여 에덴에서 쫓겨났다창3장. 주님의 말씀을 따르지 않고 자기가 주인 되어 사는 것이 죄이다. 하지만 주님은 그분의 말씀을 따르는 신실한 자들에게 이렇게 말씀하셨다.

"그 주인이 이르되 잘하였도다 착하고 충성된 종아 네가 적은 일에 충성하였으매 내가 많은 것을 네게 맡기리니 네 주인의 즐거움에 참여할지어다"마25:21.

"네가 나의 인내의 말씀을 지켰은즉 내가 또한 너를 지켜 시험의 때를 면하게(보호) 하리니 이는 장차 온 세상에 임하여 땅에 거하는 자들을 시험할 때라"계3:10.

하나님의 왕국 백성은 예수님의 왕 되심을 믿고 예수님의 말씀을 충성스럽게 지키는 것이다. 하지만 예수님께서는 누가복음 19장 '므나' 비유에서 주인이 맡긴 므나를 받고도 아무 일도 하지 않은 종을 향해 이렇게 말씀하셨다. "내가 왕 됨을 원하지 아니하던 저 원수들을 이리로 끌어다가 내 앞에서 죽이라"눅19:27.

하나님을 섬기도록 창조된 피조물이 스스로 주인이 되어 창조주이시며 구원자 되신 예수님을 왕으로 인정하지 않는 것이 얼마나 큰 교만이며 죄인가? 그러므로 구원은 피조물 스스로가 겸손하게 창조주이며 구원주이신 예수님의 다스림 안으로 들어오는 것이다.

"일의 결국을 다 들었으니 하나님을 경외하고 그의 명령들을 지킬지어다 이것이 모든 사람의 본분이니라. 하나님은 모든 행위와 모든 은밀한 일을 선악 간에 심판하시리라"전12:13-14.

예수님이 내 일상의 삶의 주인이 되실 때 하나님의 나라(통치)가 삶 속에 임한다

삶을 살아가는 것은 자동차를 운전하는 것과 같다

자동차는 운전자가 운전대를 어느 방향으로 돌리느냐에 따라 그 방향으로 가게 된다. 우리가 우리 삶을 자기 마음대로 살아간다면 자기가 삶의 주인인 것이다. 하지만 우리가 주님의 말씀대로 삶을 살아간다면 예수님이 그 사람의 주인이시며 목자이시다. 성경은 하나님의 사람 다윗의 아름다운 고백을 소개한다. "여호와는 나의 목자시니 내게 부족함이 없으리로다. 그가 나를 푸른 풀밭에 누이시며 쉴 만한 물 가로 인도하시는도다. 내 영혼을 소생시키시고 자기 이름을 위하여 의의 길로 인도하시는도다"시23:1-3.

주 예수님은 우리를 위해 자신의 목숨을 내어주신 선한 목자이시다요 10:11. 다윗을 인도하신 그 주님을 우리 인생의 주인과 목자로 섬기고 따를 때 그분은 우리의 영혼을 소생시키시고 의(義)의 길로 인도하셔서 마침내 영원한 아버지의 집 천국으로 인도하신다.

예수님이 마음의 주인이 되실 때 하나님의 나라가 우리 마음에 임한다

하나님은 우리 마음 속에 하나님의 나라가 임하길 원하시며 우리가 마음을 다해 주님을 사랑하고 따르길 원하신다. 그러기 위해서는 먼저 그리스도가 우리 마음의 주인으로 계셔야 한다.

"믿음으로 말미암아 그리스도께서 너희 마음에 계시게 하시옵고"엡3:17.

"너희는 믿음 안에 있는가 너희 자신을 시험하고 너희 자신을 확증하라 예수 그리스도께서 너희 안에 계신 줄을 너희가 스스로 알지 못하느냐? 그렇지 않으면 너희는 버림 받은 자니라"고후13:5.

만약 예수 그리스도를 진정으로 내 마음에 주님으로 모시지 않았다면 지금 믿음으로 그분을 주인으로 영접하라.

"네가 만일 네 입으로 예수를 주로 시인하며 또 하나님께서 그를 죽은 자 가운데서 살리신 것을 네 마음에 믿으면 구원을 받으리라 사람이 마음으로 믿어 의에 이르고 입으로 시인하여 구원에 이르느니라"롬10:9-10.

예수님께서 이렇게 말씀하셨다.

"볼지어다 내가 문밖에 서서 두드리노니 누구든지 내 음성을 듣고 문을 열면 내가 그에게로 들어가 그와 더불어 먹고 그는 나와 더불어 먹으리라"계3:20. 다음과 같이 믿음으로 기도하라.

하나님!
내가 주인 되어 내 마음과 내 뜻대로 살아왔던 죄를 회개합니다.
이제 나의 죄를 위해 죽으시고 다시 살아나신 예수님이
나의 주 나의 하나님 되심을 마음으로 믿습니다.
지금 예수님을 내 마음과 내 삶의 주인과 왕으로 영접합니다.
이제부터 예수님께 내 삶을 맡기고
주님을 섬기며 따르겠습니다.
예수님의 이름으로 기도드립니다. 아멘.

예수님이 내 마음의 주인이 되어 나를 통치하실 때 하나님의 나라가 내 마음 속에 임한다. 하나님의 나라(Kingdom of God)는 하나님이 왕으로 다스리시는 영역이다. 하나님의 왕국은 성령님이 다스리시는 곳으로서 이 땅에서, 내 마음에서 부터 시작된다. 그리고 하나님의 통치가 있는 곳에는 하나님의 의와 평강과 기쁨이 있다.

"하나님의 나라는 볼 수 있게 임하는 것이 아니요 또 여기 있다 저기 있다고도 못하리니 하나님의 나라는 너희 안에 있느니라"눅17:20-21.

"하나님의 나라는 먹는 것과 마시는 것이 아니요 오직 성령 안에 있는 의와 평강과 희락이라 이로써 그리스도를 섬기는 자는 하나님을 기쁘시게 하며 사람에게도 칭찬을 받느니라"롬14:17-18.

예수님께서는 내 몸의 주인이시다

예수 그리스도는 그분의 피값으로 우리를 사셨다. 그리고 우리가 예수님을 나의 주인으로 마음에 모실 때 우리는 주님께 속하게 되며 우리의 몸은 주님이 거하시는 거룩한 성전이 되고 주님의 몸의 지체가 되게 한다. 그러므로 우리의 몸을 죄 짓는 일에 내주지 말고 하나님의 의를 이루는데 드려야 한다.

"너희는 그리스도의 몸이요 지체(member)의 각 부분이라"고전12:27.

"음행을 피하십시오. 사람이 짓는 다른 모든 죄는 자기 몸 밖에 있는 것이지만, 음행을 하는 자는 자기 몸에다가 죄를 짓는 것입니다. 여러분의 몸은 여러분 안에 계신 성령의 성전이라는 것을 알지 못합니까? 여러분은 성령을 하나님으로부터 받아서 모시고 있습니다. 여러분은 여러분 자신의 것이 아닙니다. 여러분은 하나님께서 값을 치르고 사들인 사람입니다. 그러므로 여러분의 몸으로 하나님을 영화롭게 하십시오"고전6:18-20 새번역; 살전5:23.

"음행을 피하기 위하여 남자마다 자기 아내를 두고 여자마다 자기 남편을 두라"고전7:2.

"그러므로 형제들아 내가 하나님의 모든 자비하심으로 너희를 권하노니 너희 몸을 하나님이 기뻐하시는 거룩한 산 제물로 드리라 이는 너희가 드릴 영적 예배니라"롬12:1.

"너희는 죄가 너희 죽을 몸을 지배하지 못하게 하여 몸의 사욕에 순종하지 말고 또한 너희 지체(몸)를 불의의 무기로 죄에게 내주지 말고 오직 너희 자신을 죽은 자 가운데서 다시 살아난 자 같이 하나님께 드리며 너희 지체(몸)를 의의 무기로 하나님께 드리라"롬6:12-13.

예수님께서는 내 가정의 주인이시다

결혼은 주님이 제정하신 것이다. 그리고 하나님은 우리가 결혼을 통해 생육하고 번성하길 원하시며 경건한 자손을 얻기 원하신다고 말씀하셨다.

"여호와 하나님이 이르시되 사람이 혼자 사는 것이 좋지 아니하니 내가 그를 위하여 돕는 배필을 지으리라"창2:18.

"하나님이 자기 형상 곧 하나님의 형상대로 사람을 창조하시되 남자와 여자를 창조하시고, 하나님이 그들에게 복을 주시며 하나님이 그들에게 이르시되 생육하고 번성하여 땅에 충만하라"창1:27-28. "한 분이신 하나님이 네 아내를 만들지 않으셨느냐? 육체와 영이 둘 다 하나님의 것이다. 한 분이신 하나님이 경건한 자손을 원하시는 것이 아니겠느냐?"말2:15 새번역.

오늘날 많은 젊은이 중에 결혼의 필요성을 알지 못하거나 결혼하고도 자녀 양육의 부담 때문에 자녀 낳기를 꺼리는 사람들이 있다. 혹 부르심에 따라 하나님의 영광을 위해 결혼을 안 할 수도 있지만 대부분은 결혼하는 것이 하나님의 뜻이다마19:12; 고전7:7. 또한 죄를 짓지 않기 위해서 결혼이 필요하며 결혼은 믿는 자와 해야 한다고전7:2; 고전7:9.

"너희는 믿지 않는 자와 멍에를 함께 메지 말라 의와 불법이 어찌 함께 하며 빛과 어둠이 어찌 사귀며 그리스도와 벨리알이 어찌 조화되며 믿는 자와 믿지 않는 자가 어찌 상관하며 하나님의 성전과 우상이 어찌 일치가 되리요 우리는 살아 계신 하나님의 성전이라"고후6:14-16.

그리스도인의 가정은 남편과 아내가 하나가 되어 하나님이 설계하신 가정을 만들어 주님의 사랑과 통치가 실현되도록 하는 곳이다. 주님께서 그 가정의 주인이 되실 때 비로소 이상적인 결혼생활을 할 수 있다. 이를 위해 남편은 주님이 교회를 위해 자신을 주심 같이 아내를 아끼고 사랑해야 한다. 아내 또한 주께 하듯 남편을 존경하고 따라야 한다엡5:22-33; 골3:18-19. 그리고 부모는 자녀들을 노엽게 하지 말고 오직 주의 교훈과 훈계로 양육해야 하며, 자녀들은 주 안에서 부모의 말씀에 순종하고 부모를 공경해야 한다 엡6:1-4; 골3:20-21.

누구나 행복한 가정을 갖길 원한다. 하지만 자기중심적인 삶을 사는 한 행복한 가정을 가질 수 없다. 영원히 행복한 가정이 되려면 자기의 생각과 방식을 내려놓고 가정을 설계하신 주님의 다스림 안에 순종할 때 가능하다. 주님은 가정의 주인이시다. "오직 나와 내 집은 여호와를 섬기겠노라" 수24:15.

예수님께서는 내 재정의 주인이시다

대부분의 사람들은 돈이 자신의 삶과 미래를 안정시켜주고 보장해 줄 것이라는 믿음을 가지고 돈을 의지하고 따르며 살아간다. 하지만 성경은 단호하게 우리가 하나님과 재물을 동시에 섬길 수 없으며 돈을 사랑하면 더 소중한 믿음을 잃을 수 있다고 경고한다. "한 사람이 두 주인을 섬기지 못 할 것이니 혹 이를 미워하며 저를 사랑하거나 혹 이를 중히 여기며 저를 경히 여김이라 너희가 하나님과 재물을 겸하여 섬기지 못하느니라"마6:24.

"돈을 사랑함이 일만 악의 뿌리가 되나니 이것을 사모하는 자들이 미혹을 받아 믿음에서 떠나 많은 근심으로써 자기를 찔렀도다"딤전 6:10; 눅14:33.

그러면 그리스도인은 돈을 소유하지 말라는 말인가? 그렇지 않다. 돈은 믿는 자나 믿지 않는 자의 삶에 있어서 꼭 필요한 자원이다. 다만 돈을 하나님 보다 더 섬기거나 사랑하지 말라는 것이다. 우리가 의지하고 섬겨야 할 대상은 하나님이시며 돈은 섬기는 것이 아니라 다스려야 한다. 우리가 돈을 다스리려면 돈을 자기의 것으로 여기지 않고 하나님의 것을 맡은 청지기(관리자)의 자세로 하나님의 뜻대로 사용해야 한다. 왜냐하면 우리는 주님의 것이며 우리의 모든 소유 또한 주님의 것이기 때문이다.

하나님은 성경 여러 곳에서 물질을 잘 사용하라고 충고하셨다. 돈에 대한 자세는 하나님께 대한 우리의 믿음을 반영하며 또한 돈을 어떻게 쓰는가는 우리의 영원한 상급과 지위에 영향을 준다. 그러므로 예수님이 우리의 재정의 주인이 되실 때 우리는 물질을 가장 현명하게 사용할 수 있을 뿐 아니라 재정의 압박에서 해방되어 자유할 수 있다.

예수님께서는 내 직장(사업장)의 주인이시다

일의 기원은 하나님이시다. 하나님은 사람에게 하나님을 대신하여 이 세상을 다스리고 정복하는 일을 맡기셨다.

"하나님이 그들에게 복을 주시며 하나님이 그들에게 이르시되 생육하고 번성하여 땅에 충만하라, 땅을 정복하라 바다의 물고기와 하늘의 새와 땅에 움직이는 모든 생물을 다스리라"창1:28.

그러므로 우리의 직업(일)은 주님의 통치가 세상으로 확장 되어가는 통로이며 그분이 맡기신 사명이다. 하나님께서는 그분을 닮은 우리가 하나님의 대리인으로서 일을 통해 보람과 성취를 맛보게 하셨으며 일은 우리에게 축복으로 주어진 것이다. 주님께서도 말씀하시기를 "내 아버지께서 이제까지 일하시니 나도 일한다"고 하셨다요5:17.

따라서 우리는 가능한 한 모두 일을 해야 한다. 사도 바울은 성도들을 향해 이렇게 말했다. "우리가 너희와 함께 있을 때에도 너희에게 명하기를 누구든지 일하기 싫어하거든 먹지도 말게 하라"살후3:10.

아담의 범죄로 노동의 조건이 어려워졌지만 일 자체는 저주는 아니다창 3:16-17. 그러나 일을 하되 덕이 안 되는 직업은 삼가야 할 것이다.

새로운 피조물은 자신의 직업과 부르심을 통해 주님을 영화롭게 하여 주님의 다스림이 세상에 확장되도록 해야 한다. 우리가 있는 그 곳에서 하나님의 뜻을 이룰 때 하나님의 나라는 확장되고 세상은 변할 것이다. 우리의 일은 하나님을 향한 예배인 것이다. "그런즉 너희가 먹든지 마시든지 무엇을 하든지 다 하나님의 영광을 위하여 하라"고전.10:31.

예수님께서는 내 시간의 주인이시다

예수님은 내 시간의 주인이시다. 그러므로 시간을 주님께서 원하시는 일에 드려야 한다. 왜냐하면 우리에게 주어진 시간은 지나가면 되돌릴 수 없기 때문이다. 그러므로 우리는 지혜 있는 자가 되어 주의 뜻이 무엇인지 이해하며 바쁜 순서가 아니라 주님이 중요하게 여기시는 일을 우선순위에 두어야 한다. "세월을 아끼라 때가 악하니라 그러므로 어리석은 자가 되지 아니하며 오직 주의 뜻이 무엇인가 이해하라"엡5:16-17.

"그런즉 너희는 먼저 그의 나라와 그의 의를 구하라 그리하면 이 모든 것을 너희에게 더하시리라"마6:33.

우리는 예수님을 사랑하기에 주님의 다스림을 받으며 주를 섬기는 자들이다. 새로운 피조물은 사탄의 지배에서 예수님의 다스림 안으로 들어온 자들이다. 예수님께서 삶의 모든 영역을 다스리시도록 우리가 내어드릴 때 하나님의 나라를 이 땅에서 부터 경험하게 되며 성령 안에서 의와 평강과 기쁨의 삶을 살 수 있게 된다눅17:21.

"하나님의 나라는 먹는 것과 마시는 것이 아니요 오직 성령 안에 있는 의와 평강과 희락이라 이로써 그리스도를 섬기는 자는 하나님을 기쁘시게 하며 사람에게도 칭찬을 받느니라"롬14:17-18.

우리가 삶 속에서 예수님의 주되심을 인정하는 것은 우리에게 속박이 아니라 엄청난 축복이다. 왜냐하면 주님은 우리를 사랑하시어 우리에게 좋은 것을 주시기 원하시는 선한 목자이시기 때문이다. 우리는 주님을 사랑하기에 주님의 보호와 다스림을 받으며 겸손히 주를 섬기는 자들이다.

"여호와는 나의 목자시니 내게 부족함이 없으리로다 그가 나를 푸른 풀밭에 누이시며 쉴 만한 물 가로 인도하시는도다 내 영혼을 소생시키시고 자기 이름을 위하여 의의 길로 인도하시는도다"시23:1-3.

"우리 중에 누구든지 자기를 위하여 사는 자가 없고 자기를 위하여 죽는 자도 없도다 우리가 살아도 주를 위하여 살고 죽어도 주를 위하여 죽나니 그러므로 사나 죽으나 우리가 주의 것이로다"롬14:7-8.

예수님의 나라는 사랑과 섬김의 나라이다

우리는 하나님과 서로를 사랑하고 섬기도록 부르심을 받았다

타락한 인류는 자신이 주인 되어 자기를 위하여 자기 뜻대로 살고자 한다. 그러나 모든 피조물은 하나님과 서로를 사랑하고 섬기도록 창조되었다. 예수 그리스도의 나라에 들어온 자들은 하나님의 창조계획에 합당한 삶을 살도록 부름 받은 것이다. 우리들은 자기중심적인 삶에서 하나님과 서로를 사랑하고 섬기는 나라로 옮겨진 것이다. 그리고 우리의 섬김은 힘과 권력이 두려워서 섬기는 것이 아니라 사랑하기에 자원하여 섬기는 것이다. 성경은 우리가 구원 받은 이유가 하나님을 섬기기 위한 것이라고 분명하게 말씀한다. "여호와께서 모세에게 이르시되 너는 바로에게 가서 그에게 이르기를 여호와의 말씀에 내 백성을 보내라 그들이 나를 섬길 것이니라"출8:1; 고후5:15; 고전10:31.

"인자가 온 것은 섬김을 받으려 함이 아니라 도리어 섬기려 하고 자기 목숨을 많은 사람의 대속물로 주려 함이니라"막10:45.

예수님의 전 생애는 하나님과 이웃을 사랑하고 섬기는 삶이었다.

"내가 주와 또는 선생이 되어 너희 발을 씻었으니 너희도 서로 발을 씻어 주는 것이 옳으니라 내가 너희에게 행한 것 같이 너희도 행하게 하려 하여 본을 보였노라"요13:14-15.

"예수께서 불러다가 이르시되 이방인의 집권자들이 그들을 임의로 주관하고 그 고관들이 그들에게 권세를 부리는 줄을 너희가 알거니와 너희 중에는 그렇지 않을지니 너희 중에 누구든지 크고자 하는 자는 너희를 섬기는 자가 되고, 너희 중에 누구든지 으뜸이 되고자 하는 자는 모든 사람의 종이 되어야 하리라"막10:42-44.

예수님의 온유하고 겸손한 마음을 가져라

우리가 하나님과 서로를 사랑하고 섬기는 삶을 살기 위해서는 예수님의 온유하고 겸손한 마음을 본받아야 한다.

"나는 마음이 온유하고 겸손하니 나의 멍에를 메고 내게 배우라 그리하면 너희 마음이 쉼을 얻으리니"마11:29.

"아무 일에든지 다툼이나 허영으로 하지 말고 오직 겸손한 마음으로 각각 자기보다 남을 낫게 여기고 … 너희 안에 이 마음을 품으라 곧 그리스도 예수의 마음이니 그는 근본 하나님의 본체시나 하나님과 동등됨을 취할 것으로 여기지 아니하시고 오히려 자기를 비워 종의 형체를 가지사 사람들과 같이 되셨고 사람의 모양으로 나타나사 자기를 낮추시고 죽기까지 복종하셨으니 곧 십자가에 죽으심이라 이러므로 하나님이 그를 지극히 높여 모든 이름 위에 뛰어난 이름을 주사 하늘에 있는 자들과 땅에 있는 자들과 땅 아래에 있는 자들로 모든 무릎을 예수의 이름에 꿇게 하시고 모든 입으로 예수 그리스도를 주라 시인하여 하나님 아버지께 영광을 돌리게 하셨느니라"빌2:3-11.

사도 바울의 고백 "지금까지 내가 항상 여러분 가운데서 어떻게 행하였는지를 여러분도 아는 바니 곧 모든 겸손과 눈물이며"행20:18-19.

"젊은 자들아 이와 같이 장로들에게 순종하고 다 서로 겸손으로 허리를 동이라 하나님은 교만한 자를 대적하시되 겸손한 자들에게는 은혜를 주시느니라 그러므로 하나님의 능하신 손 아래에서 겸손하라 때가 되면 너희를 높이시리라"벧전5:5-6.

"겸손은 존귀의 길잡이니라"잠15:33.

"겸손과 여호와를 경외함의 보상은 재물과 영광과 생명이니라"잠22:4.

예수님의 주인 되심

하나님을 섬기도록 창조된 인간이 스스로 주인이 되어 하나님을
거역하며 살아왔다. 그러나 인간은 하나님을 섬기며 그분의 다스리심과
보호하심을 받을 때 진정한 평안과 자유를 누릴 수 있다.
새로운 피조물은 흑암의 권세에서 하나님의 왕국으로 옮겨진 자들이다.
하나님의 나라는 하나님께서 왕으로 통치하시는 곳이다.
예수님께서 우리의 모든 삶을 통치하실 때 하나님의 나라가
우리 삶의 모든 영역에 임하게 된다.

1 이번 가르침을 통해 깨달은 것을 나눠 보자

예수 그리스도의 나라에 들어간다는 것은 어떤 의미인가?

_____

당신은 주인되신 예수님의 다스리심 가운데 있는가?

_____

당신은 삶의 어느 영역까지 주님의 통치가 이루어지고 있는가?

_____

※나누기에 대한 해답은 교재 맨 뒤 240 쪽에 있습니다.

2 믿음을 고백(시인)하는 것은 믿음을 효과 있게 한다

"우리가 같은 믿음의 마음을 가졌으니 우리도 믿었으므로 또한 말하노라"고후4:13.

예수님의 주인되심

예수님은 나의 주인이십니다.
나는 하나님의 나라에 속해 있습니다.
나는 내 모든 삶을 예수님께서 다스리시도록 내어드립니다.
예수님은 내 생명의 주인이십니다.
예수님은 내 마음의 주인이십니다.
예수님은 내 몸의 주인이십니다.
예수님은 내 가정의 주인이십니다.
예수님은 내 재정의 주인이십니다.
예수님은 내 직장(사업장)의 주인이십니다.
예수님은 내 시간의 주인이십니다.
나는 주님의 다스림을 받으며 주님을 섬기는 자입니다.

3 하나님 아버지!
제가 예수님의 사랑의 나라에 속하게 하심을 감사합니다.
이제 주님의 다스리심이 내 삶에 온전히 이루어지도록 내 삶을
내어 드립니다. 예수님의 이름으로 기도드립니다. 아멘.

4 **암송해야 할 중요한 성경 말씀**
"그가 우리를 흑암의 권세에서 건져내사 그의 사랑의 아들의 나라로 옮기셨으니"
골로새서1:13.

"하나님의 나라는 먹는 것과 마시는 것이 아니요 오직 성령 안에 있는 의와 평
강과 희락이라"로마서14:17.

"아무든지 나를 따라오려거든 자기를 부인하고 날마다 제 십자가를 지고 나를
따를 것이니라"누가복음9:23.

"한 사람이 두 주인을 섬기지 못할 것이니 혹 이를 미워하고 저를 사랑하거나
혹 이를 중히 여기고 저를 경히 여김이라 너희가 하나님과 재물을 겸하여 섬
기지 못하느니라"마태복음6:24.

5 **다음 단계로 올라가는 말**
예수 그리스도는 우리 삶의 주인이시다. 그분의 (다스리심과) 인도하심을 구체적
으로 받기 위해 우리는 어떻게 해야 하는가? 해답은 하나님의 말씀과 성령님의
인도를 받으면 된다. 다음 단계에서는 성령님의 인도하심에 관해 알아보자.

6 **다음 단계를 위해 읽어올 성경말씀**
요한복음14−16장, 로마서8장.

Q
나는 지금 무엇에 이끌려 살고 있는가?

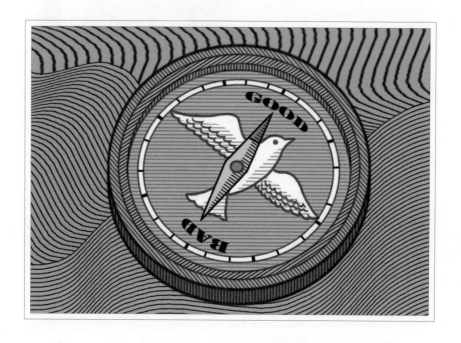

"진리의 성령이 오시면
그가 너희를 모든 진리 가운데로 인도하시리라"
– 요16:13 –

사람들이 힘든 이유를 아는가?
성령님과 연합하여 살도록 부름 받았음에도 불구하고
성령님을 따르지 않고
육신을 따르는 사고방식 때문이다.
모든 것을 육체와 마음이 원하는 것을 따라 살아갈 때
결국 하나님을 거스르게 되며 사망을 향해 가게 된다엡2:3; 롬8:6.

Step 4

새로운 피조물 안에 계신
보혜사 성령님

"만일 우리가 성령으로 살면 또한 성령으로 행할지니"– 갈5:25 –

새 포도주는 새 부대에 넣어야 한다

주님은 자기 백성을 성령으로 인도하시고 보호하신다

부모들은 자식들에게 좋은 것을 주고 좋은 길로 인도하며 보호하길 원한다. 이와 마찬가지로 하나님께서도 우리를 생명의 길로 인도하길 원하신다. "여호와께서는 한 선지자로 이스라엘을 애굽에서 인도하여 내셨고 이스라엘이 한 선지자로 보호 받았거늘"호12:13. 그 한 선지자는 모세였다. 그러나 실제는 하나님께서 성령으로 인도하시고 보호하신 것이다. 그 후 예수님께서 이 땅에 오셔서 그들을 인도하셨으며 이 세상을 떠나시며 그 역할을 성령님께 맡기셨다. "진리의 성령이 오시면 그가 너희를 모든 진리 가운데로 인도하시리니 그가 스스로 말하지 않고 오직 들은 것을 말하며 장래 일을 너희에게 알리시리라"요16:13.

나와 함께하시는 보혜사 성령님

성령님은 성부, 성자, 성령 삼위일체 하나님 중 한 분으로서 하나님 자신이시다창1:26. 성령님은 보혜사(保惠師)이시다. 보혜사란 '돕기 위해 보내심을 받은 자'라는 뜻이다. 성령님은 내 안에 거하시며 나를 도우시고 위로하시고 가르치시고 인도하시는 분으로서 지·정·의를 가지신 거룩한 하나님이시다. 어제나 오늘이나 영원토록 동일하신 예수 그리스도는 이제 성령으로 나와 함께하시고 도우시고 인도하신다. 성령님은 하나님 아버지가 자녀된 우리에게 주신 최고의 선물이다. "너희가 악할지라도 좋은 것을 자식에게 줄 줄 알거든 하물며 너희 하늘 아버지께서 구하는 자에게 성령을 주시지 않겠느냐 하시니라"눅11:13.

"내가 아버지께 구하겠으니 그가 또 다른 보혜사를 너희에게 주사 영원토록 너희와 함께 있게 하리니 그는 진리의 영이라 세상은 능히 그를 받지 못하나니 이는 그를 보지도 못하고 알지도 못함이라 그러나 너희는 그를 아나니 그는 너희와 함께 거하심이요 또 너희 속에 계시겠음이라. 내가 너희를 고아와 같이 버려두지 아니하고 너희에게로 오리라"요14:16-18.

"보혜사 곧 아버지께서 내 이름으로 보내실 성령 그가 너희에게 모든 것을 가르치고 내가 너희에게 말한 모든 것을 생각나게 하리라"요14:26.

"우리에게 주신 성령으로 말미암아 그가 우리 안에 거하시는 줄을 우리가 아느니라"요일3:24; 행16:6-7.

성령님과 조화롭게 동행하려면 새로운 의식을 가져야 한다

성령으로 거듭난 모든 하나님의 자녀들은 수준의 차이는 있겠지만 다 성령님의 도우심과 인도를 받을 수 있다. 예수님께서는 말씀하셨다.

"내 양은 내 음성을 들으며 나는 그들을 알며 그들은 나를 따르느니라"요10:27. "무릇 하나님의 영으로 인도함을 받는 사람은 곧 하나님의 아들이라"롬8:14. 그러나 많은 그리스도인이 성령으로 거듭나고 성령의 충만을 받았어도 성령님과 조화롭게 동행하지 못하고 있다. 그 이유는 진리의 말씀으로 변화되지 않은 육신을 따르는 사고방식 때문이다. 모든 것에 하나님의 뜻을 구하기보다 육신을 따라 생각하고 행동할 때 하나님의 뜻과 멀어지게 되며 사망을 향해 가게 된다. 그러므로 성령을 받아들여서 성령님과 조화롭게 동행하기 위해서는 새로운 의식을 가져야 한다롬8:5-8.

예수님께서는 다음과 같은 말씀을 하셨다. "새 포도주를 낡은 가죽 부대에 넣지 아니하나니 그렇게 하면 부대가 터져 포도주도 쏟아지고 부대도 버리게 됨이라 새 포도주는 새 부대에 넣어야 둘이 다 보전되느니라"마9:17.

새 포도주를 성령님에 비유한다면 새 부대는 그리스도인의 새로운 의식이라 말할 수 있다. 이 새로운 의식(Consciousness)은 내가 그리스도 안에서 거듭난 새로운 피조물이라는 사실과 새 피조물에 걸맞은 복음의 말씀으로 변화된 생각을 말한다. 그러므로 거듭난 속사람은 그에 일치하는 새로운 의식(생각)을 가질 때 성령님의 인도를 잘 받을 수 있다. 새 술은 새 부대에 담아야 한다.

모든 상황을 성령님과 함께 생각하라!

우리는 어려운 일이 생겼을 때 두려움에 사로잡히는 경우가 있다. 왜 그런가? 그 어려움을 인간적인 관점에서 생각하기 때문이다. 그러나 그 문제를 성령님과 함께 본다면 다르게 보인다. 자신의 현재의 삶과 미래를 말씀 안에서, 성령 안에서 생각할 때 생명과 평안과 번영으로 인도 받는다.

"육신의 생각은 사망이요 영의 생각은 생명과 평안이니라"롬8:6.

"만군의 여호와께서 말씀하시되 이는 힘으로 되지 아니하며 능력으로 되지 아니하고 오직 나의 영으로 되느니라"슥4:6.

"그의 위에 여호와의 영 곧 지혜와 총명의 영이요 모략과 재능의 영이요 지식과 여호와를 경외하는 영이 강림하시리니"사11:2.

"여호와의 말씀이니라 너희를 향한 나의 생각(계획)을 내가 아나니 평안이요 재앙이 아니니라 너희에게 미래와 희망(기대하던 끝)을 주는 것이니라"렘29:11. 모든 상황을 성령 안에서 진리의 말씀 안에서 생각하라.

성령님의 도우심과 인도를 받기 위해
먼저 알아둬야 할 것들

사람이 하나님의 형상과 모양으로 창조된 이유는 성령님께서 그 안에 사시기 위함이다.

"하나님이 이르시되 우리의 형상을 따라 우리의 모양대로 우리가 사람을 만들고"창1:26.

"내가 주께 감사하옴은 나를 지으심이 심히 기묘하심이라 주께서 하시는 일이 기이함을 내 영혼이 잘 아나이다"시139:14.

사람은 하나님의 형상과 모양으로 창조된 영적 존재로서 영(spirit)-혼(soul)-몸(body) 세 부분으로 이루어졌다.

"너희의 온 영과 혼과 몸이 우리 주 예수 그리스도께서 강림하실 때에 흠 없게 보전되기를 원하노라"살전5:23; 히4:12.

사람은 하나님을 닮은 영적 존재로서 사람의 본질은 영이며 혼을 가지고 몸 안에 살고 있다. 사람의 본성에 해당하는 영은 하나님의 성령이 거하시는 곳이며 혼은 영에게 속해 있으면서 지성과 감성과 의지에 해당하는 부분이다. 그리고 몸은 그 영혼을 담을 수 있는 그릇과 같은 부분이다.

하나님은 인간의 내면이 어떻게 구성되었는지를 성막을 통해 우리에게 계시해 주셨다. 이 성막은 이스라엘 백성이 광야를 행진할 때 하나님이 친히 설계하시고 만들도록 하신 이동식 성전이다. 하나님께서는 모세에게 말씀하셨다. "내가 그들 중에 거할 성소를 그들이 나를 위하여 짓되 무릇 내가 네게 보이는 모양대로 장막을 짓고 기구들도 그 모양을 따라 지을지니라"출25:8-9.

성막은 하나님을 모신 거룩한 집이다. 그 집은 하나님이 임재하시는 지

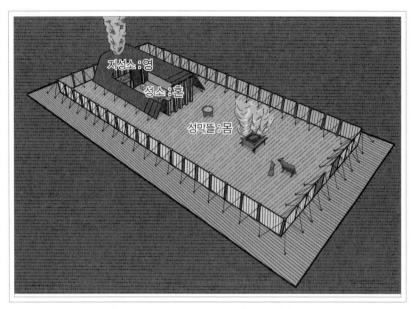

지성소 : 영
성소 : 혼
성막뜰 : 몸

새로운 피조물은 하나님을 모신 이동식 성전이다!

성소(至聖所)와 그분을 섬기는 성소(聖所)와 그 모든 것을 담는 성막뜰로
이루어졌다. 성막뜰은 사람의 육체를 상징한다. 성막뜰 안에는 성소와 지
성소가 연달아 있는데 이는 우리의 영혼과 같은 곳이다. 성소는 인간의 혼
에 해당하고, 지성소는 영에 해당한다. 성령님은 지성소에 해당하는 우리
의 영에 임재하시어 우리를 인도하신다. 사람은 하나님을 모실 수 있는 성
전이 되기 위해서 하나님의 형상과 모양으로 창조된 것이다.

"너희는 너희가 하나님의 성전인 것과 하나님의 성령이 너희 안에 계
시는 것을 알지 못하느냐?"고전3:16.

성령을 모신 영(spirit)이 삶의 주체가 되어야 한다

사람은 하나님이 영이신 것처럼 초자연적인 영적인 존재이지만 제한적인 육체 안에 살고 있다. 그에 대한 성경적 증거는 회당장인 야이로의 딸이 죽었을 때 예수님께서 그를 살리시며 이렇게 말씀하셨다. "예수께서 아이의 손을 잡고 불러 이르시되 아이야 일어나라 하시니 그 영(spirit)이 돌아와 아이가 곧 일어나거늘 예수께서 먹을 것을 주라 명하시니"눅8:54-55.

이 말씀에서 알 수 있는 바와 같이 사람은 영(spirit)이다. 즉 사람은 영으로서 혼을 가지고 몸 안에 산다. 사람의 영(양심)은 성령님과 교통하고, 혼은 정신적(생각, 감정, 의지) 영역을 접촉하고, 몸은 오감(시각, 청각, 후각, 미각, 촉각)을 통해 물질적 세계를 접촉한다. 이렇게 우리의 영과 혼과 몸은 역할을 분담하면서 각각의 영역에서 정보를 받아들인다.

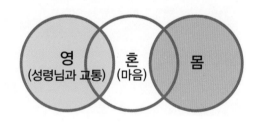

"성령이 친히 우리의 영과 더불어(함께) 우리가 하나님의 자녀인 것을 증언하시나니"롬8:16.

"내 양심(영)이 성령 안에서 나와 더불어(함께) 증언하노니"롬9:1.

특히 우리의 혼은 영에서 오는 정보와 몸에서 오는 정보를 받아서 의사결정을 하여 행동(몸)으로 옮기게 한다. 그러므로 우리가 하나님의 뜻을 따라 의사결정을 내리기 위해서는 우리의 생각(혼)이 하나님의 말씀으로 새롭게 되는 것이 무엇보다도 중요하다.

많은 그리스도인이 성령님의 인도하심을 받기 원하지만 성령님의 인도하심을 마음(생각과 감정)과 몸의 감각으로 느끼고 이해하려다 실패하게 된다. 왜냐하면 성령님은 우리의 지성소인 영에 거하시기 때문이다. 따라서 성령의 생각은 영으로 인식해야 한다. 영으로 인식한다는 것은 기본적으로 말씀을 따라 생각하는 것이다.

"살리는 것은 영이니 육은 무익하니라 내가 너희에게 이른 말은 영이요 생명이라"요6:63.

"우리가 이것을 말하거니와 사람의 지혜가 가르친 말로 아니하고 오직 성령께서 가르치신 것으로 하니 영적인 일은 영적인 것으로 분별하느니라" 고전2:13. "육신을 따르는 자는 육신의 일을, 영을 따르는 자는 영의 일을 생각하나니"롬8:5.

그동안 우리의 옛 사람은 자연스레 육체와 마음의 원하는 것을 하여 세상에 썩어질 것들을 추구하며 살아왔다. 그러나 이제 성령님이 우리를 모든 진리 가운데로 인도하시기 위해 내 안에 오셨다. 따라서 성령님의 인도를 받으며 살기 위해서는 의식적으로 영의 생각에 집중하여 영의 갈망과 인도함을 따라 살아야 한다.

당신이 가장 많은 시간을 보내는 대상이 당신 삶의 동반자이다

성경을 보면 에녹이라는 사람은 하나님과 삼백 년을 동행하였으며 하나님이 그와의 동행을 기뻐하여 죽음을 맞이하지 않고 그대로 하늘로 데려가셨다. "에녹이 하나님과 동행하더니 하나님이 그를 데려가시므로 세상에 있지 아니하였더라"창5:24.

예수님께서는 우리가 성령님과 항상 동행할 수 있도록 다음과 같이 약속하셨다. "내가 아버지께 구하겠으니 그가 또 다른 보혜사를 너희에게 주사 영원토록 너희와 함께 있게 하리니, 그는 진리의 영이라 세상은 능히 그를 받지 못하나니 이는 그를 보지도 못하고 알지도 못함이라. 그러나 너희는 그를 아나니 그는 너희와 함께 거하심이요 또 너희 속에 계시겠음이라 내가 너희를 고아와 같이 버려두지 아니하고 너희에게로 오리라"요14:16-18.

내 안에 계시는 성령님은 나를 사랑하시며 나와 교통하길 원하신다

"주 예수 그리스도의 은혜와 하나님의 사랑과 성령의 교통하심이 너희 무리와 함께 있을지어다"고후13:13.

성령님은 우리와 교통하시는 분이시다. 여기서 교통이란 단어는 헬라어로 '코이노니아'이며 '교제', '동업', '나눔'이라는 의미가 있다.

성령님은 우리가 그리스도 안에서 새로운 삶을 살도록 돕기 위해 오신 분이시다. 주님께서도 이 땅에 사시는 동안 온전히 성령님과 함께 행하셨는데 우리는 더더욱 그래야 하지 않을까? 그 성령님이 나를 사랑하시고 나와 순간순간 교제하시고, 함께 일하시고(나를 통해 그리스도를 드러내신다), 나의 연약함을 짊어지시고 그분의 능력과 지혜를 나눠 주신다.

"너희는 하나님이 우리 속에 거하게 하신 성령이 시기하기까지 사모한다 하신 말씀을 헛된 줄로 생각하느냐?"약4:5.

온 우주를 창조하신 성령 하나님께서 작고 작은 내 안에 들어오셔서 나와 교제하길 원하신다는 이 말씀이 얼마나 놀랍고 은혜가 되는 진리인가? 사랑의 왕이시며 겸손의 왕이신 예수 그리스도가 성령으로 내 안에 계신다요일3:24. 그러므로 우리는 내 안에 계시는 성령님을 사랑하고 가까이 하고 존중하며 그분과의 친밀한 교통을 사모해야 한다.

"하나님을 가까이하라 그리하면 너희를 가까이 하시리라"약4:8.

"여호와의 친밀하심이 그를 경외하는 자들에게 있음이여 그의 언약을 그들에게 보이시리로다"시25:14.

그분은 우리가 성경 말씀을 읽을 때 말씀을 깨닫게 하시고, 기도할 때 무엇을 기도해야 할지 생각나게 하시고 또한 친히 말할 수 없는 탄식으로 함께 기도해 주시며, 모든 상황 속에서 우리를 돕기 원하신다. 성령님은 개인적인 상담가이심으로 모든 일을 그분과 상의하고 도움을 받을 수 있다. 또한 그분은 위로자이심으로 우리는 항상 그분의 위로를 받을 수 있다. 많은 사람이 사람들의 위로를 받으려 하지만 우리를 진정으로 위로하실 수 있는 분은 성령님이시다. 또한 그분은 가장 탁월한 교사이시다. 우리는 무엇이든 그분에게서 배울 수 있다. 따라서 이렇게 고백해 보라.

'성령님, 위로해 주십시오.' '성령님, 이것을 가르쳐 주십시오.'

성령님은 나를 감동시키시며 진리를 깨닫게 하신다. 이때 그 감동에 민감하게 반응해야 한다. 사람들의 관계에서도 상대방이 무언가를 말할 때 그 말에 경청하고 반응해야 교제가 가능한 것과 다르지 않다. 하지만 많은 그리스도인이 성령님의 감동에 적절하게 화답하지 않아 성령님의 감동을 소멸하고 만다. 그래서 성경은 "성령을 소멸하지 말며 예언을 멸시하지 말라"고 충고하고 있다살전5:19-20.

우리에게 있어서 가장 친밀한 교제와 협력의 대상이 성령님이 되어야 한다. 예수께서는 자신이 떠나가시고 성령님이 우리에게 오시는 것이 더욱 유익하다고 말씀하셨다요16:7. 우리가 성령님과 마음과 생각을 나누고, 그분과 함께 일하고, 나의 연약함을 성령님께 맡기고 그분의 지혜와 능력을 공유할 때 헛된 세상 속에서 모든 진리 가운데로 인도받을 수 있고, 세상을 이기는 자가 되며 우리 안에서 성령의 아름다운 열매들을 맺게 된다. 즉 하나님의 성품이 내 인격을 통해 드러나게 된다. 그러므로 삶의 모든 영역에서 성령님과 교제하고 협력하라.

"보혜사 곧 아버지께서 내 이름으로 보내실 성령 그가 너희에게 모든 것을 가르치고 내가 너희에게 말한 모든 것을 생각나게 하리라"요14:26.

"오직 성령의 열매는 사랑과 희락과 화평과 오래 참음과 자비와 양선과 충성과 온유와 절제니"갈5:22-23.

"우리가 성령으로 삶을 얻었으니 우리는 성령이 인도해 주심을 따라 살아갑시다"갈5:25 새번역.

"나도 내 속에서 능력으로 역사하시는 이(성령님)의 역사를 따라 힘을 다하여 수고하노라"골1:29.

우리는 방언을 말함으로 성령님과 교통하며 다스림을 받을 수 있다

우리는 방언을 말함으로 성령님과 교통하며 그분의 다스림과 인도하심을 받을 수 있다. 방언은 믿는 자들이 성령충만을 받은 후 나타나는 증거이다. "믿는 자들에게는 이런 표적이 따르리니 곧 그들이 내 이름으로 귀신을 쫓아내며 새 방언을 말하며"막16:17.

"그들이 다 성령의 충만함을 받고 성령이 말하게 하심을 따라 다른 언어들로 말하기를 시작하니라"행2:4.

방언은 우리 안에 계시는 성령님의 도우심으로 우리의 영이 하나님께 드리는 영의 기도이다. 방언은 영으로 비밀을 말하며 우리의 영을 강건하게 세워줄 수 있는 중요한 성령의 은사(선물)이므로 가능한 방언으로 많이 기도해야 한다. 사도 바울도 방언을 많이 말함으로 주님으로부터 많은 은혜와 계시를 받았다. "방언을 말하는 자는 사람에게 하지 아니하고 하나님께 하나니 이는 알아 듣는 자가 없고 영으로 비밀을 말함이라 … 방언을 말하는 자는 자기의 덕을 세우고"고전14:2-4.

"나는 너희가 다 방언 말하기를 원하나"고전14:5.

"내가 너희 모든 사람보다 방언을 더 말하므로 하나님께 감사하노라"고전14:18.

"내가 영으로 기도하고 또 마음으로 기도하며 내가 영으로 찬송하고 또 마음으로 찬송하리라"고전14:15.

(영의 기도에 대해서는 Step2 영의 기도의 유익 참조 p55)

성령님이 우리의 삶을 인도하시는 방법

성령님은 영으로부터 인도하신다

인간은 영이며 혼을 가지고 몸 안에 살고 있다. 성령님은 우리의 영과 하나가 되셨다. "주와 합하는 자는 한 영이니라"고전6:17. 그러므로 성령의 인도하심을 받는 것은 영으로부터 떠오르는 하나님의 말씀과 영의 소원을 따라 사는 것이다. "육신을 따르는 자는 육신의 일을, 영을 따르는 자는 영의 일을 생각하나니"롬8:5.

"Those who live according to the flesh have their minds set on what the flesh desires; but those who live in accordance with the Spirit have their minds set on what the Spirit desires." NIV

우리가 영이신 그분과 교통하기 위해서는 영으로부터 떠오르는 하나님의 말씀과 영의 소원에 집중해야 하고 영이 원하는 바에 마음이 고정되어야 한다. 그렇다면 '영의 생각은 어디에서 오는가?' 또한 '영은 어디에 있는가?'라는 의문을 갖게 된다. 이에 대해 예수님께서는 "나를 믿는 자는 성경에 이름과 같이 그 배에서 생수의 강이 흘러나오리라"고 말씀하셨다요7:38.

이 말씀에 근거한다면 성령님은 나의 양심이 있는 배 쪽에 계시다는 뜻이 된다. "사람의 영은 주의 등잔불로서 뱃속의 모든 부분을 살피느니라" 잠20:27 KJV; 삼상16:7.

"주께서 나의 등불을 켜심이여 여호와 내 하나님이 내 흑암을 밝히시리이다"시18:28.

그러므로 성령의 인도함은 머리의 생각이나 감정이나 귀로 들리는 것이 아니라 심령 깊은 곳인 영으로부터 흘러나오므로 영에 집중하여 그 영의 소원이 무엇인지를 깊이 생각해야 한다. 그러면 성령님이 우리의 영으로부터 인도하시는 방법에 대해 구체적으로 알아보자.

성령님은 진리의 말씀을 깨닫게 하시고 생각나게 하여 인도하신다

성령님은 지혜와 계시의 영을 주셔서 모든 상황 속에서 깨달음과 통찰력을 주심으로 나를 인도하신다. 특히 그분은 때에 맞는 하나님의 말씀을 깨닫게 하시고 생각나게 함으로 나를 인도하신다.

"사람의 속에는 영이 있고 전능자의 숨결이 사람에게 깨달음을 주시나니"욥32:8.

"보혜사 곧 아버지께서 내 이름으로 보내실 성령 그가 너희에게 모든 것을 가르치시고 내가 너희에게 말한 모든 것을 생각나게 하시리라"요14:26.

"진리의 성령이 오시면 그가 너희를 모든 진리 가운데로 인도하시리니 그가 스스로 말하지 않고 오직 들은 것을 말하며 장래 일을 너희에게 알리시리라"요16:13.

"너희는 주께 받은바 기름 부음이 너희 안에 거하나니 아무도 너희를 가르칠 필요가 없고 오직 그의 기름 부음이 모든 것을 너희에게 가르치며 또 참되고 거짓이 없으니 너희를 가르치신 그대로 주 안에 거하라"요일2:27.

성령님은 내적 증거(내적 확신)를 통해 인도하신다

성령님은 나의 거듭난 영과 항상 함께하시며 내적 증거(확신)로 인도하신다. 성령님은 내 영에게 정보를 주신다. "성령이 친히 우리의 영과 더불어(함께) 우리가 하나님의 자녀인 것을 증언하시나니"롬8:16.

성령과 연합한 거듭난 영의 판단이 내적 증거이며 그 증거에 확신하는 것이 내적 확신이다. 내적 확신은 영적 성장과 비례한다. 따라서 우리는 영적으로 성장하여 올바른 내적 판단력을 가져야 한다. 영적인 어린아이는 미숙한 판단을 하게 되지만 영적으로 장성한 그리스도인은 더 정확한 내적 판단력을 갖게 되어 더 높은 수준으로 인도받을 수 있다. "신령한 자는 모든 것을 판단하나 자기는 아무에게도 판단을 받지 아니하느니라 누가 주의 마음을 알아서 주를 가르치겠느냐? 그러나 우리가 그리스도의 *마음(이해

성령님은 우리를 천국까지 인도하시는 분이다
하지만 그분과 조화롭게 동행하는 것은 우리의 몫이다.

력)을 가졌느니라"고전2:15-16. *마음(누스): 지능, 이해력, 사고, 판단.

　내적 증거는 우리의 심령 깊은 곳에 내적 확신으로 다가온다. 이 내적 증거(영의 생각)는 머리에서나 감정에서 일어나는 것이 아니라 심령 깊은 곳으로부터 오는 평안과 확신이다. 어떤 문제를 내(영)적 증거로 판단하는 방법은 그것이 하나님의 뜻이라면 내가 그것에 관해 더 깊이 생각하면 할수록 더 좋게 느껴지는 것이다. 그 느낌은 영으로부터 오는 것이며 부드럽고 평안함을 준다. 그러나 하나님의 뜻이 아닐 경우 왠지 불안하며 확신이 들지 않고 내적 갈등을 일으킨다. 즉 육신적인 생각은 갈등과 불안을 가져오지만, 영으로부터 오는 생각은 평안과 확신을 준다. 우리를 도우시는 성령님은 나의 영과 함께 내적 증거(확신)를 통해서 나를 인도하신다.

　"육신을 따르는 자는 육신의 일을, 영을 따르는 자는 영의 일을 생각하나니 육신의 생각은 사망이요 영의 생각은 생명과 평안이니라"롬8:5-6.

성령님은 내적 음성(양심의 소리)으로 인도하신다

사람에게는 육신의 음성이 있는 것과 같이 우리의 영(양심)에도 영의 세미한 음성이 있다. 따라서 내적 음성을 듣기 위해서는 머리 쪽에서 일어나는 생각을 듣는 것이 아니라 심령 깊은 곳인 양심에서 나오는 소리를 들어야 한다. 그래서 성경은 양심을 깨끗이 유지해야 함과 그 양심의 소리를 듣지 않으면 믿음에서 파선한다고 경고하고 있다.

"믿음과 착한 양심을 가지라 어떤 이들이 이 양심을 버렸고 그 믿음에 관하여는 파선하였느니라"딤전1:19.

"그리스도의 피야말로 더욱더 우리들의 양심을 깨끗하게 해서 우리로 하여금 죽은 행실에서 떠나서 살아 계신 하나님을 섬기게 하지 않겠습니까?"히9:14 새번역.

"바울이 공회를 주목하여 이르되 여러분 형제들아 오늘까지 나는 범사에 양심(영)을 따라 하나님을 섬겼노라"행23:1; 행24:16.

이 바울의 고백은 거듭난 이후의 삶을 말한 것이다. 그는 또 다음과 같이 말했다. "내 양심이 성령 안에서 나와 더불어(함께) 증언하노니"롬9:1. 이 말씀을 이렇게도 번역한다. "성령으로 움직이는 내 양심도 말해준다"롬9:1 공동번역.

"성령이 친히 우리의 영과 더불어(함께) 우리가 하나님의 자녀인 것을 증언하시나니"롬8:16.

사도 바울은 양심을 따라 하나님을 섬겼다. 그러므로 거듭난 양심은 나의 삶에 좋은 안내자이다. 거듭난 양심의 음성이 곧 영의 음성이고 그것이 내적 음성이다. 그러나 우리가 알아야 할 사실은 모든 사람의 양심이 다 성령의 인도를 받는 것은 아니라는 것이다. 왜냐하면 거듭나지 않은 사람의 양심(영)에는 성령이 함께 계시지 않기 때문에 하나님의 인도함을 받을 수 없다롬8:16. 우리가 거듭났다고 말하는 것은 영(양심)이 거듭난 것을 말한다요3장. 성경은 거듭난 선한 양심이 하나님을 찾아가는 것이라 말한다.

"오직 선한 양심이 하나님을 향하여 찾아가는 것이라(It is an appeal to

God from a clean conscience. NLT)"벧전3:21 개역한글.

우리의 거듭난 양심은 하나님의 뜻을 향하여 우리를 이끌어가는 좋은 안내자가 된다. 이때 양심은 성령과 함께 진리의 말씀과 일치한 판단을 하게 된다. 그 양심의 소리가 우리의 내적 음성이다. 따라서 우리는 속사람의 세미한 양심의 소리(내적 음성)에 집중해야 한다.

성령님은 직접 말씀하신다

성령님은 우리가 확실하게 알아들을 수 있게 직접 말씀하시기도 한다.

우리의 내부 깊은 곳에서 들리는 성령님의 음성은 우리의 내적인 영의 음성보다 더 권위와 위엄이 있는 음성이다. 신약성경에서 로마의 백부장 고넬료가 천사의 지시를 받고 종들을 베드로에게 보냈을 때 성령님께서 베드로에게 직접 말씀하셨다. "베드로가 그 환상에 대하여 생각할 때에 성령께서 그에게 말씀하시되 두 사람이 너를 찾으니 일어나 내려가 의심하지 말고 함께 가라 내가 그들을 보내었느니라"행10:19-20.

또 다른 예는 안디옥 교회의 선지자와 교사들에게 성령님께서 말씀하셨다. "주를 섬겨 금식할 때에 성령이 이르시되 내가 불러 시키는 일을 위하여 바나바와 사울을 따로 세우라"행13:2.

모든 믿는 자들은 주님께서 성령으로 말씀하시는 음성을 들어야 한다.

"귀 있는 자는 성령이 교회들에게 하시는 음성을 들을지어다"계2:7.

"내 양은 내 음성을 들으며 나는 그들을 알며 그들은 나를 따르느니라" 요10:27.

성령님은 설교자와 믿음의 성도들을 통해 말씀하신다

하나님은 성령에 감동된 선지자(설교자)를 통해 우리에게 말씀하신다. 이러한 예는 성경에 가장 많이 사용된 방법의 하나다. 다윗이 이렇게 고백하였다. "여호와의 영이 나를 통하여 말씀하심이여 그의 말씀이 내 혀에 있도다"삼하23:2. 우리 예수님께서도 이렇게 말씀하셨다. "사람들이 너희를 끌어다가 넘겨 줄 때에 무슨 말을 할까 미리 염려하지 말고 무엇이든지 그 때에 너희에게 주시는 그 말을 하라. 말하는 이는 너희가 아니요 성령이시 니라"막13:11. 그렇기 때문에 사도 바울은 데살로니가 교회의 성도들에게 다 음과 같이 말하였다. "너희가 우리에게 들은 바 하나님의 말씀을 받을 때에 사람의 말로 받지 아니하고 하나님의 말씀으로 받음이니 진실로 그러하도 다 이 말씀이 또한 너희 믿는 자 가운데서 역사하느니라"살전2:13.

하나님은 또한 성령의 감동을 받은 믿음의 형제 자매들과의 교제를 통해 그리고 성령의 기름부음으로 쓰여진 신앙서적을 통해서도 우리에게 말씀하신다. "주 예수 그리스도의 은혜와 하나님의 사랑과 성령의 교통하심 이 너희 무리와 함께 있을지어다"고후13:13.

성령님은 예언, 환상, 꿈을 통해서 인도하신다

"하나님이 말씀하시기를 말세에 내가 내 영을 모든 육체에 부어 주리니 너희의 자녀들은 예언할 것이요 너희의 젊은이들은 환상을 보고 너희의 늙 은이들은 꿈을 꾸리라"행2:17.

예언, 환상, 꿈은 장래의 일을 보여주시는 성령님의 역사다. 이러한 성 령님의 역사는 믿는 자들에게 장래의 일을 준비케 하신다.

"그러나 진리의 성령이 오시면 그가 너희를 모든 진리 가운데로 인도하 시리니 그가 스스로 말하지 않고 오직 들은 것을 말하며 장래 일을 너희에 게 알리시리라"요16:13.

성령님은 장래의 일에 대해 예언하심으로 인도하신다.

"예언하는 자는 교회의 덕을 세우나니 나는 너희가 다 방언 말하기를 원하나 특별히 예언하기를 원하노라"고전14:4-5.

예언은 성령님의 감동으로 하나님의 말씀을 대언하는 성령의 역사다겔 37:1-14. 이러한 성령의 역사를 통해 교회에 덕을 세우며 사람들을 위로하게 된다행21:9-14; 롬12:6; 고전11:4-5; 고전12:10; 고전14:29; 살전5:20; 벧후1:21; 유1:14-15; 계 1:3; 22:7.

성령님은 환상을 통해 우리에게 깨달음을 주어 인도하신다. 사도 바울은 아시아로 복음을 전하러 가려 했으나 성령님께서 유럽으로 가라는 환상을 보여주셨다. "밤에 환상이 바울에게 보이니 마게도냐 사람 하나가 서서 그에게 청하여 이르되 마게도냐로 건너와서 우리를 도우라 하거늘 바울이 그 환상을 보았을 때 우리가 곧 마게도냐로 떠나기를 힘쓰니 이는 하나님이 저 사람들에게 복음을 전하라고 우리를 부르신 줄로 인정함이러라"행16:9-10; 행9:10-11.

성령님은 꿈을 통해서도 우리를 인도하신다. "그들(동방박사)은 꿈에 헤롯에게로 돌아가지 말라 지시하심을 받아 다른 길로 고국에 돌아가니라. 그들이 떠난 후에 주의 사자가 요셉에게 현몽하여 이르되 헤롯이 아기를 찾아 죽이려 하니 일어나 아기와 그의 어머니를 데리고 애굽으로 피하여 내가 네게 이르기까지 거기 있으라 하시니"마2:12-13; 창28:12-15; 창37:5-11; 단2,4; 7장.

예언과 환상과 꿈은 성령님께서 우리를 인도하시는 중요한 통로가 되지만 모든 예언과 환상과 꿈이 성령님이 주시는 메시지는 아니다. 따라서 이러한 것들은 하나님의 말씀과 내적 직감(확신)에 비추어 보아 그것이 하나님께로부터 온 것인가를 분별해야 하고 올바로 해석해야 한다.

이러한 성령님의 인도하심을 검증해야 한다

성령님의 인도를 받을 때 주의해야 할 것이 있다. 자신의 생각이나 혹은 사탄이 준 생각인지를 점검해야 한다. 우선 그 생각이 어떤 방향으로 이끄는가를 살펴보아야 한다. 하나님께로부터 온 생각이라면 하나님의 말씀과 일치하는 방향으로 가게 할 것이다. 하지만 자신의 생각이나 사탄으로부터 온 생각이라면 하나님의 말씀과 반대되는 방향으로 가며 마음에 평안이 없고 왠지 꺼림칙하다. 그러므로 성령님의 인도를 받을 때 성경에 기록된 하나님의 말씀에 어긋나지는 않는지 점검해야 한다. 왜냐하면 성경은 성령님에 의해 기록되었기 때문이다.

또한 성령님이 주시는 말씀, 예언, 환상, 꿈이 건전하며 교훈적인 내용을 담고 있는지, 아름다운 성령의 열매를 맺게 하는지를 점검해야 한다갈5:22-23.

"하나님께서 우리에게 주신 것은 두려워하는 영이 아니라 능력과 사랑과 건전한 생각의 영이라"딤후1:7 KJV.

"오직 위로부터 난 지혜는 첫째 성결하고 다음에 화평하고 관용하고 양순하며 긍휼과 선한 열매가 가득하고 편견과 거짓이 없나니 화평하게 하는 자들은 화평으로 심어 의의 열매를 거두느니라"약3:17-18.

지금까지 성령님의 인도하심에 관해 배웠다. 그 성령님의 인도를 받기 위해서는 영으로부터 살아야 한다. 영으로부터 산다는 것은 말씀과 성령을 따라 사는 것이고 영의 욕구와 영의 음성에 집중하는 것이다.

성령님의 도우심과 인도하심을 잘 받으려면

주님이 성령으로 내 안에 계심을 항상 의식한다

이제 거듭난 나는 성령님과 하나가 되었다. "주와 합하는 자는 한 영이니라"고전6:17. 하지만 오랫동안 인간적(자기 중심적)으로 살아온 성도들은 주님이 성령으로 그들 영에 오셨지만 주님을 마음 밖에 두는 경우가 많다. 그래서 주님은 라오디게아 교인들에게 이렇게 말씀하셨다. "볼지어다 내가 문 밖에 서서 두드리노니 누구든지 내 음성을 듣고 문을 열면 내가 그에게 로 들어가 그와 더불어 먹고 그는 나와 더불어 먹으리라"계3:20.

주님이 내 안에 계심을 항상 의식하라.

"예수 그리스도께서 너희 안에 계신 줄을 너희가 스스로 알지 못하느냐? 그렇지 않으면 너희는 버림 받은 자니라"고후13:5.

성령님과 같은 비전을 갖는다

우리가 성령님과 동행하려면 그분과 같은 비전을 가져야 한다. 성령님이 오신 이유는 예수님을 영화롭게 하기 위해서이다. 그러므로 우리 삶의 방향이 예수님의 증인이 되는 복음전파에 초점이 맞춰질 때 성령님은 기뻐하시며 우리와 함께하신다.

"오직 성령이 너희에게 임하시면 너희가 권능을 받고 예루살렘과 온 유대와 사마리아와 땅 끝까지 이르러 내 증인이 되리라"행1:8.

하나님의 말씀을 매일 읽고 마음을 새롭게 해야 한다

성령님은 하나님의 말씀을 기록한 저자이시다. 성령님은 항상 말씀을 생각나게 하시며 그에 일치하여 인도하심으로 말씀을 모르면 그분의 인도하심을 이해하는데 어려움이 있다.

"보혜사 곧 아버지께서 내 이름으로 보내실 성령 그가 너희에게 모든 것을 가르치고 내가 너희에게 말한 모든 것을 생각나게 하리라"요14:26.

하나님께서는 이미 우리에게 필요한 말씀을 성경에 기록해 놓으셨다. 성경은 우리 인생을 위한 지침서이다. 당신이 성령님의 음성을 듣기 위해서는 매일 성경을 읽고 그 말씀으로 마음을 새롭게 해야 한다. 그럴 때 하나님께서 당신에게 원하시는 바가 무엇인지 깨달아 쉽게 인도함을 받을 수 있다. "너희는 이 세대를 본받지 말고 오직 마음을 새롭게 함으로 변화를 받아 하나님의 선하시고 기뻐하시고 온전하신 뜻이 무엇인지 분별하도록 하라"롬12:2.

"주의 말씀은 내 발에 등이요 내 길에 빛이니이다"시119:105.

성령으로 충만하고 방언 기도와 마음의 기도를 많이 한다

우리가 성령의 다스림과 인도하심을 받기 위해서는 성령으로 충만해야 한다. 또한 방언 기도와 마음의 기도를 많이할 때 성령의 인도를 받기 쉬워진다. "어리석은 자가 되지 말고 오직 주의 뜻이 무엇인가 이해하라 … 오직 성령으로 충만함을 받으라"엡5:17-18.

주를 섬겨 금식하며 기도할 때 성령님의 인도를 잘 받을 수 있다

성령님은 예수님을 영화롭게 하는 분이시기에 삶의 방향이 자기중심에서 예수님을 섬기는 삶이 되어야 한다. 그리고 육신을 따르지 않고 하나님께 집중하기 위해 금식하며 기도할 때 성령님의 인도를 잘 받을 수 있다.

"안디옥 교회에 선지자들과 교사들이 있으니 … 주를 섬겨 금식할 때에 성령이 이르시되 내가 불러 시키는 일을 위하여 바나바와 사울을 따로 세우라 하시니 이에 금식하며 기도하고 두 사람에게 안수하여 보내니라"행13:1-3.

하나님을 경외하고 사랑하며 말씀과 감동하심에 순종한다

"여호와의 친밀하심이 그를 경외하는 자들에게 있음이여 그의 언약을 그들에게 보이시리로다"시25:14.

"여호와를 경외하는 것은 악을 미워하는 것이라 나는 교만과 거만과 악한 행실과 패역한 입을 미워하느니라"잠8:13.

"나를 사랑하는 자들이 나의 사랑을 입으며 나를 간절히 찾는 자가 나를 만날 것이니라"잠8:17.

"너는 범사에 그를 인정하라 그리하면 네 길을 지도하시리라 스스로 지혜롭게 여기지 말지어다 여호와를 경외하며 악을 떠날지어다"잠3:6-7.

경외함이란 하나님을 공경하고 두려워하는 것을 말한다. 하나님은 자신을 경외하고 사랑하며 순종하는 자에게 나타나신다. 하지만 하나님을 경외하지 않고 세상을 사랑하고 세상과 벗이 될 때 성령님은 근심하시며 탄식하신다. "간음한 여인들아 세상과 벗된 것이 하나님과 원수 됨을 알지 못하느냐?"약4:4.

우리는 하나님을 경외하고 사랑하며 주님의 말씀과 성령의 감동하심에 순종해야 한다. 때로는 자신에게 이익이 되지 않고 이해가 되지 않아도 주님께 순종해야 한다. 그리고 악을 멀리하고 성령의 도우심으로 매일 회개함으로 마음을 정결하게 해야 한다. 이렇게 할 때 성령님은 계속 불같이 우리의 심령에서 역사하실 것이다.

성령님은 우리를 천국까지 인도하시는 인도자요 스승이시다. 그러므로 우리가 신앙생활을 잘하려면 그분의 도우심과 인도하심을 매일 받아야 한다. 따라서 우리는 세상 그 누구와의 교제보다도 성령님과의 친밀한 교제를 사모하고 힘써야 한다.

새로운 피조물 안에 계신 **보혜사 성령님**

성령님은 예수님의 영이시다. 우리 삶의 주인 되시는 예수님께서는
성령님을 통해 우리를 인도하신다. 우리 안에 계시는 성령님은 우리와
교제하시고 협력하시길 원하신다. 그분은 우리의 연약함을 도우시며
예수 그리스도의 증인의 삶을 살도록 인도하신다.
신앙생활을 잘하고 못하고는 성령님과 얼마나 연합하는가에 달려있다.

1 **이번 가르침을 통해 깨달은 것을 나눠 보자**

성령님의 인도하심을 받으려면 영·혼·몸 가운데 무엇에 집중해야 하는가.
그리고 그 이유는? _____

성령님이 우리를 인도하시는 방법을 말해 보자. _____

성령님의 인도하심을 잘 받으려면 어떻게 해야 하는가? _____

나는 성령님의 인도를 잘 받고 있는가? _____

※나누기에 대한 해답은 교재 맨 뒤 240 쪽에 있습니다.

2 **믿음을 말하는 것이 믿음을 효과 있게 한다**
보혜사 성령님

예수님은 성령으로 내 안에 계십니다.
나는 주님의 양이며 주님의 음성을 들을 수 있습니다.
나는 말씀으로 마음을 새롭게 합니다. 나는 성령께서 기억나게 하는 말씀에 집중합니다.
나는 성령 안에서 진리 안에서 생각합니다.
나는 성령님과 교제하고 협력하고 하나가 됩니다.
나는 항상 영의 생각에 집중하여 영으로부터 삽니다.
나는 성령 충만함을 유지합니다. 나는 영의 기도와 마음의 기도를 많이 합니다.
나는 양심의 소리와 성령님의 감동하심에 순종합니다.

3 하나님 아버지!
저에게 성령님을 보내주셔서 감사드립니다.
지혜와 계시의 영을 주셔서 나의 모든 삶을 진리 가운데로 인도하여 주옵소서.
예수님의 이름으로 기도드립니다. 아멘.

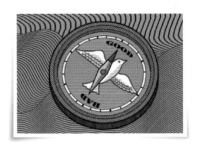

4 암송해야 할 중요한 성경 말씀

"보혜사 곧 아버지께서 내 이름으로 보내실 성령 그가 너희에게 모든 것을 가르치고 내가 너희에게 말한 모든 것을 생각나게 하리라"요한복음14:26.

"내 양은 내 음성을 들으며 나는 그들을 알며 그들은 나를 따르느니라"요한복음10:27.

"귀 있는 자는 성령이 교회들에게 하시는 말씀을 들을지어다"요한계시록2:7.

"하나님이 말씀하시기를 말세에 내가 내 영을 모든 육체에 부어 주리니 너희의 자녀들은 예언할 것이요 너희의 젊은이들은 환상을 보고 너희의 늙은이들은 꿈을 꾸리라"사도행전2:17.

"술 취하지 말라 이는 방탕한 것이니 오직 성령으로 충만함을 받으라"에베소서5:18.

"방언을 말하는 자는 사람에게 하지 아니하고 하나님께 하나니 이는 알아 듣는 자가 없고 영으로 비밀을 말함이라"고린도전서14:2.

5 다음 단계로 올라가는 말

새롭게 창조된 우리의 사명은 개인적이면서 동시에 함께 이루어가는 것이다. 하나님은 우리가 천국에 갈 때까지 교회라는 공동체에 우리를 맡기셨다. 그 영광스러운 교회에 대해 알아보자.

6 다음 단계를 위해 읽어올 성경말씀

에베소서 1-6장.

Q
당신은 교회를 어떻게 생각하는가?

교회는 본질적으로 영광스러운 곳이다

"이는 곧 물로 씻어 말씀으로 깨끗하게 하사 거룩하게 하시고
자기 앞에 영광스러운 교회로 세우사 티나 주름 잡힌 것이나
이런 것들이 없이 거룩하고 흠이 없게 하려 하심이라"

– 엡5:26–27 –

새로운 피조물의 공동체

영광스러운 교회

"고린도에 있는 하나님의 교회 곧 그리스도 예수 안에서
거룩하여지고 성도라 부르심을 받은 자들" – 고전1:2 –

"내가 이 반석 위에 내 교회를 세우리니
음부의 권세가 이기지 못하리라"마16:18.

교회는 필요한가?

교회가 없다면 기독교는 없었을 것이다. 이는 마치 부모가 어린 아기를 낳아 광야에 방치해 놓은 것과 같다. 그러면 그 아기는 살아남을 수 없을 것이다. 교회는 하나님의 생명으로 태어난 영광스러운 하나님의 자녀들을 보호하고 양육하는 가정과 같은 곳이다. 육신의 가족이 혈통으로 묶여있듯이 교회는 예수님의 피와 하나님의 영으로 묶여진 영적인 가족이다엡2:19. 이러한 하나님의 자녀들은 그리스도의 몸이 되며, 이 몸은 사탄의 권세를 대항하여 싸워 이겨 하나님의 나라를 확장시키는 영적인 군대가 된다. 교회는 이 모든 것을 가능하게 함으로 교회는 반드시 필요하다.

"내가 이 반석 위에 내 교회를 세우리니 음부의 권세가 이기지 못하리라"마16:18. 그러면 교회란 무엇인지 좀 더 알아보자.

교회란 무엇인가?

교회는 건물이 아니라 예수님을 주로 믿는 자들의 모임이다

"고린도에 있는 하나님의 교회 곧 그리스도 예수 안에서 거룩하여지고 성도라 부르심을 받은 자들"고전1:2.

교회(에클레시아)란 '밖으로 불러 모으다', '부르심을 받은 자들'의 의미로 세상(사탄의 권세)에서 그리스도 안으로 부르심을 받은 자들을 뜻한다. 따라서 교회는 건물이 아니라 예수 그리스도를 주로 믿는 성도들의 모임이며 사랑의 아들의 나라이다. "그가 우리를 흑암의 권세에서 건져내사 그의 사랑의 아들의 나라로 옮기셨으니"골1:13.

교회의 주인은 예수 그리스도이시며 주님은 친히 자신의 교회를 세우시겠다고 하셨다. "너희는 나를 누구라 하느냐 시몬 베드로가 대답하여 이르되 주는 그리스도시요 살아 계신 하나님의 아들이시니이다 … 내가 이 반석 위에 내 교회를 세우리니 음부의 권세가 이기지 못하리라"마16:16-18.

교회는 하나님의 가족이며 하나님의 집이다

교회는 하나님의 생명으로 태어난 하나님의 영광스러운 자녀들을 양육하여 성숙한 자녀로 세워 사명을 감당하게 하는 영적인 가정이다. 육신의 가족이 혈통으로 묶여있듯이 영적인 가족인 교회 또한 예수님의 피와 성령으로 묶여진 진정한 하나님의 가족이다고전12:13. 그러한 하나님의 자녀들이 모인 곳이니 교회는 하나님의 집이 된다.

"이제부터 너희는 외인도 아니요 나그네도 아니요 오직 성도들과 동일한 시민이요 하나님의 권속(가족)이라"엡2:19.

"이 집은 살아 계신 하나님의 교회요 진리의 기둥과 터니라"딤전3:15; 히3:6.

육신의 가정에 부모와 성장하는 자녀들이 있는 것처럼 교회 또한 영적인 부모와 어린 자녀들이 있다. 그러므로 우리는 영의 양식인 하나님의 말씀과 사랑으로 양육하고 권면하고 서로 돌아보며 함께 자라가야 한다.

"너희는 사도들과 선지자들의 터 위에 세우심을 입은 자라 그리스도 예수께서 친히 모퉁잇돌이 되셨느니라 그의 안에서 건물마다 서로 연결하여 주 안에서 성전이 되어 가고 너희도 성령 안에서 하나님이 거하실 처소가 되기 위하여 그리스도 예수 안에서 함께 지어져 가느니라"엡2:20-22.

하나님의 자녀들이 영의 양식인 진리의 말씀을 먹고 훈련받아 영적으로 성장하면 주님께서 하시던 일을 대신 하는 그분의 영광스러운 몸이 되어 사탄의 권세를 물리쳐 하나님의 나라를 확장하는 강력한 영적 군대가 된다딤후2:3-4.

교회는 예수님을 대신하는 그분의 몸이다

이 땅에서의 교회는 어떻게 보면 하찮고 초라해 보일 수도 있다. 하지만 영의 세계에서 본다면 교회는 하나님의 영광이 충만한 놀라운 곳이다.

예수님은 하늘과 땅의 모든 권세를 가지신 분이시다. 그리고 교회는 예수님을 대신하는 그분의 몸이며 만물 위에 있는 권세 있는 존재이다.

"또 만물을 그(예수님)의 발 아래에 복종하게 하시고 그를 만물 위에 교회의 머리로 삼으셨느니라 교회는 그의 몸이니 만물 안에서 만물을 충만하게 하시는 이의 충만이니라"엡1:22-23; 고전12:27.

예수님은 교회에 관해 이렇게 말씀하셨다. "내가 이 반석 위에 내 교회를 세우리니 음부(지옥)의 권세가 이기지 못하리라 내가 천국 열쇠를 네게 주리니 네가 땅에서 무엇이든지 매면 하늘에서도 매일 것이요 네가 땅에서 무엇이든지 풀면 하늘에서도 풀리리라"마16:18-19.

이 말씀은 교회는 마귀의 세력이 이기지 못하며 천국으로 인도하는 문으로서 어떠한 문제든 교회를 통해서 해결 받을 수 있는 주님의 대리자임을 뜻한다. 교회는 주님의 뜻을 이 땅에 실현하는 예수님의 몸이다. 그러므로 교회는 외적으로 보는 것과 달리 세상에서 가장 중요한 곳이며 하나님의 생명과 축복이 흘러가는 통로이다. 따라서 교회를 사랑하고 섬기는 것이 주님을 섬기는 것임을 사도 바울은 다음과 같이 고백하였다.

"나는 이제 너희를 위하여 받는 괴로움을 기뻐하고 그리스도의 남은 고난을 그의 몸된 교회를 위하여 내 육체에 채우노라"골1:24.

오늘날 교회들이 많은 문제를 가지고 있는 것이 사실이다. 예수님의 제자들도 처음에는 많은 문제를 드러냈다. 그때 주님은 그들을 사랑으로 품으시고 그들의 잘못을 고쳐주셨으며, 이러한 일을 제자들의 발을 씻겨주는 것에 비유하셨다.

"내가 주와 또는 선생이 되어 너희 발을 씻었으니 너희도 서로 발을 씻어 주는 것이 옳으니라. 내가 너희에게 행한 것 같이 너희도 행하게 하려 하여 본을 보였노라"요13:14-15.

예수님께서는 자신의 제자(교회)들을 품고 그들의 허물과 죄를 친히 씻어 주시고 온전케 하셔서 주님께서 하시던 일을 그들에게 맡기셨으며, 그 일은 지금도 계속 되고 있다엡4:11-12. 교회는 주님의 뜻을 이 땅에 실현시키는 예수님의 몸이다.

"예수께서 시몬 베드로에게 이르시되 요한의 아들 시몬아 네가 이 사람들보다 나를 더 사랑하느냐 하시니 이르되 주님 그러하나이다 내가 주님을 사랑하는 줄 주님께서 아시나이다 이르시되 내 어린 양을 먹이라 하시고"요21:15.

교회는 예수 그리스도의 영광스러운 신부이다

사도 바울은 예수님과 성도들의 관계를 신랑과 신부의 관계에 비유하여 다음과 같이 말했다. "내가 하나님의 열심으로 너희를 위하여 열심을 내노니 내가 너희를 정결한 처녀로 한 남편인 그리스도께 드리려고 중매함이로다. 그러나 나는 뱀이 그 간계로 하와를 미혹한 것 같이 너희 마음이 그리스도를 향하는 진실함과 깨끗함에서 떠나 부패할까 두려워하노라"고후11:2-3.

왜 성도를 예수님의 신부라 했을까? 성도를 예수님의 신부로 비유한 이유는 신랑에게 있어서 신부는 가장 소중한 사랑의 대상인 것과 마찬가지로 주님에게 있어서 성도는 영원한 사랑의 대상이기 때문이다엡5:25. 또한 신랑과 신부가 한 몸을 이루는 것과 마찬가지로 주님은 성령으로 우리와 한 영이 되셨다. 그래서 우리는 예수님의 신부가 된다. 성경은 인간의 부부 관계를 그리스도와 그의 신부인 교회에 비유하며 말한다.

"남편들아 아내 사랑하기를 그리스도께서 교회를 사랑하시고 그 교회를 위하여 자신을 주심 같이 하라 이는 곧 물로 씻어 말씀으로 깨끗하게 하사 거룩하게 하시고 자기 앞에 영광스러운 교회로 세우사 티나 주름 잡힌 것이나 이런 것들이 없이 거룩하고 흠이 없게 하려 하심이라 … 이 비밀이 크도다 나는 그리스도와 교회에 대하여 말하노라"엡5:25-32.

예수 그리스도께서는 신부 된 성도들을 데리러 다시 오신다. 그러므로 성도들은 그 무엇보다 예수님을 사랑하고 그분의 말씀을 지킴으로써 자신을 정결케 하여 신랑 되신 예수님을 맞이할 준비를 해야 한다.

"우리가 즐거워하고 크게 기뻐하며 그에게 영광을 돌리세 어린 양의 혼인 기약이 이르렀고 그의 아내가 자신을 준비하였으므로 그에게 빛나고 깨끗한 세마포 옷을 입도록 허락하셨으니 이 세마포 옷은 성도들의 옳은 행실이로다 하더라. 천사가 내게 말하기를 기록하라 어린 양의 혼인 잔치에 청함을 받은 자들은 복이 있도다 하고 또 내게 말하되 이것은 하나님의 참되신 말씀이라"계19:7-9.

"평강의 하나님이 친히 너희를 온전히 거룩하게 하시고 또 너희의 온 영과 혼과 몸이 우리 주 예수 그리스도께서 강림하실 때에 흠 없게 보전되기를 원하노라"살전5:23; 약4:4; 마24:30-31.

교회의 존재 목적은 무엇인가?

성경 속에 나타난 교회의 모습

"그들이 사도의 가르침을 받아 서로 교제하고 떡을 떼며(성만찬) 오로지 기도하기를 힘쓰니라. 사람마다 두려워하는데 사도들로 말미암아 기사와 표적이 많이 나타나니, 믿는 사람이 다 함께 있어 모든 물건을 서로 통용하고 또 재산과 소유를 팔아 각 사람의 필요를 따라 나눠 주며 날마다 마음을 같이하여 성전에 모이기를 힘쓰고, 집에서 떡을 떼며(성만찬) 기쁨과 순전한 마음으로 음식을 먹고 하나님을 찬미하며 또 온 백성에게 칭송을 받으니, 주께서 구원 받는 사람을 날마다 더하게 하시니라"행2:42-47.

초대교회는 사도의 가르침을 받고, 성찬을 나누고, 기도에 힘쓰고, 성도간의 사랑의 교제를 나누고, 하나님을 찬양하였으니, 주께서 구원 받는 사람의 수를 날마다 더하셨다. 그러면 교회의 존재목적은 무엇인지 구체적으로 알아보자.

교회는 하나님께 예배하며 기도하는 곳이다

교회는 우리를 창조하시고 구원하신 하나님께 예배하고 기도하며 하나님을 섬기는 곳이다. 우리가 구원 받은 목적 중의 가장 중요한 것은 하나님을 예배하며 그분과 교제하기 위함이다.

"여호와께서 모세에게 이르시되 너는 바로에게 가서 그에게 이르기를 여호와의 말씀에 내 백성을 보내라 그들이 나를 섬길(예배 할) 것이니라"출8:1.

따라서 교회는 예배 공동체로서 하나님 아버지께 영과 진리 안에서 함께 예배하며 하나님을 만나는 소중한 곳이다.

"아버지께 참되게 예배하는 자들은 영과 진리로 예배할 때가 오나니 곧 이 때라 아버지께서는 자기에게 이렇게 예배하는 자들을 찾으시느니라. 하나님은 영이시니 예배하는 자가 영과 진리로 예배할지니라"요4:23-24.

"내 집은 만민이 기도하는 집이라 칭함을 받으리라"막11:17; 사56:7.

성도는 진정한 예배와 기도를 통해 하나님의 임재를 누리고 영혼과 육신의 치유를 경험하게 된다. 천국은 거대한 예배 공동체이며 교회는 천국의 출장소와 같다. 교회는 하나님께 예배하며 기도하는 곳이다.

교회는 성도가 아가페 사랑으로 교제하고 연합하는 곳이다

모든 성도는 예수 그리스도 안에서 한 몸으로 부름 받았다. 그리고 몸의 지체로서 역할을 수행하면서 서로 연결되고 연합하는 곳이다.

"우리가 유대인이나 헬라인이나 종이나 자유인이나 다 한 성령으로 세례를 받아 한 몸이 되었고 또 다 한 성령을 마시게 하셨느니라"고전12:13.

"너희는 그리스도의 몸이요 지체의 각 부분이라"고전12:27.

"그는 머리니 곧 그리스도라. 그에게서 온 몸이 각 마디를 통하여 도움을 받음으로 연결되고 결합되어 각 지체의 분량대로 역사하여 그 몸을 자라게 하며 사랑 안에서 스스로 세우느니라"엡4:15-16.

성도들이 하나님과 연합되고 또한 사랑으로 서로 연합할 때 성령의 기름부음과 땅의 기름진 복이 모든 성도에게 임하게 된다.

"보라 형제가 연합하여 동거함이 어찌 그리 선하고 아름다운고 머리에 있는 보배로운 기름이 수염 곧 아론의 수염에 흘러서 그의 옷깃까지 내림 같고 헐몬의 이슬이 시온의 산들에 내림 같도다. 거기서 여호와께서 복을 명령하셨나니 곧 영생이로다"시133편.

"새 계명을 너희에게 주노니 서로 사랑하라 내가 너희를 사랑한 것 같이 너희도 서로 사랑하라 너희가 서로 사랑하면 이로써 모든 사람이 너희가 내 제자인 줄 알리라"요13:34-35; 요13:14-15.

"형제들아 내가 우리 주 예수 그리스도의 이름으로 너희를 권하노니 모두가 같은 말을 하고 너희 가운데 분쟁이 없이 같은 마음과 같은 뜻으로 온전히 합하라"고전1:10; 살전5:11.

"형제를 사랑하여 서로 우애하고 존경하기를 서로 먼저하며"롬12:10.

교회는 말씀으로 양육되어 제자로 세워지는 곳이다

예수님께서는 승천하시기 전에 우리에게 사명을 주셨다. "너희는 가서 모든 민족을 제자로 삼아 아버지와 아들과 성령의 이름으로 세례를 주고 내가 너희에게 분부한 모든 것을 가르쳐 지키게 하라"마28:19-20.

예수님께서는 성도들을 제자로 훈련하기 위해 5가지 직분을 교회에 주셨다. "그가 어떤 사람은 사도로, 어떤 사람은 선지자로, 어떤 사람은 복음 전하는 자로, 어떤 사람은 목사와 교사로 삼으셨으니 이는 성도를 온전하게 하여 봉사(사역)의 일을 하게 하며 그리스도의 몸을 세우려 하심이라 우리가 다 하나님의 아들을 믿는 것과 아는 일에 하나가 되어 온전한 사람을 이루어 그리스도의 장성한 분량이 충만한 데가지 이르리니"엡4:11-13; 엡3:9-10.

이렇게 온전하게 된 성도들 즉 하나님의 진리로 무장되어 능력 면에서나 성품 면에서 성숙하게 된 성도들은 몸된 교회와 이웃을 섬기며 사명을 감당하는 제자가 된다. 교회는 성도들이 그리스도를 닮아가도록 훈련되고 세워지는 곳이다.

교회는 세상과 이웃을 섬기는 공동체이다

교회는 위로는 하나님을 섬기고 옆으로는 세상과 이웃을 섬겨야 한다. 대부분의 세상 사람들은 섬김을 받고자 한다. 그러나 교회는 섬김을 받기보다 섬기는 공동체로 부름 받았다. 교회의 머리가 되신 주님께서는 친히 이렇게 말씀하셨다. "예수께서 제자들을 불러다가 이르시되 이방인의 집권자들이 그들을 임의로 주관하고 그 고관들이 그들에게 권세를 부리는 줄을 너희가 알거니와 너희 중에는 그렇지 않아야 하나니 너희 중에 누구든지 크고자 하는 자는 너희를 섬기는 자가 되고 너희 중에 누구든지 으뜸이 되고자 하는 자는 너희의 종이 되어야 하리라. 인자가 온 것은 섬김을 받으려 함이 아니라 도리어 섬기려 하고 자기 목숨을 많은 사람의 대속물로 주려 함이니라"마20:25-28.

초대교회 성도들은 가난한 자들을 섬기는 것을 기뻐했다. "믿는 사람이 다 함께 있어 모든 물건을 서로 통용하고 또 재산과 소유를 팔아 각 사람의 필요를 따라 나눠 주며"행2:44-45.

"다만 우리에게 가난한 자들을 기억하도록 부탁하였으니 이것은 나도 본래부터 힘써 행하여 왔노라"갈2:10.

"하나님 아버지 앞에서 정결하고 더러움이 없는 경건은 곧 고아와 과부를 그 환난중에 돌보고 또 자기를 지켜 세속에 물들지 아니하는 그것이니라"약1:27.

또한 그리스도인들은 일터(직장)에서 재능대로 충실히 일함으로 세상과 이웃을 섬기며 하나님의 나라가 세상으로 확장되도록 해야 한다. 우리 안에 있는 하나님의 빛과 사랑이 세상으로 흘러가면 하나님께서 영광을 받으시게 된다. "너희는 세상의 소금이니 소금이 만일 그 맛을 잃으면 무엇으로 짜게 하리요 후에는 아무 쓸 데 없어 다만 밖에 버려져 사람에게 밟힐 뿐이니라. 너희는 세상의 빛이라.. 이같이 너희 빛이 사람 앞에 비치게 하여 그들로 너희 착한 행실을 보고 하늘에 계신 너희 아버지께 영광을 돌리게 하라"마5:13-16; 벧전2:12.

교회는 예수 그리스도의 군대로서 복음을 전파하는 공동체이다

교회는 예수님께서 명령하신 복음을 전파하여 제자 삼는 영적인 군대이다. 성경에서 이스라엘 백성이 애굽에서 나올 때 하나님은 이렇게 말씀하셨다. "내가 내 손을 애굽에 더하여 여러 큰 재앙을 내리고 내 군대 내 백성 이스라엘 자손을 그 땅에서 인도하여 낼지라"출7:4; 6:26; 12:41.

또한 하나님은 에스겔에게 환상 가운데 마른 뼈들을 향해 대언하게 하여 그들을 큰 군대로 만들게 하셨다겔37:10. 하나님은 성경 곳곳에 자신을 '만군의 여호와'라고 249회나 말씀하셨다. 이러한 모든 말씀은 사탄과의 영적인 전쟁을 염두에 두고 말한 것이다. 그러므로 교회는 영적인 군대이며 우리는 예수 그리스도의 군사로서 사탄의 포로로 잡힌 자들에게 그리스도의 복음을 전파하여 그들을 자유롭게 하고 하나님 나라를 확장해야 한다.

"주의 성령이 내게 임하셨으니 이는 가난한 자에게 복음을 전하게 하시려고 내게 기름을 부으시고 나를 보내사 포로 된 자에게 자유를, 눈 먼 자에게 다시 보게 함을 전파하며 눌린 자를 자유롭게 하고 주의 은혜의 해를 전파하게 하려 하심이라"눅4:18-19; 사61:1-2.

"너희는 가서 모든 민족을 제자로 삼아 아버지와 아들과 성령의 이름으로 세례를 베풀고 내가 너희에게 분부한 모든 것을 가르쳐 지키게 하라 볼지어다 내가 세상 끝날까지 너희와 항상 함께 있으리라 하시니라"마28:19-20.

"너희는 온 천하에 다니며 만민에게 복음을 전파하라. 믿고 세례를 받는 사람은 구원을 얻을 것이요 믿지 않는 사람은 정죄를 받으리라"막16:15-16.

"내 아들아 그러므로 네가 그리스도 예수 안에 있는 은혜 속에서 강하고 또 네가 많은 증인 앞에서 내게 들은 바를 충성된 사람들에게 부탁하라 저희가 또 다른 사람들을 가르칠수 있으리라. 네가 그리스도 예수의 좋은 군사로 나와 함께 고난을 받을지니, 군사로 다니는 자는 자기 생활에 얽매이는 자가 하나도 없나니 이는 군사로 모집한 자를 기쁘게 하려 함이라"딤후2:1-4 개역한글.

영광스러운 교회는 함께 세워가는 것이다

다양한 개인으로 구성된 교회 안에서는 주님을 섬기는 방법에서 조금씩 다른 가치관을 가질 수 있다. 그러나 교회는 하나님의 말씀이라는 설계도에 따라 함께 지어져 가야 한다. 우리가 공동의 성경적 가치관을 가져 한마음 한 뜻이 될 때 우리의 노력이 하나로 잘 묶일 수 있다. "형제들아 내가 우리 주 예수 그리스도의 이름으로 너희를 권하노니 모두가 같은 말을 하고 너희 가운데 분쟁이 없이 같은 마음과 같은 뜻으로 온전히 합하라"고전1:10.

"너희는 사도들과 선지자들의 터 위에 세우심을 입은 자라. 그리스도 예수께서 친히 모퉁잇돌이 되셨느니라. 그의 안에서 건물마다 서로 연결하여 주 안에서 성전이 되어 가고 너희도 성령 안에서 하나님이 거하실 처소가 되기 위하여 그리스도 예수 안에서 함께 지어져 가느니라"엡2:20-22.

교회 공동체의 10대 핵심 가치관

1. 우리는 예수 그리스도께서 교회의 주인이시고, 성경의 모든 말씀이 진리임을 믿고 말씀이 삶의 모든 부분에 기준이 되게 해야 한다롬14:9; 딤후3:16; 마4:4; 마7:24-25.　　　　　 − 예수님의 주인되심과 성경의 권위 −

2. 우리는 예수 그리스도께서 성령님을 통해 통치하심으로 항상 성령 충만하여 그분의 능력과 인도하심 가운데 살아야 한다고전3:16; 골1:27; 요14:26; 요16:13; 롬8:14; 엡5:18.　　　　　　　　　　 − 보혜사 성령님 −

3. 우리는 하나님께 대한 감사와 사랑을 예배로 표현해야 하며 또한 우리의 몸을 하나님이 기뻐하시는 거룩한 산 제물로 드리는 예배자의 삶을 살아야 한다마22:37-38; 요4:23; 롬12:1.　　　　　　　　　　 − 예배자 −

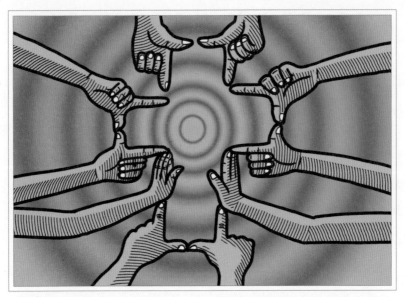

"모두가 같은 말을 하고 너희 가운데 분쟁이 없이 같은 마음과 같은 뜻으로 온전히 합하라"

4. 우리는 예수 그리스도 안에서 한 몸이 되어 서로 지체가 되었으므로 사랑과 진리 안에서 분쟁 없이 같은 마음과 같은 뜻으로 연합해야 한다 롬12:5; 요13:34; 엡4:2-3; 고전1:10; 시133편.   − 성도의 연합 −

5. 우리는 예수 그리스도의 제자로서 그분의 말씀을 배우고 지켜 행하므로 영적으로 성장하며 그리스도를 닮아가야 한다마28:19; 엡4:15; 롬8:29.
                                  − 그리스도를 닮아감(영적 성장) −

6. 우리는 이웃 사랑을 교회 안과 밖에서 행해야 한다고 믿고 주님께서 내게 주신 은사와 물질을 교회와 삶의 영역에서 관리인의 자세로 사용하며 섬겨야 한다마22:37-40; 롬12:6-8; 딛2:14.   − 이웃 사랑(섬김) −

7. 우리는 모든 민족에게 복음을 전하고 주님의 말씀을 가르쳐 지키게 함으로 제자를 삼아야 한다마28:18-20; 행1:8; 딛2:14. - 복음 전파와 제자 양육 -

8. 우리는 그리스도 안에서 새로운 피조물이 되었으므로 새로운 피조물의 정체성으로 살아가야 한다고후5:17; 롬6:4; 벧전2:9. - 새로운 피조물의 정체성 -

9. 우리는 교회의 모든 지도자는 하나님께서 주신 권위임을 믿고 겸손한 마음으로 즐겨 순종해야 한다롬13:1-2; 히13:17; 벧전5:5-6. - 겸손과 순종 -

10. 우리는 예수 그리스도의 다시 오심을 사모하고 늘 깨어 기도하며 정결한 신부로 주님 만날 준비를 해야 한다. 아멘 주 예수여 오시옵소서
계22:20-21; 살전5:23.   - 주님의 다시 오심을 준비함 -

하나님이 기뻐하시는 교회 생활

"너로 하여금 하나님의 집에서 어떻게 행하여야 할지를 알게 하려 함이니 이 집은 살아 계신 하나님의 교회요 진리의 기둥과 터니라"딤전3:15.

주의 날을 거룩하게 지킨다

하나님께서는 하나님의 형상과 모양을 닮은 우리가 하나님처럼 살기를 원하신다. 그리하여 자기 백성이 안식(주)일을 거룩히 지키길 원하신다. 즉 일을 할 때와 일을 쉬고 안식할 때를 정해 주셨다.

"안식일을 기억하여 거룩하게 지키라 엿새 동안은 힘써 네 모든 일을 행할 것이나 일곱째 날은 네 하나님 여호와의 안식일인즉 너나 네 아들이나 네 딸이나 네 남종이나 네 여종이나 네 가축이나 네 문안에 머무는 객이라도 아무 일도 하지 말라 이는 엿새 동안에 나 여호와가 하늘과 땅과 바다와 그 가운데 모든 것을 만들고 일곱째 날에 쉬었음이라 그러므로 나 여호와가 안식일을 복되게 하여 그 날을 거룩하게 하였느니라"출20:8-11.

하나님은 왜 그의 백성들에게 주(안식)일을 거룩히 지키라고 하셨는가?

첫째, 하나님은 우리가 하나님만을 신뢰하기를 원하시기 때문이다. 이스라엘 백성이 가나안 땅에 들어가기 전 광야에 있을 때 하늘에서 만나를 양식으로 내려주셨다. 이때 매일 매일 가족 수에 따라 하루 먹을 분량만 거두게 하셨으며 아침까지 남겨두지 말라고 하셨다. 그러나 순종하지 않고 아침까지 남겨둔 것에는 벌레가 생기고 냄새가 났다. 그리고 여섯째 날에는 안식일을 위하여 두 배의 양을 거두게 하셨고 일곱째 날 아침까지 남겨두게 하셨으며 일곱째 날 아침에는 냄새도, 벌레도 생기지 않았다출16:12-25.

둘째, 하나님께서 모든 것을 창조하시고 마지막 날에 쉬셨기 때문에 하나님의 형상을 닮은 우리도 쉬어야 한다출20:8-11. 우리가 일과 안식에 균형을 이루지 않으면 우리의 육체는 지쳐서 하나님이 주신 창의력을 제대로 발휘하지 못할 것이다. 또한 우리의 진정한 안식이 되시는 주님 안에서 안식하는 것을 가르치기 위해서이다. "수고하고 무거운 짐 진 자들아 다 내게로 오라 내가 너희를 쉬게 하리라"마11:28.

"인자는 안식일의 주인이니라 하시니라"마12:8; 막2:28; 눅6:5.

셋째, 하루를 주 안에서 안식하며 하나님을 예배하며 섬김으로 하나님 외에 다른 것을 추구하는 우상숭배를 피할 수 있기 때문이다. 하나님은 우리의 주, 우리의 왕이시며 우선순위에서 첫 순위가 되셔야 한다.

"만일 안식일에 네 발을 금하여 내 성일에 오락을 행하지 아니하고 안식일을 일컬어 즐거운 날이라, 여호와의 성일을 존귀한 날이라 하여 이를 존귀하게 여기고 네 길로 행하지 아니하며 네 오락을 구하지 아니하며 사사로운 말을 하지 아니하면 네가 여호와 안에서 즐거움을 얻을 것이라 내가 너를 땅의 높은 곳에 올리고 네 조상 야곱의 기업으로 기르리라 여호와의 입의 말씀이니라"사58:13-14.

넷째, 언젠가 예수 그리스도를 통해 영원한 안식을 주기 위한 하나님의 깊은 뜻이 있기 때문이다. 죄인에게는 진정한 안식이 없었다. 그래서 때가 차매 성자 하나님께서 구원자로 이 땅에 오셔서 새 언약 안에서 우리의 모든 죄와 저주를 짊어지시고 죽으시고, 안식 후 첫날 새벽에 부활하셨다, 그리하여 우리를 죄와 사망에서 해방하시고 영원한 안식에 들어가게 하셨다 마28:1; 막16:1; 눅24:1; 요20:1; 히4:3; 롬6:5; 골1:13.

이제 안식일의 주인이신 예수님께서 새 언약 안에서 부활하신 날이 진정한 안식일(주일)이 되었다마12:8. 부활하신 주님은 승천하시기까지 40일 동안 모두 11차례 사람들 앞에 나타나셨는데 그중 6번은 주일이었으며, 사도 요한이 마지막 때에 관한 계시(요한계시록)를 예수님께 받은 날도 주일이었다마28:1-7; 요20:19; 계1:10. 그래서 초대 교회 성도들은 예수님께서 부활하신 날에 함께 모여, 우리를 구원하기 위해 자신을 내어주신, 주님의 몸과 새 언약의 피를 먹고 마시는 성만찬을 나누며 예배를 드렸다. "안식일 다음 날, 우리는 주의 만찬을 나누려고 한자리에 모였다"행20:7 공동번역.

"매주 첫날에 너희 각 사람이 수입에 따라 모아 두어서 내가 갈 때에 연보(헌금)를 하지 않게 하라(주의 날에 모여 예배하며 헌금했다)"고전16:2.

"주의 날(the Lord's Day)에 내가 성령에 감동되어 내 뒤에서 나는 나팔 소리 같은 큰 음성을 들으니"계1:10.

안식후 첫날이 매주 첫날로 그리고 성경의 마지막 계시인 요한계시록에는 "주의 날(the Lord's Day)"로 확정되어 기독교 2000년 역사에서 주의 날에 예배를 드리는 것이다. 또한 성령께서 강림하신 오순절도 주일이었다행2:1-4.

십일조와 헌금을 드린다

"한 사람이 두 주인을 섬기지 못할 것이니 혹 이를 미워하고 저를 사랑하거나 혹 이를 중히 여기고 저를 경히 여김이라. 너희가 하나님과 재물을 겸하여 섬기지 못하느니라"마6:24.

우리는 두 주인을 섬길 수 없다. 우리의 주인은 창조주이시며 우리를 사랑하사 자기 피로 사셔서 구원하신 예수 그리스도이시다. 우리는 주님의 것임으로 우리가 가진 모든 것도 다 주님의 것으로서 주의 뜻대로 사용해야 한다. 그러므로 우리는 모든 것이 하나님께로 온 것임을 믿고 물질을 드림으로 하나님을 인정하고 하나님을 경외해야 한다. "네 하나님 여호와를 기억하라 그가 네게 재물 얻을 능력을 주셨음이라"신8:18.

또한 성경은 우리 수입이 하나님의 은혜로 말미암은 것이고 그 수입의 첫 열매이며 대표가 되는 십일조가 하나님께 속한 것이라고 말한다.

"만군의 [주]가 말하노라. 심지어 너희 조상들의 날들로부터 너희가 내 규례들을 버리고 떠나 그것들을 지키지 아니하였도다. 내게로 돌아오라. 그리하면 나도 너희에게로 돌아가리라. 그러나 너희는 이르기를, 우리가 어떤 점에서 돌아가리이까? 하였도다. 사람이 [하나님]의 것을 강도질하겠느냐? 그러나 너희는 내 것을 강도질하고도 말하기를 우리가 어떤 점에서 주의 것을 강도질하였나이까? 하나니 너희가 십일조와 헌물에서 강도질하였느니라. 너희가 저주로 저주를 받았으니 이는 너희 곧 이 온 민족이 내 것을 강도질하였기 때문이라. 만군의 {주}가 말하노라. 너희는 모든 십일조를 창고로 가져와 내 집에 먹을 것이 있게 하고 이제 그것으로 나를 시험하여 내가 너희를 위해 하늘의 창들을 열고 너희에게 복을 쏟아 붓되 그것을 받을 곳이 없도록 붓지 아니하나 보라. 만군의 {주}가 말하노라. 내가 너희를 위하여 먹어 삼키는 자를 꾸짖으리니 그가 너희 땅의 열매를 멸하지 못하리라. 또 너희 포도나무가 때가 이르기 전에 자기 열매를 밭에 떨어뜨리지 아니하리니 너희가 심히 기쁜 땅이 되므로 모든 민족들이 너희를 복 받은 자라 하리라. 만군의 {주}가 말하노라"말3:7-12 KJV.

어떤 사람들은 십일조가 구약시대의 율법으로 주어진 것이기에 드리지 않아도 된다고 생각한다. 하지만 율법이 있기 전의 믿음의 조상 아브라함도 하나님이 베푸신 은혜에 감사하며 믿음으로 예수 그리스도를 예표하는 멜기세덱에게 십일조를 드렸다.

"살렘 왕 멜기세덱이 떡과 포도주를 가지고 나왔으니 그는 지극히 높으신 하나님의 제사장이었더라 그가 아브람에게 축복하여 이르되 천지의 주재이시요 지극히 높으신 하나님이여 아브람에게 복을 주옵소서 너희 대적을 네 손에 붙이신 지극히 높으신 하나님을 찬송할지로다 하매 아브람이 그 얻은 것에서 십분의 일을 멜기세덱에게 주었더라"창14:18-21; 히7장.

예수님께서도 십일조를 말씀하셨다. "화 있을진저 외식하는 서기관들과 바리새인들이여 너희가 박하와 회향과 근채의 십일조는 드리되 율법의 더 중한 바 정의와 긍휼과 믿음은 버렸도다 그러나 이것도 행하고 저것도 버리지 말아야 할지니라"마23:23.

십일조는 내 생명과 내 삶의 주인이 예수님이라는 우리의 믿음의 표현이다. 그리고 십일조는 주님의 몸된 교회에 드리는 것이다. 우리가 교회에 드리는 십일조와 헌금은 교회를 운영하고 교회의 사명을 감당하는데 없어서는 안될 중요한 자원이 된다. 그러므로 복음이 전파되는 곳에 우리의 물질을 드려야 한다.

또한 우리가 드리는 헌금으로 이웃을 섬길 수 있다. 성경은 이것을 농부가 씨앗을 심는 것에 비유했다. "심는 자에게 씨와 먹을 양식을 주시는 이가 너희 심을 것을 주사 풍성하게 하시고 너희 의의 열매를 더하게 하시리니, 너희가 모든 일에 넉넉하여 너그럽게 연보(헌금)를 함은 그들이 우리로 말미암아 하나님께 감사하게 하는 것이라"고후9:10-11.

이 말씀을 통해 우리는 하나님과 이웃을 위해 씨앗으로 심어야 할 것과 내가 먹고 써야 할 것이 있음을 알 수 있다. 가난한 사람들을 구제하는 것은 하나님께 꾸어 드리는 것으로 하나님께서 축복하신다고 성경은 약속하고 있다. "가난한 자를 불쌍히 여기는 것은 여호와께 꾸어 드리는 것이니 그의 선행을 그에게 갚아 주시리라"잠19:17.

"주라 그리하면 너희에게 줄 것이니 곧 후히 되어 누르고 흔들어 넘치도록 하여 너희에게 안겨 주리라"눅6:38.

"너희를 위하여 보물을 땅에 쌓아 두지 말라 거기는 좀과 동록이 해하며 도둑이 구멍을 뚫고 도둑질하느니라. 오직 너희를 위하여 보물을 하늘에 쌓아 두라 거기는 좀이나 동록이 해하지 못하며 도둑이 구멍을 뚫지도 못하고 도둑질도 못하느니라"마6:19-20.

우리의 십일조와 헌금과 구제를 통해 하나님 나라가 확장되고 당신은 축복의 통로로 쓰임 받게 되며 하나님은 당신을 더욱 축복하실 것이다. 하나님께서 우리에게 재정의 복을 주시는 이유는 풍성한 삶을 누리며 하나님과 이웃을 섬기라고 주신 것이다. 우리는 주님의 종이며 청지기(관리자)로서 주님께서 맡기신 재정을 하나님의 나라를 위해 주님의 뜻대로 잘 사용해야 한다마6:33.

"네가 이 세대에서 부한 자들을 명하여 마음을 높이지 말고 정함이 없는 재물에 소망을 두지 말고 오직 우리에게 모든 것을 후히 주사 누리게 하시는 하나님께 두며 선을 행하고 선한 사업을 많이 하고 나누어 주기를 좋아하며 너그러운 자가 되게 하라 이것이 장래에 자기를 위하여 좋은 터를 쌓아 참된 생명을 취하는 것이니라"딤전6:17-19.

서로 사랑한다

"새 계명을 너희에게 주노니 서로 사랑하라 내가 너희를 사랑한 것 같이 너희도 서로 사랑하라. 너희가 서로 사랑하면 이로써 모든 사람이 너희가 내 제자인 줄 알리라"요13:34-35.

"그러므로 너희는 하나님이 택하사 거룩하고 사랑 받는 자처럼 긍휼과 자비와 겸손과 온유와 오래 참음을 옷 입고 누가 누구에게 불만이 있거든 서로 용납하여 피차 용서하되 주께서 너희를 용서하신 것 같이 너희도 그리하고 이 모든 것 위에 사랑을 더하라 이는 온전하게 매는 띠니라"골3:12-14.

"사랑(아가페)은 오래 참고 사랑은 온유하며 시기하지 아니하며 사랑은 자랑하지 아니하며 교만하지 아니하며 무례히 행하지 아니하며 자기의 유익을 구하지 아니하며 성내지 아니하며 악한 것을 생각하지 아니하며 불의를 기뻐하지 아니하며 진리와 함께 기뻐하고 모든 것을 참으며 모든 것을 믿으며 모든 것을 바라며 모든 것을 견디느니라"고전13:4-7.

교회의 지도자와 좋은 관계를 갖는다

영적 지도자는 주님께서 자기 피로 사신 주님의 양들을 보살피고 교회에 주신 사명을 이루도록 세우신 목자이다행20:28. 그러므로 성도들은 영적 지도자를 존중하고 목자의 인도함에 순종해야 한다. 또한 담임목사가 사역을 위임한 교회 리더들에게도 순종해야 한다.

"여러분의 지도자들의 말을 곧이듣고 그들에게 복종하십시오. 그들은 여러분의 영혼을 지키는 사람들이요 이 일을 장차 하나님께 보고드릴 사람들입니다. 그러므로 여러분은 그들이 기쁜 마음으로 이 일을 하게 하고 탄식하면서 하지 않게 해 주십시오. 그들이 탄식하면서 일하는 것은 여러분에게 유익이 되지 못합니다"히13:17 새번역.

"잘 다스리는 장로(목사)들은 배나 존경할 자로 알되 말씀과 가르침에 수고하는 이들에게는 더욱 그리할 것이니라"딤전5:17.

그리고 영적 지도자들과 교회 리더들의 필요를 채워주고 매일 그들을 위해 기도해야 함을 잊지 말라. "가르침을 받는 자는 말씀을 가르치는 자와 모든 좋은 것을 함께 하라"갈6:6.

왜냐하면 영적 지도자들이 주님 앞에 올바로 서고 영적으로 강건할 때 성도들이 좋은 영의 양식을 먹을 수 있고 우리들의 삶이 평안함 가운데 올바로 인도함을 받을 수 있기 때문이다.

겸손한 태도를 갖는다

"젊은 자들아 이와 같이 장로들에게 순종하고 다 서로 겸손으로 허리를 동이라 하나님은 교만한 자를 대적하시되 겸손한 자들에게는 은혜를 주시느니라. 그러므로 하나님의 능하신 손 아래에서 겸손하라. 때가 되면 너희를 높이시리라"벧전5:5-6.

하나님은 교만한 사람을 싫어하시고 겸손한 사람을 사랑하신다. 겸손한 사람은 겸손한 태도를 갖고 항상 배우는 자세를 갖는다. 또한 겸손한 사람은 하나님을 경외함으로 그분이 세우신 지도자와 리더들을 존중하고 혹 부족한 부분이 보이더라도 사랑과 기도로 덮어준다. 만약 당신이 교회에서 일어나는 일들이 못마땅하게 생각되거든 직접 지도자나 중간리더에게 건의하여 갈등을 해소하라. 이때 부정적이고 비판적인 말이나 태도를 피하라. 왜냐하면 성경은 다음과 같이 말하기 때문이다.

"유대인에게나 헬라인에게나 하나님의 교회에나 거치는 자가 되지 말고 나(바울)와 같이 모든 일에 모든 사람을 기쁘게 하여 자신의 유익을 구하지 아니하고 많은 사람의 유익을 구하여 그들로 구원을 받게 하라"고전 10:32-33.

각자의 달란트로 섬긴다

성도 한 사람 한 사람은 그리스도의 몸의 각 지체이다고전12:27. 예수 그리스도께서는 자신의 지체들에게 자신의 달란트를 각각 나눠주셨다.

"어떤 사람이 타국에 갈 때 그 종들을 불러 자기 소유를 맡김과 같으니, 각각 그 재능대로 한 사람에게는 금 다섯 달란트를 한 사람에게는 두 달란트를 한 사람에게는 한 달란트를 주고 떠났더니"마25:14-15.

내가 받은 달란트(은사)는 그리스도의 몸인 교회가 세워지기 위해 꼭 필요하다. 그러므로 우리는 받은 은사로 서로를 섬겨야 한다. 왜냐하면 은사는 공동의 유익을 위한 것이기 때문이다. "각 사람에게 성령을 나타내주시는 것은 공동 이익을 위한 것입니다"고전12:7 새번역.

"각각 은사를 받은 대로 하나님의 여러 가지 은혜를 맡은 선한 청지기 같이 서로 봉사하라"벧전4:10.

성경에는 그 달란트가 무엇인지 구체적으로 가르쳐주고 있다. "우리에게 주신 은혜대로 받은 은사가 각각 다르니 혹 예언이면 믿음의 분수대로, 혹 섬기는 일이면 섬기는 일로, 혹 가르치는 자면 가르치는 일로, 혹 위로하는 자면 위로하는 일로, 구제하는 자는 성실함으로, 다스리는 자는 부지런함으로, 긍휼을 베푸는 자는 즐거움으로 할 것이니라"롬12:6-8.

"어떤 사람에게는 성령으로 말미암아 지혜의 말씀을, 어떤 사람에게는 같은 성령을 따라 지식의 말씀을, 다른 사람에게는 같은 성령으로 믿음을, 어떤 사람에게는 한 성령으로 병 고치는 은사를, 어떤 사람에게는 능력 행함을, 어떤 사람에게는 예언함을, 어떤 사람에게는 영들 분별함을, 다른 사람에게는 각종 방언 말함을, 어떤 사람에게는 방언들 통역함을 주시나니 이 모든 일은 같은 한 성령이 행하사 그의 뜻대로 각 사람에게 나누어 주시는 것이니라"고전12:8-11.

예수님께서는 자신의 능력과 사랑을 우리 한 사람 한 사람에게 나누어 주셨다. 즉 예언의 은사는 주님의 예지적 능력을 나를 통해 계시하는 것이며 섬기는 은사는 주님의 섬김을 나를 통해 나타내는 것이다. 가르치는 은사는 주님의 진리를 나를 통해 가르치는 것이며 위로의 은사는 주님의 위로를 나를 통해 나타내는 것이다. 구제의 은사는 주님의 공급하심을 나를 통해 나타내는 것이며 다스리는 은사는 주님의 다스리심을 나를 통해 나타내는 것이다. 긍휼의 은사는 주님의 긍휼을 나를 통해 베푸는 것이다.

그러므로 우리는 선한 청지기와 같이 자신이 받은 달란트(은사)를 활용하여 주님의 몸된 교회와 세상을 섬겨야 한다. 우리가 은사를 활용할 때 그 은사를 통해 교회는 든든히 세워지며 세상에는 하나님의 나라가 확장된다.

예수님과 교회를 위해 시간을 드린다

교회는 세상에 하나님의 뜻을 이루는 그리스도의 몸이며 주님의 은혜와 축복이 흘러가는 통로이다. 따라서 예수님의 몸된 교회를 섬기는 것이 곧 주님을 섬기는 것이다. 그러므로 성도들은 예배와 성경공부와 전도 등 교회 사역과 교회 공동의 비전에 동참하며 그 일을 위해 마음을 같이 하고 기도하며 시간을 드려야 한다. "모이기를 폐하는 어떤 사람들의 습관과 같이 하지 말고 오직 권하여 그 날이 가까움을 볼수록 더욱 그리하자"히10:25.

당신이 예수님과 몸된 교회에 헌신하면 할수록 주님의 영광에 참여하는 자가 된다. 그리고 주님을 위해 행하는 것만이 영원히 남을 것이다.

"이 세상도, 그 정욕도 지나가되 오직 하나님의 뜻을 행하는 자는 영원히 거하느니라"요일2:17.

"그러므로 내 사랑하는 형제들아 견실하며 흔들리지 말고 항상 주의 일에 더욱 힘쓰는 자들이 되라. 이는 너희 수고가 주 안에서 헛되지 않은 줄 앎이라"고전15:58.

예수님과 교회를 위해 고난 받을 각오를 한다

그리스도인은 하나님께 영광 돌리는 삶을 살아가도록 재창조된 사람이다. 그리고 예수님의 몸된 교회를 위해 수고하는 것은 주님을 섬기는 영광스러운 일이다. 그러므로 교회를 위해 희생할 각오를 해라. 특히 교회가 어려울수록 당신의 희생은 빛날 것이다. 왜냐하면 예수님과 교회를 위한 고난은 결코 헛되지 않으며 장차 우리에게 큰 영광이 되기 때문이다고전15:58.

"이 복음은 천하 만민에게 전파된 바요 나 바울은 이 복음의 일꾼이 되었노라. 나는 이제 너희를 위하여 받는 괴로움을 기뻐하고 그리스도의 남은 고난을 그의 몸된 교회를 위하여 내 육체에 채우노라. 내가 교회의 일꾼된 것은 하나님이 너희를 위하여 내게 주신 직분을 따라 하나님의 말씀을 이루려 함이니라"골1:23-25; 롬8:17-18.

오늘날 많은 사람들은 은혜를 받기 위하여 교회에 온다. 하지만 진정한 믿음 생활은 자기를 부인하고 제 십자가를 지고 주님을 따르는 것이다.

"무리에게 이르시되 아무든지 나를 따라오려거든 자기를 부인하고 날마다 제 십자가를 지고 나를 따를 것이니라"눅9:23.

새로운 피조물들의 공동체 **영광스러운 교회**

교회는 새 생명으로 살아가는 새로운 피조물들의 공동체이다.
교회는 하나님의 가족, 하나님의 집이며
그리스도의 몸이며 그리스도의 신부이다.
그러므로 하나님의 자녀들은 교회 생활을 통해
양육 받고 훈련 받아 하나님의 뜻이
이 땅에 이루어지게 하는 축복의 통로가 되어야 한다.

1 이번 공부를 통해 깨달은 것을 나눠 보자

당신이 생각하던 교회와 성경에서 말씀하는 교회의 정의는 무엇인가?

_____

성경적인 교회의 모습(존재목적)은 무엇인가?

_____

교회 공동의 핵심 가치관을 나눠 보자.

_____

2 믿음을 말(시인)하는 것이 믿음을 효과 있게 한다

"우리가 같은 믿음의 마음을 가졌으니 우리도 믿었으므로 또한 말하노라" 고후4:13.

영광스러운 교회

나는 영광스러운 그리스도의 몸된 교회의 지체입니다.
나는 주일을 거룩히 지킵니다.
나는 물질을 하나님께 드리며 하나님의 나라를 확장합니다.
나는 성도들과 서로 사랑하며 연합합니다.
나는 나의 은사로 겸손히 주님과 교회를 섬깁니다.
나는 시간을 드리며 주님과 교회를 섬깁니다.
나는 교회 핵심 가치관으로 하나가 됩니다. (10대 핵심 가치관을 함께 고백하기)

3 하나님 아버지!

저를 주님의 몸된 교회의 지체로 불러주셔서 감사드립니다.
이제 주님 안에서 서로 연합하고 성장하여 몸된 교회와 이웃을 섬기는 자가
되게 하옵소서. 예수님의 이름으로 기도드립니다. 아멘.

4 암송해야 할 중요한 성경 말씀

"내가 이 반석 위에 내 교회를 세우리니 음부의 권세가 이기지 못하리라"마태복음16:18.

"교회는 그의 몸이니 만물 안에서 만물을 충만케 하시는 자의 충만이니라" 에베소서1:23.

"그들이 사도의 가르침을 받아 서로 교제하고 떡을 떼며(성만찬) 오로지 기도하기를 힘쓰니라"사도행전2:42.

"이 복음은 천하 만민에게 전파된 바요 나 바울은 이 복음의 일꾼이 되었노라 나는 이제 너희를 위하여 받는 괴로움을 기뻐하고 그리스도의 남은 고난을 그의 몸된 교회를 위하여 내 육체에 채우노라"골로새서1:23-24.

5 다음 단계로 올라가는 말

한 알의 밀이 땅에 떨어져 죽으면 많은 열매를 맺음과 같이 예수 그리스도께서는 죽으셔서 수많은 새로운 피조물을 만드셨다. 주님께서는 그러한 새로운 피조물에게 권세와 능력을 부여하셨다. 다음 단계에는 새로운 피조물에게 부여된 권세가 무엇인지 그리고 이를 어떻게 사용해야 하는가를 알아보자.

6 다음 단계를 위해 읽어올 성경말씀

마가복음11장, 누가복음10장, 에베소서1장.

거듭난 우리에게 어떤 권세가 주어졌는지 아는가?

"내가 천국 열쇠를 네게 주리니
네가 땅에서 무엇이든지 매면 하늘에서도 매일 것이요
네가 땅에서 무엇이든지 풀면 하늘에서도 풀리리라"
– 마16:19 –

인간은 보이는 자연 세계와
보이지 않는 영적 세계에 모두 속한 유일한 존재이다.
인간은 영적 존재이기 때문이다.
그러므로 거듭난 새로운 피조물은 자연적인 영역에서보다
영적 영역에서 더 많은 영향력을 발휘해야 한다.

새로운 피조물에게 주어진

권세를 사용하라

"허물로 죽은 우리를 그리스도와 함께 살리셨고 (너희는 은혜로
구원을 받은 것이라) 또 함께 일으키사 그리스도 예수 안에서
함께 하늘에 앉히시니"- 엡2:5-6 -

믿는 자의 자리는 어디인가?
십자가인가 왕좌인가?

당신은 마귀가 패배했다는 것과 당신에게 권세가 주어졌다는 것을 알
고 있는가? 태초에 하나님은 첫 사람 아담과 하와를 창조하시고 그들에게
복을 주시며 지구를 다스릴 권세를 주셨다. "하나님이 이르시되 우리의 형
상을 따라 우리의 모양대로 우리가 사람을 만들고 그들로 바다의 물고기와
하늘의 새와 가축과 온 땅과 땅에 기는 모든 것을 다스리게 하자"창1:26.

하지만 아담과 하와는 뱀(사탄)의 꼬임에 넘어가 하나님의 명령을 어김
으로써 죄인이 되어 이 땅을 다스릴 권세를 잃어버렸다. 그리고 그 권세는
사탄에게 넘어가게 되었다. "마귀가 또 예수를 이끌고 올라가서 순식간에 천
하 만국을 보이며 이르되 이 모든 권위와 그 영광을 내가 네게 주리라 이것
은 내게 넘겨 준 것이므로 내가 원하는 자에게 주노라"눅4:5-6. 그러나 예수
님께서 인간의 죄의 문제를 십자가에서 해결하시고 사탄을 무력화하여 이기
심으로 사탄에게 넘어간 권세를 다시 빼앗으셨다. 그리고 하늘과 땅의 모든
권세를 가지신 예수님께서 자신의 권세를 자신의 몸인 교회에 위임하셨다.

"내가 너희에게 뱀과 전갈을 밟으며 원수의 모든 능력을 제어할 권능을 주었으니"

"우리를 거스르고 불리하게 하는 법조문으로 쓴 증서를 지우시고 제하여 버리사 십자가에 못 박으시고 통치자들과 권세들을 무력화하여 드러내어 구경거리로 삼으시고 십자가로 그들을 이기셨느니라"골2:14-15.

"내가 이 반석 위에 내 교회를 세우리니 음부의 권세가 이기지 못하리라"마16:18.

"예수께서 나아와 말씀하여 이르시되 하늘과 땅의 모든 권세를 내게 주셨으니 그러므로 너희는 가서 모든 민족을 제자로 삼아 아버지와 아들과 성령의 이름으로 세례를 베풀고 내가 너희에게 분부한 모든 것을 가르쳐 지키게 하라 볼지어다 내가 세상 끝날까지 너희와 항상 함께 있으리라"마28:18-20; 계1:18. 이제 예수님은 그분의 몸된 교회 곧 그리스도인들을 통해서 일하신다. 예수님의 능력은 예수님의 몸인 우리에게까지 연결되어 있다고전12:27.

"믿는 자들에게는 이런 표적이 따르리니 곧 그들이 내 이름으로 귀신을 쫓아내며"막16:17.

"또 만물을 그의 발 아래에 복종하게 하시고 그를 만물 위에 교회의 머리로 삼으셨느니라 교회는 그의 몸이니 만물 안에서 만물을 충만하게 하시는 이의 충만함이니라"엡1:22-23.

"그리스도 예수 안에서 함께 하늘에 앉히시니"

믿는 자는 예수님과 연합되어 한 영이 되었다. "주와 합하는 자는 한 영이니라"고전6:17. 우리의 옛사람은 예수님과 함께 십자가에 못 박혔고 함께 장사되었다. 그리고 함께 부활하여 그리스도와 함께 하늘에 앉혀진 존재이다. "우리가 알거니와 우리의 옛 사람이 예수와 함께 십자가에 못 박힌 것은"롬6:6. "허물로 죽은 우리를 그리스도와 함께 살리셨고 (너희는 은혜로 구원을 받은 것이라) 또 함께 일으키사 그리스도 예수 안에서 함께 하늘에 앉히시니"엡2:5-6; 골3:1-4.

이제 우리는 이 땅에 살지만 우리의 영적 위치는 왕좌, 즉 하늘과 땅의 모든 권세를 가지신 예수님과 함께 하늘에 앉혀진 존재이다. 그곳이 하나님께서 우리를 앉히고 싶어하시는 자리이다. 우리를 의인의 자리, 권세의 자리에 앉히시려고 죄를 알지도 못하신 예수님께서 죄인의 자리인 십자가에서 대신 죽으신 것이다.

"하나님이 죄를 알지도 못하신 이를 우리를 대신하여 죄로 삼으신 것은 우리로 하여금 그 안에서 하나님의 의가 되게 하려 하심이라"고후5:21; 롬5:19.

"한 사람의 범죄로 말미암아 사망이 그 한 사람을 통하여 왕 노릇 하였은즉 더욱 은혜와 의의 선물을 넘치게 받는 자들은 한 분 예수 그리스도를 통하여 생명 안에서 왕 노릇 하리로다"롬5:17.

"그들로 우리 하나님 앞에서 나라(왕)와 제사장들을 삼으셨으니 그들이 땅에서 왕 노릇 하리로다"계5:10.

예수님께서는 우리가 왕 노릇을 하라고 자신의 이름을 주셨다. 그것은 우리가 예수님과 새 언약 안에서 하나가 되었으므로 그분께서 하시던 일을 우리가 해야 하기 때문이다.

"내가 진실로 진실로 너희에게 이르노니 나를 믿는 자는 내가 하는 일을 그도 할 것이요 또한 그보다 큰 일도 하리니 이는 내가 아버지께로 감이라. 너희가 내 이름으로 무엇을 구하든지 내가 행하리니"요14:12-13.

이러한 자신에게 주어진 권세를 깨닫는 순간 자신의 정체성에 자신감을 갖게 된다. 더는 무력감에 머물러있지 않고 무엇을 해야 할지 알게 된다. 삶의 수준이 달라진다. 삶의 영향력이 달라진다. 세상에서 피해자가 아니라 다스리는 자로 살게 된다.

우리가 권세를 행하지 않는다면 사탄이 우리를 다스리려 할 것이다

믿는 자들에게는 사탄을 능가하는 지극히 큰 권세와 능력이 주어졌다. 이 권세는 자신이 누구인지 명확히 알고 믿음을 굳게하여 의지적으로 사용할 때 비로소 나타난다. 그러나 안타깝게도 이러한 능력을 알고 권세를 행하는 그리스도인은 많지 않다. 그것은 많은 그리스도인이 자신에게 주어진 권세가 무엇인지를 잘 모르기 때문이다. 그래서 사도 바울은 다음과 같이 기도했다. "그의 힘의 위력으로 역사하심을 따라 믿는 우리에게 베푸신 능력의 지극히 크심이 어떠한 것을 너희로 알게 하시기를 구하노라"엡1:19.

"예수께서 이르시되 할 수 있거든이 무슨 말이냐 믿는 자에게는 능히 하지 못할 일이 없느니라"막9:23.

우리에게 주어진 권세를 알지 못하고 행하지 않는다면 그리고 죄 가운데 산다면 사탄이 우리를 지배할 수 있다. 따라서 우리는 주어진 권세를 인식하고 믿음 안에서 굳건히 서서 사탄에게 틈을 주지 말아야 한다. 그러면 그들은 우리의 삶에 어떠한 영향력도 행사할 수 없다엡4:27. 사탄은 우리가 이 진리를 아는 것을 원치 않는다.

예수님은 그리스도인들을 통하여
이 세상을 다스리길 원하신다

믿는 자의 권세는 예수님의 이름을 통해 나타난다

하늘과 땅의 모든 권세를 가지신 예수님은 그리스도인들을 통하여 이 세상을 다스리신다. 새로운 피조물은 주어진 상황에 굴복하지 않고 오직 예수님의 이름과 말씀과 성령의 능력으로 삶을 다스리고 정복하는 승리자로 살도록 부름 받았다. 이제 지구의 통치자는 사탄이 아니라 그리스도의 몸된 성도들이다. 예수 그리스도의 권세는 그의 몸된 성도들에게 주어졌으며, 그 권세는 예수님의 이름을 통하여 나타난다.

"믿는 자들에게는 이런 표적이 따르리니 곧 그들이 내 이름으로 귀신을 쫓아내며 새 방언을 말하며 뱀을 집어올리며 무슨 독을 마실지라도 해를 받지 아니하며 병든 사람에게 손을 얹은즉 나으리라 하시더라"막16:17-18.

"내가 진실로 진실로 너희에게 이르노니 나를 믿는 자는 내가 하는 일을 그도 할 것이요 또한 그보다 큰일도 하리니 이는 내가 아버지께로 감이라. 너희가 내 이름으로 무엇을 구하든지 내가 행하리니"요14:12-13.

예수님께서는 "나를 믿는 자는 내가 하는 일을 그도 할 것이요"라고 말씀하시고 곧바로 자신의 이름을 사용할 것을 말씀하셨다. 그 이유는 우리가 하늘과 땅의 모든 권세를 가지신 예수님과 연합된 자들이기 때문이다. 예수님은 우리 안에 계신다. 우리가 믿음 안에서 예수님의 이름으로 기도하거나 말할 때 그 말이 실제가 되도록 예수님께서 일하신다.

'예수'라는 이름은 '여호와께서 구원하신다'라는 뜻이다. 그 이름 안에는 인간을 향한 하나님의 구원이 담겨 있다(여호와 칫케누, 여호와 샬롬, 여호와 삼마, 여호와 라아, 여호와 라파, 여호와 이레, 여호와 닛시). 예수 그리스도의 속량을 통해 하나님의 7가지 이름에 담긴 구원이 그리스도 안에 있는 자들에게 주어졌다. 따라서 예수님의 이름으로 그 구원을 얻을 수 있다.

예수님은 나의 의로움이다. 예수님은 나의 평화다. 예수님은 나와 함께 하신다. 예수님은 나의 목자다. 예수님은 나의 치료자다. 예수님은 나의 공급자다. 예수님은 나의 승리다.

"예수께서 무리가 달려와 모이는 것을 보시고 그 더러운 귀신을 꾸짖어 이르시되 말 못하고 못 듣는 귀신아 내가 (예수의 이름으로) 네게 명하노니 그 아이에게서 나오고 다시 들어가지 말라"막9:25.

"바울이 심히 괴로워하여 돌이켜 그 귀신에게 이르되 예수 그리스도의 이름으로 내가 네게 명하노니 그에게서 나오라 하니 귀신이 즉시 나오니라"행16:18.

"베드로가 이르되 은과 금은 내게 없거니와 내게 있는 이것을 네게 주노니 나사렛 예수 그리스도의 이름으로 일어나 걸으라"행3:6.

그러므로 예수님의 이름으로 기도하라. 예수님의 이름으로 죄 사함을 받아라. 예수님의 이름으로 귀신을 쫓아라. 예수님의 이름으로 평화를 선포하라. 예수님의 이름으로 축복하라. 예수님의 이름으로 질병을 치유하라. 예수님의 이름으로 필요를 구하라. 예수님의 이름으로 문제가 해결될 것을 선포하라. 예수님의 이름으로 기적을 행하라.

"무엇을 하든지 말에나 일에나 다 주 예수의 이름으로 하고 그를 힘입어 하나님 아버지께 감사하라"골3:17.

예수님의 이름으로 기도한다

우리의 기도는 응답을 약속받고 있다. 기도는 모든 문을 여는 열쇠가 된다. 하나님의 자녀는 아버지께 무엇이든 구할 수 있는 특권을 가졌다요1:12.

예수님께서는 다음과 같이 말씀하셨다. "너희가 나를 택한 것이 아니요, 내가 너희를 택하여 세웠나니 이는 너희로 가서 열매를 맺게 하고 또 너희 열매가 항상 있게 하여 내 이름으로 아버지께 무엇을 구하든지 다 받게 하려 함이라"요15:16.

"구하라 그리하면 너희에게 주실 것이요 찾으라 그리하면 찾아낼 것이요 문을 두드리라 그리하면 너희에게 열릴 것이니 구하는 이마다 받을 것이요 찾는 이는 찾아낼 것이요 두드리는 이에게는 열릴 것이니라"마7:7-8.

"너희가 얻지 못함은 구하지 아니하기 때문이요 구하여도 받지 못함은 정욕으로 쓰려고 잘못 구하기 때문이라"약4:2-3.

믿는 자에게는 하늘 문이 열려있다. 그러므로 우리를 향한 하나님의 뜻이 무엇인지 성경을 통해 찾아서 믿음으로 예수님의 이름으로 기도하라. 이것이 예수 그리스도를 믿는 자에게 주어진 특권이다.

예수님의 이름으로 명령하여 삶의 영역을 다스린다(말의 권세)

"너희가 내 이름으로 무엇을 구하든지 내가 행하리니"요14:13.

위의 말씀에 '내 이름으로 구하다'라는 뜻이 '어떤 당연한 것을 요구하다'라는 의미이다. 이 말씀은 이렇게 번역할 수 있다. "너희가 너희의 권리로 무엇이든지 요구하면 내가 시행하리라" 즉 그리스도의 몸 된 성도는 예수님의 이름으로 요구할 정당한 권리가 있음을 말씀하신 것이다. 그 예수님의 이름은 하늘과 땅의 모든 피조물들이 굴복해야 할 이름이다. 모든 천사나 사탄도 예수님의 이름에 굴복해야 한다.

"하나님이 그를 지극히 높여 모든 이름 위에 뛰어난 이름을 주사 하늘에 있는 자들과 땅에 있는 자들과 땅 아래에 있는 자들로 모든 무릎을 예수의 이름에 꿇게 하시고"빌2:9-10; 막16:17.

새로운 피조물은 사람들에게 어떻게 보이는지와 상관없이 하나님 앞에서 왕과 제사장이다벧전2:9; 롬5:17,21; 계1:6; 5:10. 그들은 하나님의 뜻을 이 땅에 실현하는 통치자(왕)들로 부름 받은 것이다. 따라서 성도들은 하나님의 뜻이 이루어지길 예수님의 이름으로 말(명령)해야 한다.

많은 성도가 믿음의 기도에 대해서는 잘 알고 있지만 말의 능력에 대해서는 그다지 알지 못하여 믿음의 말을 하지 않고 있다. 그러나 성경은 말의 중요성에 대해 말하고 있다. "죽고 사는 것이 혀의 힘에 달렸나니 혀를 쓰기 좋아하는 자는 혀의 열매를 먹으리라"잠18:21.

예수님께서도 무화과 나무에게 그리고 바람과 바다에게도 말씀하셨으며 믿음으로 말하는 것의 중요성에 대해 가르치셨다.

"내가 진실로 너희에게 이르노니 누구든지 이 산더러(에게) 들리어 바다에 던져지라 (말)하며 그 말하는 것이 이루어질 줄 믿고 마음에 의심하지 아니하면 (말한) 그대로 되리라"막11:23.

우리도 주님처럼 마치 산을 향해 옮겨져라 하듯이 우리를 괴롭히는 문제를 향해 담대히 말할 수 있다. 우리의 삶에 문제가 있을 수 있다. 하지만 그 문제가 나를 지배하지 못하도록 우리가 그 문제를 향해 믿음의 말을 함으로 다스려야 한다. 주님의 말씀에 능력이 있어서 그 말씀이 현실로 이루어진 것과 마찬가지로 성도들의 말에도 능력이 있다. 베드로도 이러한 말씀에 근거하여 성전 문 앞에서 구걸하는 앉은뱅이에게 말했다.

"베드로가 이르되 은과 금은 내게 없거니와 내게 있는 이것을 네게 주노니 나사렛 예수 그리스도의 이름으로 일어나 걸으라 하고 오른손을 잡아 일으키니 발과 발목이 곧 힘을 얻고 뛰어 서서 걸으며 그들과 함께 성전으로 들어가면서 걷기도 하고 뛰기도 하며 하나님을 찬송하니"행3:6~8.

이 일에 관해 베드로는 이렇게 말했다. "그 이름을 믿으므로 그 이름이 너희가 보고 아는 이 사람을 성하게 하였나니 예수로 말미암아 난 믿음이 너희 모든 사람 앞에서 이같이 완전히 낫게 하였느니라"행3:16.

세상은 하나님의 자녀들(영적으로 성숙한 자녀)이 나타나길 고대하고 있다롬8:19. 그러면 우리는 무엇을 선포하고 명령해야 하는가? 예수님은 이 땅에 마귀의 일을 멸하러 오셨다. 그러므로 우리는 예수님의 이름으로 마귀를 대적하고 마귀의 일을 향하여 명령하며 통제해야 한다. 그리고 하나님의 일들을 선포하며 축복해야 한다. 귀신들은 우리의 허물과 죄를 정죄하고 압박하고 우리를 시험과 올무에 빠지도록 미혹한다계12:10-11. 그러나 우리는 귀신을 통제할 수 있는 권세를 가지고 있다. 예수님께서 십자가에서 우리의 죄의 댓가를 다 치르시고 사탄과 그 귀신들을 무장해제 시켰기 때문이다골2:14-15.

"내가 너희에게 뱀과 전갈을 밟으며 원수의 모든 능력을 제어할 권능을 주었으니 너희를 해칠 자가 결코 없으리라"눅10:19; 골2:14-15.

"믿는 자들에게는 이런 표적이 따르리니, 곧 그들이 내 이름으로 귀신을 쫓아내며 새 방언을 말하며"막16:17.

그러므로 우리는 권세를 사용하여 삶의 영역(가정, 교회, 직장, 지역, 나라 등)을 다스리고 정복해야 한다. 우리는 삶의 터전에서 마귀의 일(모든 죄, 염려, 두려움, 절망, 의심, 가난, 질병, 미움, 쓴뿌리, 분쟁 등)은 대적하고 버리고 하나님의 축복(구원, 죄용서, 능력, 사랑, 평안, 기쁨, 소망, 번영, 건강, 등)은 받아들이고 채우고 선포해야 한다.

"내가 천국 열쇠를 네게 주리니 네가 땅에서 무엇이든지 매면 하늘에서도 매일 것이요 네가 땅에서 무엇이든지 풀면 하늘에서도 풀리리라"마16:19.

말의 권세를 깨닫고 믿음으로 사용할 때 삶의 영향력이 달라진다. 그리고 우리의 영적인 신분은 왕과 제사장이지만 삶과 사역에서는 주님처럼 섬기는 자가 되어야 한다. 또한 기억해야 할 것은 우리가 죄를 지으면 마귀에게 틈을 주어 우리를 공격하고 참소할 수 있는 빌미를 주게 된다엡4:25-32. 그리고 우리의 권세를 약화시키게 된다. 이것은 이스라엘 백성이 하나님의 뜻을 따라 아이성을 정복하러 갔지만 범죄함으로 인하여 전투에서 패배한 것과 같다수7장.

그러므로 우리는 하나님께 순복하고 말씀에 순종하는 삶을 살아야 한다. 그리고 죄를 지었을 때는 죄를 자백하고 주님의 보혈로 정결함을 받고 죄에서 돌이켜야 한다. "그런즉 너희는 하나님께 복종할지어다 마귀를 대적하라 그리하면 너희를 피하리라"약4:7.

하나님의 말씀을 믿음으로 고백한다

영적 강건함은 진리에 대한 확신과 담대한 믿음의 고백을 통해 세워진다. 우리에게 주어진 강력한 무기는 하나님의 말씀이다. "성령의 검 곧 하나님의 말씀을 가지라"엡6:17. 하나님의 창조적인 능력은 그분의 말씀 속에 담겨 있다. 우리가 그분의 말씀을 믿고 믿음으로 선포할 때 말씀 속에 담긴 생명과 능력이 나타나며 더 좋은 삶을 창조해 갈 수 있다. 그러므로 우리는 하나님의 말씀을 우리의 마음에 풍성히 거하게 하고 그 말씀을 믿음으로 고백함으로 삶을 다스리고 창조해야 한다골3:16.

"그러면 무엇을 말하느냐? 말씀이 네게 가까워 네 입에 있으며 네 마음에 있다 하였으니 곧 우리가 전파하는 믿음의 말씀이라"롬10:8.

"기록된 바 내가 믿었으므로 말하였다 한 것 같이 우리가 같은 믿음의 마음(영)을 가졌으니 우리도 믿었으므로 또한 말하노라"고후4:13.

"살리는 것은 영이니 육은 무익하니라 내가 너희에게 이른 말은 영이요 생명이라"요6:63.

따라서 하나님의 말씀을 자신의 믿음으로 선포하라.

"여호와는 나의 목자시니 내게 부족함이 없으리로다. 그가 나를 푸른 풀밭에 누이시며 쉴 만한 물 가로 인도하시는도다. 내 영혼을 소생시키시고 자기 이름을 위하여 의의 길로 인도하시는도다"시23:1-3.

"그가 (내) 모든 죄악을 사하시며 (내) 모든 병을 고치시며 (내) 생명을 파멸에서 속량하시고 인자와 긍휼로 관을 씌우시며 좋은 것으로 (내) 소원을 만족하게 하사 (내) 청춘을 독수리 같이 새롭게 하시는도다"시103:3-5.

"내게 능력 주시는 자 안에서 내가 모든 것을 할 수 있느니라"빌4:13.

죄 사함의 권세를 사용한다

오늘날 많은 사람이 인간관계의 어려움을 호소하고 있다. 그 원인은 서로에 지은 허물과 죄 때문이다. 죄의 문제가 해결되어야만 인간관계에 진정한 자유가 찾아오게 된다. 이를 위해 예수님께서 우리에게 죄 용서함의 권세를 주셨다. "예수께서 또 이르시되… 아버지께서 나를 보내신 것 같이 나도 너희를 보내노라 이 말씀을 하시고 그들을 향하사 숨을 내쉬며 이르시되 성령을 받으라. 너희가 누구의 죄든지 사(용서)하면 사하여질 것이요 누구의 죄든지 그대로 두면 그대로 있으리라"요20:21-23.

"너희는 이렇게 기도하라 … 우리가 우리에게 죄 지은 자를 사하여 준 것 같이 우리 죄를 사하여 주시옵고"마6:12; 마18:35.

이런 말씀은 성령 받은 그리스도인이 사람들의 죄를 사(용서)할 수 있다는 뜻이다. 왜냐하면 우리는 이 땅에서 그리스도를 본받도록 부름 받았기 때문이다. "내가 진실로 진실로 너희에게 이르노니 나를 믿는 자는 내가 하는 일을 그도 할 것이요 또한 그보다 큰일도 하리니 이는 내가 아버지께로 감이라"요14:12. "주께서 그러하심과 같이 우리도 이 세상에서 그러하니라"요일4:17.

하나님 앞에서 백성들의 죄를 없애는 일은 제사장 본연의 임무이다. 이 땅에 왕과 제사장과 선지자로 오신 예수님께서는 자신을 십자가에 못 박게 한 군중의 죄까지도 사하여 달라고 기도하셨고, 스데반 집사 또한 자신을 돌로 치는 자들의 죄를 용서했다눅23:34; 행7:60. 그러므로 왕 같은 제사장으로 부름 받은 우리도 이웃의 죄를 용서해 주고 또 용서해 달라고 기도해야 한다벧전2:9. "누구든지 어떤 교우가 죄를 짓는 것을 볼 때에, 그것이 죽음에 이르게 하는 죄가 아니면 하나님께 간구하십시오"요일5:16 새번역.

우리는 또한 복음을 전함으로 사람들에게 죄사함을 줄 수 있다. 복음을 듣고 예수 그리스도를 진심으로 믿을 때 죄사함을 얻게 되기 때문이다. 성령을 받는 궁극적 목적은 예수님의 증인이 되는 것이다행1:8.

지금까지 살펴본 권세를 믿는 자에게 주신 진정한 이유는 무엇일까?

그것은 하나님의 자녀들이 죄와 사탄에게 종노릇 하지 않고 자신과 환경과 세상을 다스리며 모든 민족을 제자로 삼는 사명을 감당하기 위함이다마28:18-20.

새로운 피조물에게 주어진 권세를 사용하라

거듭난 새로운 피조물은 사탄을 능가하는 권세와 능력을 받았다.
우리는 자연적인 영역에서 보다 영적인 영역에서
더 많은 영향력을 행사해야 한다. 따라서 믿는 자는
그 권세를 사용하여 하나님 앞에서 왕과 제사장의 사명을 감당하라!

1 **이번 배움을 통해 깨달은 것을 나눠보자**

믿는 자의 위치는 어디인가? 또한 당신은 세상에서 피해자로 사는가 아니면 다스리는
자로 사는가?

우리에게 어떤 권세가 주어졌으며 그 권세를 어떻게 사용해야 하는가?

※나누기에 대한 해답은 교재 맨 뒤 240 쪽에 있습니다.

2 **믿음을 고백(시인)하는 것이 믿음을 효과 있게 한다**

"우리가 같은 믿음의 마음을 가졌으니 우리도 믿었으므로 또한 말하노라"고후4:13.

권세를 사용하라

마귀는 이미 패배했습니다. 나는 예수님과 함께 권세자의 자리에 앉아 있습니다.
나에게는 원수의 모든 능력을 제어힐 권세가 있습니다.
나는 예수님의 이름으로 귀신을 통제하고 쫓아냅니다.
나는 예수님의 이름으로 기도하고 명령함으로 하나님의 뜻을 이루어갑니다.
나는 하나님의 말씀을 선포함으로 삶을 다스리며 창조해 나갑니다.

3 하나님 아버지!
저에게 하나님 자녀의 권세를 주셔서 감사합니다.
말씀의 권세와 예수님 이름의 권세를 잘 사용하여 하나님 앞에서
왕과 제사장의 사명을 감당하게 하옵소서.
예수님의 이름으로 기도드립니다. 아멘.

4 암송해야 할 중요한 성경 말씀

"허물로 죽은 우리를 그리스도와 함께 살리셨고 또 함께 일으키사 그리스도 예수 안에서 함께 하늘에 앉히시니"에베소서2:5–6.

"믿는 자들에게는 이런 표적이 따르리니 곧 그들이 내 이름으로 귀신을 쫓아내며 새 방언을 말하며 뱀을 집어올리며 무슨 독을 마실지라도 해를 받지 아니하며 병든 사람에게 손을 얹은즉 나으리라 하시더라"마가복음16:17–18.

"내가 천국 열쇠를 네게 주리니 네가 땅에서 무엇이든지 매면 하늘에서도 매일 것이요 네가 땅에서 무엇이든지 풀면 하늘에서도 풀리리라"마태복음16:19.

"누구든지 이 산더러 들리어 바다에 던져지라 (말)하며 그 말하는 것이 이루어질 줄 믿고 마음에 의심하지 아니하면 (말한) 그대로 되리라"마가복음11:23.

"한 사람의 범죄로 말미암아 사망이 그 한 사람을 통하여 왕 노릇 하였은즉 더욱 은혜와 의의 선물을 넘치게 받는 자들은 한 분 예수 그리스도를 통하여 생명 안에서 왕 노릇 하리로다"로마서5:17.

5 다음 단계로 올라가는 말

하나님께서 우리에게 권세와 능력을 주신 이유는 우리가 이루어야 할 사명이 있기 때문이다. 다음 스텝에서는 그 사명에 관해 알아보자.

6 다음 단계를 위해 읽어올 성경말씀

마태복음28장, 사도행전1장.

당신은 무엇을 위해 살고 있는가?
당신의 삶의 의미와 목적은 무엇이며,
당신이 가장 중요하게 생각하는 가치는 무엇인가?

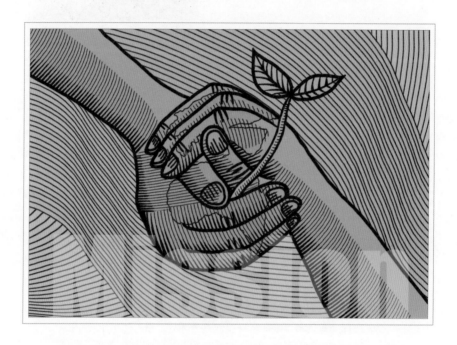

"오직 하나님의 능력을 따라 복음과 함께 고난을 받으라
하나님이 우리를 구원하사 거룩하신 소명으로 부르심은"
- 딤후1:8-9 -

"너희는 무엇을 먹을까 무엇을 마실까 하여 구하지 말며 근심하지도 말라
이 모든 것은 세상 백성들이 구하는 것이라
너희 아버지께서는 이런 것이 너희에게 있어야 할 것을 아시느니라
다만 너희는 그의 나라를 구(추구)하라
그리하면 이런 것들을 너희에게 더하시리라"
- 눅12:29-31 -

Step 7

새로운 피조물이 이 세상에서 이루어야 할

사 명(Mission)

"내가 달려갈 길과 주 예수께 받은 사명
곧 하나님의 은혜의 복음을 증언하는 일을 마치려 함에는
나의 생명조차 조금도 귀한 것으로 여기지 아니하노라"– 행20:24 –

"보이는 것은 잠깐이요
보이지 않는 것은 영원함이니라"고후4:18.

해 아래에서 수고하는 모든 수고가 사람에게 무엇이 유익한가?

"전도자가 이르되 헛되고 헛되며 헛되고 헛되니 모든 것이 헛되도다. 해 아래에서 수고하는 모든 수고가 사람에게 무엇이 유익한가? … 눈은 보아도 족함이 없고 귀는 들어도 가득 차지 아니하도다"전1:2-8.

세상의 모든 부귀와 영화를 누렸던 이스라엘의 왕 솔로몬은 모든 것이 헛되고 헛되다고 말했다. 세상에서 가장 큰 지혜와 지식과 부귀영화를 누렸던 그가 그렇게 말했고 그 말이 성경에 기록되었다면 우리는 그 의미를 깊이 생각해 보아야 한다. 왜냐하면 많은 사람이 눈에 보이는 이 세상이 전부라고 생각하여 성공과 명예와 돈과 쾌락을 얻는데 인생 대부분을 사용하기 때문이다. 그렇다면 진정으로 우리가 무엇을 추구하며 살아야 하는지

고민해야 한다. 그에 대한 해답은 하나님의 말씀 속에서 찾을 수 있다.

"보이는 것은 잠깐이요 보이지 않는 것은 영원함이니라"고후4:18.

"이 세상도 그 정욕도 지나가되 오직 하나님의 뜻을 행하는 자는 영원히 거하느니라"요일2:17; 고후4:18.

이 세상은 시간의 제한 속에 있다. 시간이 지나면 모든 것이 내게서 떠나가고 모든 사람은 빈손으로 영원의 영역으로 들어가게 된다. 그리고 하나님의 뜻을 행한 자는 생명의 부활로 영생에 들어가고, 악한 자들은 심판의 부활로 영벌에 들어간다요5:29.

예수님께서는 세상의 모든 일을 썩어 없어질 것이라고 말씀하시면서 하나님께 속한 우리는 영원한 것을 추구하고 영생을 위한 양식을 얻고자 일해야 함을 말씀하셨다. "썩어 없어질 양식을 위해 일하지 말고 영생하기까지 남아 있는 양식을 위해 일하라"요6:27 우리말성경.

"너희는 무엇을 먹을까 무엇을 마실까 하여 구(추구)하지 말며 근심하지도 말라. 이 모든 것은 세상 백성들이 구하는 것이라 너희 아버지께서는 이런 것이 너희에게 있어야 할 것을 아시느니라. 다만 너희는 그의 나라를 구(추구)하라 그리하면 이런 것들을 너희에게 더하시리라. 적은 무리여 무서워 말라 너희 아버지께서 그 나라를 너희에게 주시기를 기뻐하시느니라"눅12:29-32.

하나님의 자녀는 이 세상에 살지만 이 세상에 속하지 않은 자들이다. 우리는 이 세상 백성이 아닌 하늘나라 백성으로서 더 높은 영원한 하나님의 나라를 상속받도록 부름 받았다. 따라서 헛되고 헛된 세상 속에서 오직 하나님의 부르심의 사명을 붙잡는 것이야말로 가장 귀하고 지혜로운 삶이다.

하나님의 부르심과 사명

"나의 양식은 나를 보내신 이의 뜻을 행하며 …"요4:34.

믿음의 주요 또 온전하게 하시는 예수님의 삶의 목적은 아버지께서 맡기신 사명을 완수하는 것이었다. "예수께서 이르시되 나의 양식은 나를 보내신 이의 뜻을 행하며 그의 일(사명)을 온전히 이루는 이것이니라"요4:34.

예수님은 삶의 목적을 명확히 아셨고 그 목적을 위해 사셨다. 예수님은 세상에 계실 때 아버지께서 주신 사명을 이루기 위해 죽기까지 순종하셨으며 예수님을 따르던 사도 바울도 사명을 위해 자신의 생명을 드렸다.

"예수께서 신 포도주를 받으신 후에 이르시되 다 이루었다 하시고 머리를 숙이니 영혼이 떠나가시니라"요19:30.

"내가 달려갈 길과 주 예수께 받은 사명 곧 하나님의 은혜의 복음을 증언하는 일을 마치려 함에는 나의 생명조차 조금도 귀한 것으로 여기지 아니하노라"행20:24;골1:23.

생명은 단 한번 주어지는 것인데 예수님과 바울은 왜 이런 고백을 하였을까? 이유는 자신에게 주어진 하나님의 부르심의 사명이 그처럼 소중하다는 의미이다. 그렇다면 목숨보다 귀하게 여긴 그 사명은 무엇이었나? 그것은 예수님의 십자가와 부활의 복음을 전함으로 죄로 인하여 영원한 멸망(지옥)으로 가고 있는 생명을 구원하는 일이었다. 바울은 예수님의 명령에 순종했으며 그 결과 그가 이 땅을 떠난지 2000년이 되어가고 있지만 오늘날에도 그의 헌신은 가장 가치 있는 일로 평가받고 있다. 하나님 아버지께서는 죄인을 구원하기 위해 자신의 외아들을 내놓으셨다. 그리고 이 땅에 오신 주님께서는 십자가에 달려 돌아가시는 그 고통의 순간까지도 영혼을 사랑하셔서 옆에 있는 한 강도를 구원하셨다. 예수님이 가지셨던 영혼 구원의 사명은 오늘날 우리에게도 주어졌다.

예수님의 명령을 자신의 사명으로 받아들이라

"하나님이 우리를 구원하사 거룩하신 소명으로 부르심은 …"딤후1:9.

사명은 내가 이 땅에서 살아가야 할 이유와 목적이다. 사명을 잃어버린 그리스도인은 방황하게 되며 자신에게 주어진 시간과 재물과 달란트를 헛되이 사용하게 된다. 우리는 구원받은 하나님의 자녀로서 예수님께서 맡기신 사명을 이루어야 한다. "예수께서 나아와 말씀하여 이르시되 하늘과 땅의 모든 권세를 내게 주셨으니 그러므로 너희는 가서 모든 민족을 제자로 삼아 아버지와 아들과 성령의 이름으로 세례를 베풀고 내가 너희에게 분부한 모든 것을 가르쳐 지키게 하라 볼지어다 내가 세상 끝날까지 너희와 항상 함께 있으리라 하시니라"마28:18-20.

"오직 하나님의 능력을 따라 복음과 함께 고난을 받으라 하나님이 우리를 구원하사 거룩하신 소명으로 부르심은"딤후1:8-9.

예수님의 명령은 목사나 선교사에게만 주어진 것이 아니라 그의 몸의 지체인 모든 그리스도인에게 주어진 것이다. 하나님의 형상을 닮은 영혼을 구원하는 일에 성부, 성자, 성령 하나님과 모든 천사들도 총력을 쏟고 있다. 당신도 이 일에 기도로 동참할 수 있고, 물질로 동참할 수 있고, 직접 전도하고 가르칠 수 있다. 모든 그리스도인은 하나님의 잃어버린 자녀를 찾아 복음을 전하고 구원하여 그들을 제자로 삼는 일에 동참해야 한다. 하나님의 마음이 그분의 잃어버린 자들에게 있기 때문이다. 이 복된 소식을 전하는 일은 영원토록 가치 있는 일로 남을 것이다.

"하나님이 세상을 이처럼 사랑하사 독생자를 주셨으니 이는 그를 믿는 자마다 멸망하지 않고 영생을 얻게 하려 하심이라. 하나님이 그 아들을 세상에 보내신 것은 세상을 심판하려 하심이 아니요 그로 말미암아 세상이 구원을 받게 하려 하심이라"요3:16-17.

모든 성도는 예수님과 함께 사명을 품고 살아가야 한다.

"예수께서 또 이르시되 너희에게 평강이 있을지어다 아버지께서 나를 보내신 것 같이 나도 너희를 보내노라"요20:21.

"많은 사람을 옳은데로 돌아오게 한 자는 별과 같이 영원토록 빛나리라"단12:3. "추수 때에 자는 자는 부끄러움을 끼치는 아들이니라"잠10:5; 눅10:2.

우리의 사명은 복음을 전하고 양육하여 제자를 삼는 것이다

"너희는 가서 모든 민족을 제자로 삼아 아버지와 아들과 성령의 이름으로 세례를 베풀고 내가 너희에게 분부한 모든 것을 가르쳐 지키게 하라 볼지어다 내가 세상 끝날까지 너희와 항상 함께 있으리라 하시니라"마28:19-20.

모든 그리스도인이 동참해야 할 가장 중요한 사역은 잃어버린 영혼에게 복음을 전하고 세례를 주고 양육하여 주님의 제자로 세우는 일이다.

세례는 그리스도와 함께 죽어 장사되고 새롭게 태어나는 것이다. 그리고 제자로 삼는다는 것은 말씀으로 가르치고 양육하여 말씀을 지키게 하는 것이다. 육신과 마음이 원하는 것을 따르던 옛 사람의 삶의 방식을 버리고 하나님을 따라 의로움과 거룩함으로 지으심을 받은 새 사람의 삶을 살게 하는 것이다. 예수님의 어린 양을 말씀으로 먹이고 사랑으로 돌보아 주님의 제자로 세우는 것은 우리를 향한 주님의 간절한 바람이시다. 주님은 승천하시기 전에 베드로에게 이 일을 사명으로 주셨다.

"예수께서 시몬 베드로에게 이르시되 요한의 아들 시몬아 네가 이 사람들보다 나를 더 사랑하느냐? 하시니 이르되 주님 그러하나이다. 내가 주님을 사랑하는 줄 주님께서 아시나이다. 이르시되 내 어린 양을 먹이라"요21:15.

제자 삼는 것은 봉사(사역)하게 하여 그리스도의 몸을 세우는 것이다

제자를 삼는다는 것은 한 사람 한 사람을 양육하고 훈련하여 온전하게 하여 봉사(사역) 할 수 있도록 성장시키는 것이며 그리스도의 몸(교회)을 세우는 것이다. 사도 바울은 다음과 같이 말했다.

"나는 이제 너희를 위하여 받는 괴로움을 기뻐하고 그리스도의 남은 고난을 그의 몸된 교회를 위하여 내 육체에 채우노라. 내가 교회의 일꾼 된 것은 하나님이 너희를 위하여 내게 주신 직분을 따라 하나님의 말씀을 이루려 함이니라. 이 비밀은 만세와 만대로부터 감추어졌던 것인데 이제는 그의 성도들에게 나타났고 하나님이 그들로 하여금 이 비밀의 영광이 이방인 가운데 얼마나 풍성한지를 알게 하려 하심이라. 이 비밀은 너희 안에 계신 그리스도시니 곧 영광의 소망이니라. 우리가 그를 전파하여 각 사람을 권하고 모든 지혜로 각 사람을 가르침은 각 사람을 그리스도 안에서 완전한 자로 세우려 함이니 이를 위하여 나도 내 속에서 능력으로 역사하시는 이의 역사를 따라 힘을 다하여 수고하노라"골1:24-29.

"그가 어떤 사람은 사도로 어떤 사람은 선지자로 어떤 사람은 복음 전하는 자로 어떤 사람은 목사와 교사로 삼으셨으니 이는 성도를 온전하게 하여 봉사(사역)의 일을 하게하며 그리스도의 몸을 세우려 하심이라"엡4:11-12.

사명을 품은 자는 그리스도의 대사이다

대사는 왕을 대신하여 명령을 수행하는 자이다. 예수님께서 아버지로부터 보내심을 받으신 것처럼 우리 또한 주님으로부터 보내심을 받은 그리스도의 대사들이다. "예수께서 또 이르시되 너희에게 평강이 있을지어다 아버지께서 나를 보내신 것 같이 나도 너희를 보내노라"요20:21.

"너희를 영접하는 자는 나를 영접하는 것이요 나를 영접하는 자는 나를 보내신 이를 영접하는 것이니라"마10:40.

"너희 말을 듣는 자는 곧 내 말을 듣는 것이요 너희를 저버리는 자는 곧 나를 저버리는 것이요 나를 저버리는 자는 나 보내신 이를 저버리는 것이라 하시니라"눅10:16.

주님의 명령을 자신의 사명으로 받아들인 사도 바울은 다음과 같이 말했다. "우리가 그리스도를 대신하여 사신(대사)이 되어 하나님이 우리를 통하여 너희를 권면하시는 것 같이 그리스도를 대신하여 간청하노니 너희는 하나님과 화목하라"고후5:20.

새 언약의 일꾼은 새 생명의 의(義)를 일깨워 주는 영광스러운 직분이다

하나님께서는 새 언약 안에서 우리들의 죄를 우리에게 돌리지 않으시고 그 아들 예수님께 돌려 우리들의 죄값을 치르게 하셨다고후5:19. 그리고 그 아들을 믿는 자들을 자녀로 받아주신다. 이것이 복음이다. 복음은 예수님께서 세우신 새 언약에 기반을 둔다. 새 언약 안에서 죄인이 의인이 되고 옛 사람이 새로운 피조물이 된다. 그리스도의 대사는 새 언약의 비밀을 일깨워주는 자이다. "그가 또한 우리를 새 언약의 일꾼 되기에 만족하게 하셨으니(자격을 주셨으니), 율법 조문으로 하지 아니하고 오직 영으로 함이니 율법 조문은 죽이는 것이요 영은 살리는 것이니라. 돌에 써서 새긴 죽게 하는 율법 조문의 직분도 영광이 있어 이스라엘 자손들은 모세의 얼굴의 없어질 영광 때문에도 그 얼굴을 주목하지 못하였거든 하물며 영의 직분은 더욱 영광이 있지 아니하겠느냐? 정죄의 직분도 영광이 있은즉 의의 직분은 영광이 더욱 넘치리라"고후3:6–9; 고후5:21.

율법은 죽이는 것이요 영은 살리는 것이다. 정죄의 직분은 율법으로 사람들의 죄를 일깨워주어 자신이 죽어야 할 죄인임을 알게 한다. 하지만 영의 직분은 주 예수를 믿음으로 죄 사함과 하나님의 영으로 새롭게 태어나 새 생명을 얻게 한다. 그리고 새 사람 안에 있는 하나님의 의로움을 일깨워준다. 우리 안에 있는 그리스도의 생명(ZOE)은 의로운 생명이며, 이로 말미암아 의인이 되고 의를 행할 수 있다골2:9–10.

"예수는 하나님으로부터 나와서 우리에게 지혜와 의로움과 거룩함과 구원함이 되셨으니"고전1:30.

"이는 죄가 사망 안에서 왕 노릇 한 것 같이 은혜도 또한 의로 말미암아 왕 노릇 하여 우리 주 예수 그리스도로 말미암아 영생에 이르게 하려 함이라"롬5:21.

따라서 영의 직분, 의의 직분은 주 예수를 통해 죄 사함을 얻고 성령으로 거듭난 새 피조물 안에 있는 새 생명의 비밀을 일깨워 주어 영적으로 성장케 하는 것이다. "하나님이 그들로 하여금 이 비밀의 영광이 이방인 가운데 얼마나 풍성한지를 알게 하려 하심이라. 이 비밀은 너희 안에 계신 그리스도시니 곧 영광의 소망이니라"골1:27.

"이는 너의 믿음의 교제가 그리스도 예수 안에서 네 안에 있는 모든 선한 것(의의 생명)을 의식함으로 인하여 효과가 있게 하려 함이라"몬1:6 KJV.

"우리가 다 수건을 벗은 얼굴로 거울을 보는 것 같이 주의 영광을 보매 그와 같은 형상으로 변화하여 영광에서 영광에 이르니 곧 주의 영으로 말미암음이니라"고후3:18.

– 구원과 새 생명의 정체성 – Step7 의로움 참고

사명을 감당하기 위해서는

영적으로 성장해야 한다

우리의 사명은 하나님의 말씀을 전하는 것이다. "유대인의 나음이 무엇이며 할례의 유익이 무엇이냐? 범사에 많으니 우선은 그들이 하나님의 말씀을 맡았음이니라"롬3:1-2. 그런데 하나님의 말씀을 맡은 자가 말씀을 모른다면 어떻게 사명을 감당할 수 있겠는가? 그러므로 우리는 신령한 젖인 하나님의 말씀을 사랑함으로 읽고 묵상하고 연구하여 영적으로 성장해야 한다. "갓난 아기들 같이 순전하고 신령한 젖을 사모하라 이는 그로 말미암아 너희로 구원에 이르도록 자라게 하려 함이라"벧전2:2.

"너는 진리의 말씀을 옳게 분별하며 부끄러울 것이 없는 일꾼으로 인정된 자로 자신을 하나님 앞에 드리기를 힘쓰라"딤후2:15.

영적 성장의 원리는 한 사람이 태어나서 여러 교육과정을 통해 성장하고 성숙해지는 것과 같다. 영적으로 성장하기 위해서는 먼저 성령으로 거듭 태어나야 하고 그리스도에 대한 기초적 교리를 배워야 한다. 기초단계는 구원과 죽은 행실을 회개함과 하나님께 대한 믿음, 부활, 영원한 심판, 천국과 지옥 등에 관한 것이다. 기초단계는 매우 중요하다. 하지만 그곳에만 머물러서는 안 되며 우리는 완전한 데로 나아가야 한다.

"때가 오래 되었으므로 너희가 마땅히 선생이 되었을 터인데 너희가 다시 하나님의 말씀의 초보에 대하여 누구에게서 가르침을 받아야 할 처지이니 단단한 음식은 못 먹고 젖이나 먹어야 할 자가 되었도다 이는 젖을 먹는 자마다 어린 아이니 의의 말씀을 경험하지 못한 자요 … 우리가 그리스도의 도(교리)의 초보를 버리고 죽은 행실을 회개함과 하나님께 대한 신앙과 세례들과 안수와 죽은 자의 부활과 영원한 심판에 관한 교훈의 터를 다시 닦지 말고 완전한 데로(성숙함으로) 나아갈지니라"히6:1-2.

우리가 영적으로 성장하여 은혜 속에서 강하고 제자양육의 사명을 감당하기 위해서는 의의 말씀을 깊이 깨달아야 한다. 의의 말씀이란 그리스도 안에서 자신이 어떠한 사람이며, 어떠한 영광과 능력이 주어졌으며, 무엇을 할 수 있는지 즉 새로운 정체성으로 살아가는 삶을 일깨워주는 복음의 말씀이다. 하나님께서 주신 의의 생명을 정확하게 모르면 죽은 행실을 반복하며 회개하는 그리스도의 도(교리)의 초보에 머무를 수밖에 없다. 그러므로 우리는 의의 말씀을 사용하고 단련됨으로 완전해지며 성숙해져야 한다. "단단한 음식은 장성한 자들의 것이니, 그들은 그것(의의말씀)을 사용하여 자기 감각들을 단련시킴으로 선악을 분별하느니라"히5:14 KJV.

완전한 데로 나아가면서 우리는 두 가지 면에서 성장해야 한다.

첫 번째는 능력 면에서 충족되어야 한다. "이는 성도를 온전하게(능력있게) 하여 봉사의 일을 하게 하며 그리스도의 몸을 세우려 하심이라"엡4:12.

*온전하게(카탈티스모스): 하나님의 말씀으로 영적으로 성장하여 능력 면에서 온전케 됨.

두 번째는 그리스도의 성품을 닮아가는 성숙한 성도가 되어야 한다.

"우리가 다 하나님의 아들을 믿는 것과 아는 일에 하나가 되어 온전한(성숙한) 사람을 이루어 그리스도의 장성한 분량이 충만한 데까지 이르리니"엡4:13; 마5:48.   *온전한(텔레이오스): 영적으로 성장하고 성숙하여 온전케 됨.

성령 충만하여 성령님의 도우심을 받아야 한다

우리는 성령님 없이는 아무것도 할 수 없다. 우리가 능력있는 그리스도인으로 살고 예수님의 증인된 삶을 살기 위해서는 성령으로 충만하고 성령님의 도우심을 받아야 한다. 성령님은 우리 삶의 모든 영역에서 우리의 연약함을 도우시고 우리가 주님의 뜻을 따라 살고 사명을 감당하도록 돕는 분이시다. 예수께서는 다음과 같이 말씀을 하셨다.

"오직 성령이 너희에게 임하시면 너희가 권능을 받고 예루살렘과 온 유대와 사마리아와 땅 끝까지 이르러 내 증인이 되리라"행1:8.

"보혜사 곧 아버지께서 내 이름으로 보내실 성령 그가 너희에게 모든 것을 가르치고 내가 너희에게 말한 모든 것을 생각나게 하리라"요14:26.

"술 취하지 말라 이는 방탕한 것이니 오직 성령으로 충만함을 받으라"엡5:18. "성령도 우리의 연약함을 도우시나니"롬8:26.

우리는 받은 은사(달란트)로 사역해야 한다

새로운 피조물은 예수 그리스도의 몸의 각 지체로 부름 받았다. "너희는 그리스도의 몸이요 지체의 각 부분이라"고전12:27. 모든 성도는 각자에게 맞는 역할로 부름 받았으며 그 부르심을 감당하기 위해서 성령의 은사가 주어졌다. "너희 마음의 눈을 밝히사 그의 부르심의 소망이 무엇이며 … 믿는 우리에게 베푸신 능력의 지극히 크심이 어떠한 것을 너희로 알게 하시기를 구하노라"엡1:18-19.

"우리가 한 몸에 많은 지체를 가졌으나 모든 지체가 같은 기능을 가진 것이 아니니 이와 같이 우리 많은 사람이 그리스도 안에서 한 몸이 되어 서로 지체가 되었느니라. 우리에게 주신 은혜대로 받은 은사가 각각 다르니 혹 예언이면 믿음의 분수대로, 혹 섬기는 일이면 섬기는 일로, 혹 가르치는 자면 가르치는 일로, 혹 위로하는 자면 위로하는 일로, 구제하는 자는 성실함으로, 다스리는 자는 부지런함으로, 긍휼을 베푸는 자는 즐거움으로 할 것이니라"롬12:4-8.

"각 사람에게 성령을 나타내심은 (공동을) 유익하게 하려 하심이라 어떤 사람에게는 성령으로 말미암아 지혜의 말씀을, 어떤 사람에게는 같은 성령을 따라 지식의 말씀을, 다른 사람에게는 같은 성령으로 믿음을, 어떤 사람에게는 한 성령으로 병 고치는 은사를, 어떤 사람에게는 능력 행함을, 어떤 사람에게는 예언함을, 어떤 사람에게는 영들 분별함을, 다른 사람에게는 각종 방언 말함을, 어떤 사람에게는 방언들 통역함을 주시나니 이 모든 일은 같은 한 성령이 행하사 그의 뜻대로 각 사람에게 나누어 주시는 것이니라 몸은 하나인데 많은 지체가 있고 몸의 지체가 많으나 한 몸임과 같이 그리스도도 그러하니라"고전12:7-12.

은사(달란트)는 각 사람마다 차이가 있지만 우리 모두는 자신의 재능대로 한 개 이상의 달란트를 받았다. 위에서 열거한 은사 중에 나는 어떤 은사를 받았는가를 스스로 인식하는 것은 상당히 중요하다. 왜냐하면 그 달란트를 밑천으로 즉시 가서 장사(사역)해야 하기 때문이다.

"(천국은) 어떤 사람이 타국에 갈 때 그 종들을 불러 자기 소유를 맡김과 같으니 각각 그 재능대로 한 사람에게는 금 다섯 달란트를, 한 사람에게는 두 달란트를, 한 사람에게는 한 달란트를 주고 떠났더니 다섯 달란트 받은 자는 바로 가서 그것으로 장사하여 또 다섯 달란트를 남기고 두 달란트 받은 자도 그같이 하여 또 두 달란트를 남겼으되 한 달란트 받은 자는 가서 땅을 파고 그 주인의 돈을 감추어 두었더니 오랜 후에 그 종들의 주인이 돌아와 그들과 결산할새 다섯 달란트 받았던 자는 다섯 달란트를 더 가지고 와서 이르되 주인이여 내게 다섯 달란트를 주셨는데 보소서 내가 또 다섯 달란트를 남겼나이다. 그 주인이 이르되 잘하였도다 착하고 충성된 종아 네가 적은 일에 충성하였으매 내가 많은 것을 네게 맡기리니 네 주인의 즐거움에 참여할지어다"마25:14-21.

하지만 우리가 은사를 사용하지 않을 경우는 다음과 같다. "한 달란트 받았던 자는 와서 이르되 주인이여 당신은 굳은 사람이라 심지 않은 데서 거두고 헤치지 않은 데서 모으는 줄을 내가 알았으므로 두려워하여 나가서 당신의 달란트를 땅에 감추어 두었었나이다 … 이 무익한 종을 바깥 어두운 데로 내쫓으라 거기서 슬피 울며 이를 갈리라 하니라"마25:24-30.

그러므로 자신의 부르심과 은사를 발견하고 개발하여 열심히 사역해야 한다. 그러나 은사에는 차별이 없으므로 서로 비교하지 말고 자신이 받은 은사를 소중히 여기고 서로 섬겨야 한다. "각각 은사를 받은 대로 하나님의 여러 가지 은혜를 맡은 선한 청지기 같이 서로 봉사하라"벧전4:10.

사명 완수와 상속(상급)은 비례한다

"우리가 그와 함께 영광을 받기 위하여 고난도 함께 받아야 할 것이니라"롬8:17. 예수님께서 사명 완수와 상급에 관해 다음과 같이 말씀하셨다.

"어떤 귀인이 왕위를 받아가지고 오려고 먼 나라로 갈 때에 그 종 열을 불러 은화 열 므나를 주며 이르되 내가 돌아올 때까지 장사하라 하니라. 그런데 그 백성이 그를 미워하여 사자를 뒤로 보내어 이르되 우리는 이 사람이 우리의 왕 됨을 원하지 아니하나이다 하였더라. 귀인이 왕위를 받아가지고 돌아와서 은화를 준 종들이 각각 어떻게 장사하였는지를 알고자 하여 그들을 부르니, 그 첫째가 나아와 이르되 주인이여 당신의 한 므나로 열 므나를 남겼나이다. 주인이 이르되 잘하였다 착한 종이여 네가 지극히 작은 것에 충성하였으니 열 고을 권세를 차지하라 하고 그 둘째가 와서 이르되 주인이여 당신의 한 므나로 다섯 므나를 만들었나이다. 주인이 그에게도 이르되 너도 다섯 고을을 차지하라 … 그리고 내가 왕 됨을 원하지 아니하던 저 원수들을 이리로 끌어다가 내 앞에서 죽이라 하였느니라"눅19:12-27.

예수님께서는 하나님의 나라를 영원히 함께 다스릴 왕들을 얻기 위해 종들에게 임무를 주셨다. 그 임무는 주인이 맡기신 일을 주인이 다시 올 때까지 하는 것이다. 그리고 충성한 종들에게 도시(고을)의 통치권이 주어진다. 그렇다면 주님이 맡기신 므나는 무엇일까? 므나는 예수님께서 돌아오실 때까지 우리가 순종해야 할 사명으로 모든 민족을 제자로 삼아 모든 말씀을 가르쳐 지키게 하는 것이다마28:19-20. 그리고 이 사명은 모든 그리스도인에게 주어진 것이다. 그 일을 어떻게 감당했느냐에 따라 열 도시(고을) 또는 다섯 도시(고을)를 다스리는 권세가 주어진다.

"너희도 준비하고 있으라 생각하지 않은 때에 인자가 오리라. 충성되고 지혜 있는 종이 되어 주인에게 그 집 사람들을 맡아 때를 따라 양식을 나눠 줄 자가 누구냐? 주인이 올 때에 그 종이 이렇게 하는 것을 보면 그 종이 복이 있으리로다 내가 진실로 너희에게 이르노니 주인이 그의 모든 소유를 그에게 맡기리라"마24:44-47.

"예수께서 시몬 베드로에게 이르시되 … 내 어린 양을 먹이라"요21:15.

진정한 상속자가 되기 위해서는 예수님의 왕 되심과 주인 되심을 믿고 그분의 말씀에 순종하며 사명을 이루기 위해 힘써야 한다. 우리에게 주어진 사명은 감당해도 되고 안 해도 되는 것이 아니다. 반드시 감당해야 한다. 주님과 함께 영광을 얻기 위해서는 반드시 그분의 남은 고난에 동참해야 한다롬8:17-18. "하나님의 능력을 따라 복음과 함께 고난을 받으라"딤후1:8.

"그리스도 예수 안에서 하나님이 위에서 부르신 부름의 상을 위하여 달려가노라"빌3:14. 우리가 예수님을 위해 일하는 것은 보상을 받기 위해 일하는 것이 아니다. 구원받은 성도로서 당연히 해야 할 일을 하는 것이다. 주님은 우리에게 사명을 주시고 주어진 의무를 다하라고 명령하셨다.

"너희도 명령 받은 것을 다 행한 후에 이르기를 우리는 무익한 종이라 우리가 하여야 할 일을 한 것뿐이라 할지니라"눅17:10.

하지만 은혜로우신 주님께서는 그분을 섬기고 사명에 동참하는 자들의 수고에 보상해 주시며 그분의 나라를 주시기를 원하신다. 사도 바울도 하나님의 부르심의 상을 위해 푯대를 향하여 달려갔다.

"형제들아 나는 아직 내가 잡은 줄로 여기지 아니하고 오직 한 일 즉 뒤에 있는 것은 잊어버리고 앞에 있는 것을 잡으려고 푯대를 향하여 그리스도 예수 안에서 하나님이 위에서 부르신 부름의 상을 위하여 달려가노라"빌3:13-14.

"모든 무거운 것과 얽매이기 쉬운 죄를 벗어 버리고 인내로써 우리 앞에 당한 경주를 하며 믿음의 주요 또 온전하게 하시는 이인 예수를 바라보자"히12:1-2. "너희는 스스로 삼가(살펴) 우리가 일한 것을 잃지 말고 오직 온전한 상을 받으라"요이1:8.

"보라 내가 속히 오리니 내가 줄 상이 내게 있어 각 사람에게 그가 행한 대로 갚아 주리라"계22:12.

이 땅에서 우리의 삶은 유한하지만 천국에서의 삶은 영원하다. 예수님과 복음을 위한 수고는 장차 우리에게 주어질 영광과 비교할 수 없다롬8:18. 천국에서의 보상은 영원한 보상이요 영광 또한 영원하다.

그러면 그 보상들이 무엇인지 말씀을 통해 살펴보자
주인의 즐거움에 참여한다

예수님께서는 영원한 기쁨을 위해 십자가를 참으셨다. 그리고 예수님은 자신이 맡긴 사명을 감당한 자들에게 주님의 즐거움에 참여시키는 파격적인 은혜를 베푸신다. "믿음의 주요 또 온전하게 하시는 이인 예수를 바라보자 그는 그 앞에 있는 기쁨을 위하여 십자가를 참으사 부끄러움을 개의치 아니하시더니 하나님 보좌 우편에 앉으셨느니라"히12:2.

"주께서 생명의 길을 내게 보이시리니 주의 앞에는 충만한 기쁨이 있고 주의 오른쪽에는 영원한 즐거움이 있나이다"시16:11.

"주인이여 내게 다섯 달란트를 주셨는데 보소서 내가 또 다섯 달란트를 남겼나이다. 그 주인이 이르되 잘하였도다. 착하고 충성된 종아 네가 적은 일에 충성하였으매 내가 많은 것을 네게 맡기리니 네 주인의 즐거움에 참여할지어다"마25:20-21.

하나님 나라의 상속자가 되어 통치하는 권세를 주신다

하나님께서 우리를 부르신 것은 죄 용서 받는 것에 끝나는 것이 아니라 하나님의 가족이 되고 예수님과 함께 하나님 아버지의 상속자가 되어 영원한 나라의 주인으로 살아가는 것이다. 예수님께서는 자신을 믿고 따르는 충성스러운 자들에게 하나님의 나라를 함께 다스릴 통치권을 주시겠다고 약속하셨다. "다만 너희는 그의 나라를 구하라. 그리하면 이런 것들을 너희에게 더하시리라. 적은 무리여 무서워 말라 너희 아버지께서 그 나라를 너희에게 주시기를 기뻐하시느니라"눅12:31~32.

"내가 새 하늘과 새 땅을 보니 처음 하늘과 처음 땅이 없어졌고 바다도 다시 있지 않더라. 또 내가 보매 거룩한 성 새 예루살렘이 하나님께로부터 하늘에서 내려오니 그 준비한 것이 신부가 남편을 위하여 단장한 것 같더라 … 이기는 자는 이것들을 상속으로 받으리라 나는 그의 하나님이 되고 그는 내 아들이 되리라"계21:1~7.

"그 첫째가 나아와 이르되 주인이여 당신의 한 므나로 열 므나를 남겼나이다. 주인이 이르되 잘하였다 착한 종이여 네가 지극히 작은 것에 충성하였으니 열 고을 권세를 차지하라 하고"눅19:16~17.

"이기는 자와 끝까지 내 일을 지키는 그에게 만국을 다스리는 권세를 주리니"계2:26.

"이기는 그에게는 내가 내 보좌에 함께 앉게 하여 주기를 내가 이기고 아버지 보좌에 함께 앉은 것과 같이 하리라"계3:21.

"주 하나님이 그들에게 비치심이라 그들이 세세토록 왕 노릇 하리로다" 계22:5.

영원한 영광과 면류관을 주신다

"지혜 있는 자는 궁창의 빛과 같이 빛날 것이요 많은 사람을 옳은 데로 돌아오게 한 자는 별과 같이 영원토록 빛나리라"단12:3. "생각하건대 현재의 고난은 장차 우리에게 나타날 영광과 비교할 수 없도다"롬8:18; 고전15:41.

"나는 선한 싸움을 싸우고 나의 달려갈 길을 마치고 믿음을 지켰으니 이제 후로는 나를 위하여 의의 면류관이 예비되었으므로 주 곧 의로우신 재판장이 그 날에 내게 주실 것이며 내게만 아니라 주의 나타나심을 사모하는 모든 자에게도니라"딤후4:7~8.

"시험을 참는 자는 복이 있나니 이는 시련을 견디어 낸 자가 주께서 자기를 사랑하는 자들에게 약속하신 생명의 면류관을 얻을 것이기 때문이라"

약1:12. "네가 죽도록 충성하라 그리하면 내가 생명의 관을 네게 주리라"계2:10.

영원한 집을 주신다

"내 아버지 집에 거할 곳이 많도다 그렇지 않으면 너희에게 일렀으리라 내가 너희를 위하여 거처를 예비하러 가노니 가서 너희를 위하여 거처를 예비하면 내가 다시 와서 너희를 내게로 영접하여 나 있는 곳에 너희도 있게 하리라"요14:2-3.

"보라 내가 화려한 채색으로 네 돌 사이에 더하며 청옥으로 네 기초를 쌓으며 홍보석으로 네 성벽을 지으며 석류석으로 네 성문을 만들고 네 지경을 다 보석으로 꾸밀 것이며"사54:11-12.

"만일 땅에 있는 우리의 장막 집이 무너지면 하나님께서 지으신 집 곧 손으로 지은 것이 아니요 하늘에 있는 영원한 집이 우리에게 있는 줄 아느니라"고후5:1.

후세뿐 아니라 현실 세계에서도 보상이 있다

예수님께서는 현세 생활의 문제도 해결해 주신다.

"너희는 무엇을 먹을까 무엇을 마실까 하여 구하지 말며 근심하지도 말라. 이 모든 것은 세상 백성들이 구하는 것이라 너희 아버지께서는 이런 것이 너희에게 있어야 할 것을 아시느니라. 다만 너희는 그의 나라를 구하라. 그리하면 이런 것들을 너희에게 더하시리라"눅12:29-31.

"예수께서 이르시되 내가 진실로 너희에게 이르노니 나와 복음을 위하여 집이나 형제나 자매나 어머니나 아버지나 자식이나 전토를 버린 자는 현세에 있어 집과 형제와 자매와 어머니와 자식과 전토를 백배나 받되 박해를 겸하여 받고 내세에 영생을 받지 못할 자가 없느니라"막10:29-30; 마19:27-29.

"보라 의인이라도 이 세상에서 보응을 받겠거든 하물며 악인과 죄인이리요"잠11:31.

새로운 피조물이 이 세상에서 이루어야 할 사명(Mission)

삶에 분명한 목적(사명)이 있는 사람은 행복하다.
예수 그리스도께서는 우리에게 사명을 주셨다.
그리스도의 생명으로 살며, 제자가 되고 제자를 삼아라

1 **이번 공부를 통해 깨달은 것을 나눠 보자**

우리의 사명은 무엇이며 사명을 품은 자는 어떤 자인가?

_____

사명을 감당하기 위해서는 어떻게 해야 하는가?

_____

사명을 감당하는 자에게 주어지는 보상은 무엇인가?

_____

※나누기에 대한 해답은 교재 맨 뒤 240 쪽에 있습니다.

2 **믿음을 고백(시인)하는 것이 믿음을 효과 있게 한다**
"우리가 같은 믿음의 마음(영)을 가졌으니 우리도 믿었으므로 또한 말하노라"고후4:13.
사명(Mission)

나는 먼저 하나님의 나라와 하나님의 의를 구합니다.

나는 그리스도의 생명으로 살며, 제자가 되고 제자를 삼는 자입니다.

나는 그리스도인이 가진 의로움을 일깨워 주고 성장시키는 의의 직분을 수행합니다.

나는 은사를 사용함으로 사명을 감당합니다.

나는 그리스도의 남은 고난에 동참하여 주님과 함께 영광을 누릴 것입니다.

3 하나님 아버지!
저에게 사명을 주심에 감사합니다.
내게 사명을 완수할 지혜와 성령의 능력을 더하시고, 하나님이 기쁘게 받으실
열매를 맺게 하옵소서. 예수님의 이름으로 기도드립니다. 아멘.

4 암송해야 할 중요한 성경 말씀

"너희는 가서 모든 민족을 제자로 삼아 아버지와 아들과 성령의 이름으로 세례를 베풀고 내가 너희에게 분부한 모든 것을 가르쳐 지키게 하라"마태복음28:19-20.

"내가 달려갈 길과 주 예수께 받은 사명 곧 하나님의 은혜의 복음을 증언하는 일을 마치려 함에는 나의 생명조차 조금도 귀한 것으로 여기지 아니하노라" 사도행전20:24.

"오직 성령이 너희에게 임하시면 너희가 권능을 받고 예루살렘과 온 유대와 사마리아와 땅 끝까지 이르러 내 증인이 되리라 하시니라"사도행전1:8.

"이 세상도 그 정욕도 지나가되 오직 하나님의 뜻을 행하는 자는 영원히 거하느니라"요한일서2:17.

"많은 사람을 옳은데로 돌아오게 한 자는 별과 같이 영원토록 빛나리라"다니엘12:3.

5 다음 단계로 올라가는 질문

이 세상은 여전히 영적인 싸움과 현실적 어려움이 있는 곳이다. 교회는 이 땅에 하나님 나라를 세우는 정복전쟁을 수행한다. 우리는 사탄에게 억눌린 영혼들을 구원하여 자유롭게 하며 하나님의 뜻을 이 땅에 실현시켜야 한다. 그것에 대해 구체적으로 알아보자.

6 다음 단계를 위해 읽어올 성경말씀

에베소서6장, 요한계시록12-13장.

Q
당신은 우리가 영적인 전쟁터 속에 살고 있다는 것을 아는가?

"하나님의 전신 갑주를 취하라 이는 악한 날에
너희가 능히 대적하고 모든 일을 행한 후에 서기 위함이라"
– 엡6:13 –

"근신하라 깨어라 너희 대적 마귀가 우는 사자 같이 두루 다니며
삼킬 자를 찾나니 너희는 믿음을 굳건하게 하여 그를 대적하라
이는 세상에 있는 너희 형제들도 동일한 고난을 당하는 줄을 앎이라"
– 벧전5:8-9 –

하늘에 있는 악의 영들과의

영적 씨름

"우리의 씨름은 혈과 육을 상대하는 것이 아니요
통치자들과 권세들과 이 어둠의 세상 주관자들과
하늘에 있는 악의 영들을 상대함이라" – 엡6:12 –

우리는 지금 영적인 전쟁 상태에 있다

"근신하라 깨어라 너희 대적 마귀가 우는 사자 같이 두루 다니며 삼킬 자를 찾나니 너희는 믿음을 굳건하게 하여 그를 대적하라 이는 세상에 있는 너희 형제들도 동일한 고난을 당하는 줄을 앎이라"벧전5:8-9.

우리가 하나님을 향하여 믿음의 길을 걸어갈 때 잊지 말아야 할 것이 있다. 그것은 마귀가 실제로 존재한다는 것과 마귀와 악한 영들이 우리가 예수님을 따르는 것을 방해하고 공격한다는 사실이다. 이러한 영적 전쟁이 있는 이유는 사탄과 그의 부하들이 모든 능력을 동원하여 하나님의 형상 대로 창조된 인간을 미혹하고 죽이고 멸망시키려 하기 때문이다. "도둑(사탄)이 오는 것은 도둑질하고 죽이고 멸망시키려는 것뿐이요"요10:10.

모든 그리스도인은 자신이 원하건 원치 않건 간에 영적인 전쟁 상황 속에 놓여있다. 인간 간의 전쟁에서 최악의 결과는 육체의 죽음으로 끝나지만, 사탄과의 전쟁에서 최악의 결과는 육체의 죽음 뿐만 아니라 인간의 영혼을 사로잡아 영원한 지옥에 떨어뜨리는 영적이고 실제적인 전쟁이다.

"큰 용이 내쫓기니 옛 뱀 곧 마귀라고도 하고 사탄이라고도 하며 온 천하를 꾀는 자라 그가 땅으로 내쫓기니 그의 사자들도 그와 함께 내쫓기니라. 내가 또 들으니 하늘에 큰 음성이 있어 이르되 이제 우리 하나님의 구원과 능력과 나라와 또 그의 그리스도의 권세가 나타났으니 우리 형제들을 참소하던 자 곧 우리 하나님 앞에서 밤낮 참소하던 자가 쫓겨났고 또 우리 형제들이 어린 양의 피와 자기들이 증언하는 말씀으로써 그를 이겼으니 그들은 죽기까지 자기들의 생명을 아끼지 아니하였도다. 그러므로 하늘과 그 가운데에 거하는 자들은 즐거워하라 그러나 땅과 바다는 화 있을진저 이는 마귀가 자기의 때가 얼마 남지 않은 줄을 알므로 크게 분내어 너희에게 내려갔음이라 하더라 용이 자기가 땅으로 내쫓긴 것을 보고 남자를 낳은 여자를 박해하는지라. 그 여자가 큰 독수리의 두 날개를 받아 광야 자기 곳으로 날아가 거기서 그 뱀의 낯을 피하여 한 때와 두 때와 반 때를 양육 받으매 여자의 뒤에서 뱀이 그 입으로 물을 강 같이 토하여 여자를 물에 떠내려가게 하려 하되 땅이 여자를 도와 그 입을 벌려 용의 입에서 토한 강물을 삼키니 용이 여자에게 분노하여 돌아가서 그 여자의 남은 자손 곧 하나님의 계명을 지키며 예수의 증거를 가진 자들과 더불어 싸우려고 바다 모래 위에 서 있더라"계12:9-17.

따라서 사탄에 대해 잘 알고 대처하지 않는다면 우리는 사탄과 그의 부하들에 의해 속아 피해를 보게 될 것이다. 이것이 우리가 처한 영적인 현실이다. 그러나 하나님께 감사할 것은 그리스도 안에 있는 자들은 사탄을 능가하는 권세와 능력이 있다는 것이다. 예수님께서는 다음과 같이 말씀하셨다.

"내가 너희에게 뱀과 전갈을 밟으며 원수의 모든 능력을 제어할 권능을 주었으니 너희를 해칠 자가 결코 없으리라. 그러나 귀신들이 너희에게 항복하는 것으로 기뻐하지 말고 너희 이름이 하늘에 기록된 것으로 기뻐하라"눅10:19-20.

우리가 알아야 할 것은
사탄은 이미 패배했고 믿는 자들에게는
권세와 능력이 주어졌다는 것이다

사탄은 이미 패배한 적이다

사탄은 원래 천국에서 하나님을 시중드는 천사장 루시퍼였다. 그러나 그는 교만과 반역으로 타락하여 천국에서 쫓겨나 파괴자(사탄)가 되었다.

"너 아침의 아들 계명성(루시퍼)이여 어찌 그리 하늘에서 떨어졌으며 너 열국을 엎은 자여 어찌 그리 땅에 찍혔는고. 네가 네 마음에 이르기를 내가 하늘에 올라 하나님의 뭇 별 위에 내 자리를 높이리라. 내가 북극 집회의 산 위에 앉으리라. 가장 높은 구름에 올라가 지극히 높은 이와 같아지리라 하는도다. 그러나 이제 네가 스올(지옥) 곧 구덩이 맨 밑에 떨어짐을 당하리로다"사14:12-15; 겔28:12-17.

그는 아담과 하와를 미혹하여 그들이 가졌던 지구의 통치권을 빼앗아 땅에서 왕 노릇하며 사람들을 사로잡아 멸망으로 이끌고 있다. 그러나 예수 그리스도께서 십자가의 죽음과 부활을 통해 우리의 죄를 사하시고 사탄의 권세를 무력화하여 사망과 지옥의 열쇠를 빼앗으셨다.

"범죄와 육체의 무할례로 죽었던 너희를 하나님이 그와 함께 살리시고 우리의 모든 죄를 사하시고 우리를 거스르고 불리하게 하는 법조문으로 쓴 증서를 지우시고 제하여 버리사 십자가에 못 박으시고 통치자들과 권세들을 무력화하여 드러내어 구경거리로 삼으시고 십자가로 그들을 이기셨느니라"골2:13-15; 빌2:6-11; 눅10:19; 요일4:4; 계1:8.

"이제 이 세상에 대한 심판이 이르렀으니 이 세상의 임금이 쫓겨나리라"요12:31; 요16:11; 히2:14-15; 마28:18.

하지만 지금도 많은 사람은 우리 죄의 대가를 예수님이 대신 치르시고 승리하신 것과 사탄이 패배하여 무력화 되었음을 모르는 채 사탄에게 사로잡혀 살고 있다엡2:2. 현재 구원받지 못한 사람들은 공중 권세를 잡은 악의 영들의 지배 아래에 있는 것이다.

"우리는 하나님께 속하였고 온 세상은 마귀의 지배 아래 있습니다"요일 5:19 현대인.

예수님의 몸인 우리에게 권세와 능력이 주어졌다

예수 그리스도께서는 마귀의 일을 멸하려 오셨다. "하나님의 아들이 나타나신 것은 마귀의 일을 멸하려 하심이라"요일3:8. 그리고 거듭난 하나님의 자녀들은 마귀의 지배로부터 해방되어 예수님과 함께 하늘에 앉혀진 권세 있는 자들이다. 이것이 우리의 영적인 위치다. 믿는 자들은 사탄을 이기는 권세와 능력을 가진 자로서 믿음으로 승리하며 복음을 전하고 사탄에게 눌린 자들을 자유롭게 하며 하나님의 나라를 확장하는 자들이다.

"그가 우리를 흑암의 권세에서 건져내사 그의 사랑의 아들의 나라로 옮기셨으니"골1:13.

"허물로 죽은 우리를 그리스도와 함께 살리셨고 (너희는 은혜로 구원을 받은 것이라) 또 함께 일으키사 그리스도 예수 안에서 함께 하늘에 앉히시니"엡2:5-6.

"믿는 자들에게는 이런 표적이 따르리니 곧 그들이 내 이름으로 귀신을 쫓아내며 새 방언을 말하며 뱀을 집어올리며 무슨 독을 마실지라도 해를 받지 아니하며 병든 사람에게 손을 얹은즉 나으리라 하시더라"막16:17-18.

"내가 너희에게 뱀과 전갈을 밟으며 원수의 모든 능력을 제어할 권능을 주었으니 너희를 해칠 자가 결코 없으리라"눅10:19.

"자녀들아 너희는 하나님께 속하였고 또 그들을 이기었나니 이는 너희 안에 계신 이가 세상에 있는 자보다 크심이라"요일4:4.

그러나 사탄은 거짓의 아비로서 거짓으로 사람들을 속여 구원의 기쁜 소식을 듣지 못하도록 한다. 또한 예수를 주로 믿고 온전히 따르지 못하게 하여 결국 자신들처럼 저주의 자리로 이끌어가고 있다. 따라서 우리가 사탄의 존재와 그들의 활동을 모른다면 그들의 간계에 속을 수 밖에 없음을 명심해야 한다고후2:11.

사탄과 그의 부하들의 전략은 무엇인가?

사탄의 무기는 거짓이다

사탄은 거짓말, 속임수, 미혹, 유혹 등을 무기로 삼아 사람들을 멸망으로 이끌고 있다. 예수님께서는 사탄이 거짓의 아비라고 말씀하셨다.

"너희는 너희 아비 마귀에게서 났으니 너희 아비의 욕심대로 너희도 행하고자 하느니라 그는 처음부터 살인한 자요 진리가 그 속에 없으므로 진리에 서지 못하고 거짓을 말할 때마다 제 것으로 말하나니 이는 그가 거짓말쟁이요 거짓의 아비가 되었음이라"요8:44.

"도둑이 오는 것은 도둑질하고 죽이고 멸망시키려는 것뿐이요"요10:10.

그러면 사탄과 그의 귀신들이 하는 일(전략)은 무엇인가?

사탄은 각종 종교를 만들어 참 하나님이신 예수님을 믿지 못하도록 한다. 사탄은 각종 거짓 종교를 만들어서 피조물들을 신격화하고 우상 숭배하도록 미혹한다. 또한 사탄은 사람들의 눈과 귀를 막고 마음을 혼미케 함으로 복음을 깨닫지 못하게 하여 참 하나님이시고 구원자이신 예수 그리스도를 믿지 못하게 한다

"무릇 이방인이 제사하는 것은 귀신에게 하는 것이요 하나님께 제사하는 것이 아니니 나는 너희가 귀신과 교제하는 자가 되기를 원하지 아니하노라"고전10:20.

"이 세상 신이 믿지 아니하는 자들의 마음을 혼미케 하여 그리스도의 영광의 복음의 광채를 비취지 못하게 함이니 그리스도는 하나님의 형상이니라"고후4:4; 렘5:21; 겔12:2.

사탄은 마음에서 하나님의 말씀을 빼앗아 믿음에서 멀어지게 한다

예수님께서는 씨 뿌리는 자의 비유에서 씨는 하나님의 말씀이며 사탄은 사람들의 마음에서 말씀을 빼앗아가는 도둑이라고 말씀하셨다.

"이 비유는 이러하니라 씨는 하나님의 말씀이요 길 가에 있다는 것은 말씀을 들은 자니 이에 마귀가 가서 그들이 믿어 구원을 얻지 못하게 하려고 말씀을 그 마음에서 빼앗는 것이요"눅8:11-12.

하나님의 말씀은 믿음이 자라게 하는 씨앗이며, 성령의 검 곧 사탄을 무찌르는 무기이고 문제를 해결하는 열쇠가 되므로 사탄은 귀한 하나님의 말씀을 훔치려 한다히4:12; 고전3:12.

사탄은 하나님의 선하심을 의심하게 하고 하나님의 말씀에 불순종하게 하여 하나님과 사람 사이를 갈라놓으려 한다. 사탄은 하나님의 말씀을 왜곡시켜 말씀대로 살지 못하도록 미혹한다. 또한 우리를 사랑하셔서 좋은 것을 주시기 원하시는 하나님의 선하심을 의심하게 하여 우리가 하나님의 말씀을 따르지 않고 죄를 짓도록 이끈다. "뱀이 여자에게 이르되 너희가 결코 죽지 아니하리라 너희가 그것을 먹는 날에는 너희 눈이 밝아져 하나님과 같이 되어 선악을 알 줄 하나님이 아심이니라"창3:4-5.

사실상 세상의 모든 악한 일은 사탄과 사람들의 합동작품이다. 그런데 사탄은 그 탓을 하나님께 돌리도록 미혹한다. 우리는 하나님이 선하신 분이시라는 것을 절대 잊지 말아야 한다. 인간이 누리는 모든 좋은 것은 하나님께로부터 오는 것이다. "온갖 좋은 은사와 온전한 선물이 다 위로부터 빛들의 아버지께로부터 내려오나니"약1:17.

"여호와의 말씀이니라 너희를 향한 나의 생각을 내가 아나니 평안이요 재앙이 아니니라 너희에게 미래와 희망을 주는 것이니라"렘29:11.

마귀는 우리 마음에 온갖 더러운 생각들을 집어넣는다.

사탄은 하나님 보다 세상을 더 사랑하도록 이끈다

"마귀가 또 그를 데리고 지극히 높은 산으로 가서 천하 만국과 그 영광을 보여 이르되 만일 내게 엎드려 경배하면 이 모든 것을 주리라. 이에 예수께서 말씀하시되 사탄아 물러가라 기록되었으되 주 너의 하나님께 경배하고 다만 그를 섬기라 하였느니라"마4:8-10.

하나님께서 그분을 사랑하는 자들을 위해 예비하신 천국은 우리가 상상할 수 있는 그 이상으로 아름다운 곳이다. 그리고 우리에게 주어진 이 땅에서의 삶은 영원한 운명을 준비하는 단 한번 뿐인 소중한 기회의 시간이다. 그러나 사탄은 우리가 하나님이 계신 천국에 가지 못하도록 방해하여 하나님보다 썩어 없어질 세상의 부귀영화와 향락을 추구하는 삶을 살게 한다. 또한 술, 마약, 섹스, 음악, 드라마, 영화, 게임 등을 통해 사람들의 영혼을 더럽히고 하나님을 잊어버리도록 이끌고 있다. 그리하여 진정한 소망 되신 예수님께 집중하고 헌신하지 못하도록 미혹한다.

"간음한 여인들아 세상과 벗된 것이 하나님과 원수 됨을 알지 못하느냐 그런즉 누구든지 세상과 벗이 되고자 하는 자는 스스로 하나님과 원수 되는 것이니라"약4:4.

"이 세상이나 세상에 있는 것들을 사랑하지 말라 누구든지 세상을 사랑하면 아버지의 사랑이 그 안에 있지 아니하니 이는 세상에 있는 모든 것이 육신의 정욕과 안목의 정욕과 이생의 자랑이니 다 아버지께로부터 온 것이 아니요 세상으로부터 온 것이라"요일2:16-17.

"향락을 좋아하는 자는 살았으나 죽었느니라"딤전5:6.

"너희는 스스로 조심하라 그렇지 않으면 방탕함과 술취함과 생활의 염려로 마음이 둔하여지고 뜻밖에 그 날이 덫과 같이 너희에게 임하리라"눅21:34. "세상의 염려와 재물의 유혹과 기타 욕심이 들어와 말씀을 막아 결실하지 못하게 되는 자요"막4:19.

사탄은 부정적인 생각과 감정을 심어주어 마음을 둔하게 하여 은혜와 믿음에서 멀어지게 한다. 사탄은 사람들의 마음에 온갖 부정적이고 죄악된 생각을 집어넣어 병들게 한다. 그에 대한 예가 가룟 유다의 마음에 돈에 대한 탐욕을 넣어서 예수님을 팔도록 한 것이다. "마귀가 벌써 시몬의 아들 가룟 유다의 마음에 예수를 팔려는 생각을 넣었더니"요13:2.

마귀는 오늘날에도 사람의 마음속에 염려, 두려움, 음란, 탐욕, 낙심, 절망, 상처, 원망, 분노, 우울증과 자살 충동 등의 생각과 감정을 심어주어 마음을 둔하게 하고 믿음에서 멀어지게 하여 결국은 멸망으로 이끌려 한다. "너희는 스스로 조심하라 그렇지 않으면 방탕함과 술취함과 생활의 염려로 마음이 둔하여지고 뜻밖에 그 날이 덫과 같이 너희에게 임하리라"눅21:34.

"분을 내어도 죄를 짓지 말며 해가 지도록 분을 품지 말고 마귀에게 틈을 주지 말라"엡4:26-27.

사탄은 교회와 가정을 파괴하려 한다

사탄이라는 이름의 의미는 대적자 파괴자라는 뜻이다. 사탄과 그의 부하들은 하나님이 친히 세우신 모든 창조질서를 파괴하길 원한다.

사탄은 주님이 세우신 교회가 말씀 위에 굳건히 서서 하나님의 나라를 이루지 못하도록 방해하고 성도들을 세속화시키고 세상의 타락한 문화를 교회 속에 침투시키려 한다계12:15-17. 그는 교회의 지도자들을 집중적으로 공격하여 목회자가 올바른 진리를 선포하지 못하도록 미혹하고 분주하게 만들고 타락하도록 이끈다. 그리고 교회 안에서 서로 험담하고 싸우도록 하여 교회가 분열되도록 유도한다. 사탄이 하는 일을 성경은 다음과 같이 말한다. "큰 용이 내어쫓기니 옛 뱀 곧 마귀라고도 하고 사탄이라고도 하는 온 천하를 꾀는 자라. 땅으로 내어쫓기니 … 우리 형제들을 참소하던 자 곧 우리 하나님 앞에서 밤낮 참소하던 자"계12:9-10.

또한 사탄은 하나님의 나라를 이루어야 할 가정을 파괴하기 위해 총력을 쏟고 있다. 가정은 하나님의 말씀과 사랑 안에서 하나 되어 작은 천국을 이루어야 한다. 하지만 사탄은 부부간에 그리고 부모와 자식 간에 다툼과 불화를 일으켜 사랑으로 하나 되지 못하고 가정이 깨어지도록 하여 가족 구성원들이 방황하고 타락하도록 이끈다.

"스스로 분쟁하는 나라마다 황폐하여지며 스스로 분쟁하는 집은 무너지느니라"눅11:17.

영적 씨름은 이미 패배한 적에게
우리의 승리를 선포하고 영혼을 구출하는 것이다

영적 씨름

"끝으로 너희가 주 안에서와 그 힘의 능력으로 강건하여지고 마귀의 간계를 능히 대적하기 위하여 하나님의 전신 갑주를 입으라 우리의 씨름은 혈과 육을 상대하는 것이 아니요 통치자들과 권세들과 이 어둠의 세상 주관자들과 하늘에 있는 악의 영들을 상대함이라 그러므로 하나님의 전신 갑주를 취하라 이는 악한 날에 너희가 능히 대적하고 모든 일을 행한 후에 서기 위함이라"엡6:10-13.

성경은 영적인 싸움을 하늘에 있는 악의 영들을 상대하는 씨름이라 말한다. 영적인 전쟁을 씨름이라고 표현한 것에는 중요한 의미가 있다. 사탄은 거짓을 사용하여 하나님과 인간 사이를 갈라놓아 우리가 믿음 안에서 굳게 서지 못하고 넘어지도록 미혹한다. 그러므로 우리는 사탄의 정체와 계략에 대해 정확히 알고 하나님과의 옳은 관계 속에서 믿음을 굳건히 해야 한다. 우리의 씨름은 사탄의 방해 속에서도 근신하고 깨어 우리의 믿음을 굳건히 하고 승리의 자리에 서서 주의 뜻을 이루어야 한다.

마귀(사탄)와의 영적 씨름은 피한다거나 무시한다고 해서 비껴갈 수 있는 것이 아니다. 그러므로 우리는 자신에게 주어진 말씀과 권세와 능력을 가지고 승리하는 법을 배워야만 한다. "근신하라 깨어라 너희 대적 마귀가 우는 사자 같이 두루 다니며 삼킬 자를 찾나니 너희는 믿음을 굳건하게 하여 그를 대적하라 이는 세상에 있는 너희 형제들도 동일한 고난을 당하는 줄을 앎이라"벧전5:8-9.

영적 싸움은 하나님의 나라를 확장하는 정복 전쟁이다

이 씨름은 이미 승리한 지역을 하나 하나 점령하는 것과 같다. 즉 영적인 싸움은 소극적인 방어보다 적극적으로 나의 영적 위치인 권세의 자리에 서서 하나님의 말씀과 성령으로 포로된 자를 자유케 하고 하나님의 나라를 이 땅에 확장하는 정복전쟁이다. 이 일을 상징하는 것이 바로 여호수아와 이스라엘 백성이 가나안 땅을 점령하는 사건이다. 하나님은 이스라엘 백성에게 가나안 땅을 주겠다고 약속하시고 그곳의 사람들을 이스라엘 백성의 손에 붙였다고 말씀하셨다신3:2. 이 약속을 신뢰한 이스라엘 백성들은 여호와의 군대 장관과 함께 그 땅을 점령할 수 있었다. 이것이야말로 그리스도인이 이 세상에서 어떻게 믿음으로 승리하며 하나님의 나라를 펼쳐나갈 수 있는지를 보여주는 좋은 예라 하겠다.

예수 그리스도는 어제나 오늘이나 영원토록 동일하신 분이시다히13:8. 예수님은 하늘과 땅의 모든 권세가 내게 있으니 그러므로 너희는 가서 모든 민족을 제자로 삼으라고 말씀하셨다마28:19-20. 이 말씀의 의미는 적들은 이미 패배하였고 나에게 있는 권세를 너희에게 주노니 너희는 가서 사람들에게 복음을 전하여 어둠의 권세로부터 자유케 하고 하나님의 나라를 확장하라는 뜻이다.

"주의 성령이 내게 임하셨으니 이는 가난한 자에게 복음을 전하게 하시려고 내게 기름을 부으시고 나를 보내사 포로 된 자에게 자유를, 눈 먼 자에게 다시 보게 함을 전파하며 눌린 자를 자유롭게 하고"눅4:18; 사61:1.

영적 전쟁에서 승리하는 방법

우리의 싸움은 믿음의 싸움이다. 사탄은 하나님과 우리 사이를 갈라놓으려 한다. 영적 전쟁에 있어서 사탄의 전략은 거짓을 믿게 하여 하나님과 우리 사이를 갈라놓는 것이다. 그리하여 세상의 성공, 탐심, 우상숭배, 거짓, 의심, 술취함, 방탕, 음란, 중독 등을 사용하여 하나님과 멀어지게 하고 죄를 짓게 한다. 그러므로 이 전쟁은 하나님과 진리에 대한 우리의 믿음과 사랑(순종)을 지키는 믿음의 싸움이다. 예수님께서 이미 승리하셨기에 우리에게 믿음의 선한 싸움을 싸우라고 성경은 권면하고 있다. "믿음의 선한 싸움을 싸우라 영생을 취하라 이를 위하여 네가 부르심을 받았고 많은 증인 앞에서 선한 증언을 하였도다"딤전6:12.

우리는 원수를 이기신 예수님과 연합하고 그분의 약속의 말씀을 굳게 믿고 믿음으로 살아야 한다. 그리고 사랑 안에서 순종하는 것이다요14:15. 원수는 이미 패배하였고 믿는 우리는 사탄을 이긴 자들이다. "무릇 하나님께로부터 난 자마다 세상을 이기느니라 세상을 이기는 승리는 이것이니 우리의 믿음이니라"요일5:4; 눅10:19.

"끝으로 너희가 주 안에서와 그 힘의 능력으로 강건하여지고 마귀의 간계를 능히 대적하기 위하여 하나님의 전신 갑주를 입으라 우리의 씨름은 혈과 육을 상대하는 것이 아니요 통치자들과 권세들과 이 어둠의 세상 주관자들과 하늘에 있는 악의 영들을 상대함이라"엡6:10-12.

그러면 영적 전쟁에서 승리하는 방법은 무엇인지 구체적으로 알아보자.

"믿는 자들에게는 이런 표적이 따르리니 곧 그들이 내 이름으로 귀신을 쫓아내며"

예수 그리스도 안에 있어야 한다

모든 인류는 죄를 지어 사탄의 종이 되었다. 따라서 영적 전쟁의 가장 중요한 것은 예수님을 내 생명의 주인으로 믿어 죄 사함 받고 사탄의 지배에서 벗어나 예수님 안으로 들어오는 것이다. 내 마음 내 뜻대로 사는 삶에서 돌이켜 예수님을 나의 주인으로 믿고 영접하여 마음 중심에 주님이 계셔야 한다엡3:16-17. 즉 내 마음과 내 삶의 주인을 바꾸는 것이다. 그러면 그가 우리를 흑암의 권세에서 건져내어 하나님의 나라로 옮기신다골1:13; 행26:18. "너희가 주 안에서와 그 힘의 능력으로 강건하여지고"엡6:10.

하나님의 말씀으로 생각과 마음을 지키고 진리를 말해야 한다

사탄은 육신의 생각과 부정적인 말을 틈타서 공격해 온다롬8:6. 우리는 진리의 말씀과 일치하지 않는 모든 부정적이고 불신앙적인 생각과 말을 거부해야 한다. 그리고 진리로 우리 생각과 마음을 지켜 생명이 되고 사람을 살리는 하나님의 말씀을 따라 믿음의 말을 말해야 한다. 그러기 위해서 우선 하나님의 말씀을 읽고 고백하여 영적인 분별력을 키우고 믿음을 굳건하게 해야 한다. 이럴 때 모든 거짓과 유혹으로부터 자신을 지킬 수 있다.

"모든 지킬 만한 것 중에 더욱 네 마음을 지키라 생명의 근원이 이에서 남이니라 구부러진 말을 네 입에서 버리며 비뚤어진 말을 네 입술에서 멀리 하라"잠4:23-24.

"그러므로 하나님의 전신 갑주를 취하라 이는 악한 날에 너희가 능히 대적하고 모든 일을 행한 후에 서기 위함이라. 그런즉 서서 진리로 너희 허리 띠를 띠고 의의 호심경을 붙이고 평안의 복음이 준비한 것으로 신을 신고 모든 것 위에 믿음의 방패를 가지고 이로써 능히 악한 자의 모든 불화살을 소멸하고 구원의 투구와 성령의 검 곧 하나님의 말씀을 가지라"엡6:13-17.

하나님의 말씀은 모든 사탄의 시험에서 자신의 생각과 마음을 지키는 믿음의 방패가 되고 또한 우리의 입으로 선포하는 하나님의 말씀은 '성령의 검'이 되어 사탄의 거짓을 분쇄하는 무기가 된다히4:12. 예수님께서도 사탄을 대적할 때 기록된 말씀을 인용하여 사탄을 이기셨다.

"마귀가 또 그를 데리고 지극히 높은 산으로 가서 천하 만국과 그 영광을 보여 이르되 만일 내게 엎드려 경배하면 이 모든 것을 네게 주리라. 이에 예수께서 말씀하시되 사탄아 물러가라 기록되었으되 주 너의 하나님께 경배하고 다만 그를 섬기라 하였느니라"마4:8-10; 신6:13.

"우리 형제들이 어린 양의 피와 자기들이 증언하는 말씀으로써 그를 이겼으니 그들은 죽기까지 자기들의 생명을 아끼지 아니하였도다"계12:11.

우리는 사탄을 이기는 것에 끝나지 않고 진리 안에서 상황을 변화시키고 사람을 살릴 수 있는 믿음이 충만한 창조적인 말을 함으로 하나님의 창조적 능력이 나타나게 해야 한다. "죽고 사는 것이 혀의 힘에 달렸나니 혀를 쓰기 좋아하는 자는 혀의 열매를 먹으리라"잠18:21; 사57:19.

"내가 진실로 너희에게 이르노니 누구든지 이 산더러 들리어 바다에 던져지라 하며 그 말하는 것이 이루어질 줄 믿고 마음에 의심하지 아니하면 그대로 되리라"막11:23.

말에나 일에나 다 주 예수의 이름으로 한다

"무엇을 하든지 말에나 일에나 다 주 예수의 이름으로 하고 그를 힘입어 하나님 아버지께 감사하라"골3:17. 왜 예수의 이름으로 해야 하는가? 그 이유는 하나님의 구원과 능력이 예수 이름 안에 있기 때문이다. 그리고 우리는 예수님의 몸의 지체로 부름 받았기 때문이다. 예수 그리스도의 능력은 예수님의 이름을 통해 역사한다. 그러므로 예수님의 이름을 적극적으로 사용해야 한다. 우리는 믿음 충만한 가운데 예수의 이름으로 진리를 선포하고 또한 귀신을 대적하며 쫓으면 귀신은 도망갈 수 밖에 없다. "믿는 자들에게는 이런 표적이 따르리니 곧 그들이 내 이름으로 귀신을 쫓아내며"막16:17. 그러므로 우리의 삶의 영역에서 귀신들이 공격해 올 때 담대하게 예수님의 이름으로 귀신을 대적하며 쫓아내야 한다. '내가 예수님의 이름으로 명령한다. 귀신아 내 삶에서 떠나가라!'

기도와 성령의 능력으로 속사람을 강건하게 한다

"그의 성령으로 말미암아 너희 속사람을 능력으로 강건하게 하시오며 믿음으로 말미암아 그리스도께서 너희 마음에 계시게 하시옵고"엡3:16-17.

"끝으로 너희가 주 안에서와 그 힘의 능력으로 강건하여지고 … 모든 기도와 간구를 하되 항상 성령 안에서 기도하고"엡6:10,18.

효과적인 기도는 자신을 영적으로 세워주고 사탄의 공격을 무력화시킨다. 또한 성령 충만할 때 귀신을 쉽게 물리칠 수 있다. 예수님께서는 "내가 하나님의 성령을 힘입어 귀신을 쫓아내는 것이면 하나님의 나라가 이미 너희에게 임하였느니라"고 말씀하셨다마12:28.

우리가 성령 안에서 기도할 때 우리의 영은 하나님의 능력으로 강건케 되고 하나님은 그의 천사를 보내 주거나 돕는 사람을 보내주신다고전14:4; 행10장. 또한 성령의 인도하심과 성령의 은사가 나타날 때 귀신의 정체가 드러나고 쉽게 제압할 수 있다. 그러므로 모든 영역에서 하나님의 도움을 받기 위해 기도는 필수적이다빌4:6-7.

이 세상이나 세상에 있는 것들보다 하나님을 더 사랑하고 그분의 말씀에 순종한다. 세상과 사탄을 이기려면 우리는 세상의 것에 마음을 빼앗기지 않아야 한다. 왜냐하면 사탄은 썩어 없어질 세상의 것들에 눈을 돌리게 함으로 우리의 마음이 하나님과 믿음에서 멀어지게 하고 죄를 짓도록 하며 하나님이 주신 영원한 생명과 천국을 잃어버리도록 우리를 미혹하고 있기 때문이다. 이때 우리가 승리하려면 세상의 것보다 하나님을 더 깊이 사랑하고 그분께 마음을 집중해야 한다. 우리의 진정한 사랑의 대상은 하나님이시며 물질은 다만 그분이 주시는 축복의 한 부분이다.

"예수께서 이르시되 네 마음을 다하고 목숨을 다하고 뜻을 다하여 주 너의 하나님을 사랑하라 하셨으니 이것이 크고 첫째 되는 계명이요"마22:37-38.

"이 세상이나 세상에 있는 것들을 사랑하지 말라. 누구든지 세상을 사랑하면 아버지의 사랑이 그 안에 있지 아니하니 이는 세상에 있는 모든 것이 육신의 정욕과 안목의 정욕과 이생의 자랑이니 다 아버지께로부터 온 것이 아니요 세상으로부터 온 것이라. 이 세상도 그 정욕도 지나가되 오직 하나님의 뜻을 행하는 자는 영원히 거하느니라"요일2:15-17

"간음한 여인들아 세상과 벗된 것이 하나님과 원수 됨을 알지 못하느냐? 그런즉 누구든지 세상과 벗이 되고자 하는 자는 스스로 하나님과 원수 되는 것이니라"약4:4.

"너희는 스스로 조심하라 그렇지 않으면 방탕함과 술취함과 생활의 염려로 마음이 둔하여지고 뜻밖에 그 날이 덫과 같이 너희에게 임하리라"눅21:34. "너희가 나를 사랑하면 나의 계명을 지키리라"요14:15.

"하나님을 가까이하라 그리하면 너희를 가까이하시리라"약4:8.

"하나님께 가까이 함이 내게 복이라"시73:28.

또한 영적 전쟁에서의 승패는 지휘관과 군사들이 얼마나 하나 되어 지휘관의 명령에 따라 움직이느냐에 결정된다. 즉 영적 전투에서 중요한 것은 마귀와의 싸움이라기보다 우리 자신이 하나님께 얼마나 순복 하는지에 대한 믿음과 순종의 싸움이다. 또한 우리가 불순종의 죄를 지으면 마귀에게 틈을 주게 되어 우리를 공격할 수 있는 빌미를 주는 것이 된다. 그러므로 우리가 하나님께 복종할 때 마귀는 우리에 대한 힘을 잃는다.

"그런즉 너희는 하나님께 복종할지어다. 마귀를 대적하라. 그리하면 너희를 피하리라"약4:7.

"모든 생각을 사로잡아 그리스도에게 복종하게 하니 너희의 복종이 온전하게 될 때에 모든 복종하지 않는 것을 벌하려고 준비하는 중에 있노라"고후10:5-6. "믿음의 주요 또 온전하게 하시는 이인 예수를 바라보자"히12:2-4.

교만하지 않고 겸손한 마음을 갖는다

영적 전쟁에서 중요한 것은 교만하지 않고 항상 겸손한 마음을 갖는 것이다. 교만은 마귀의 속성이다. 마귀는 하나님을 섬기는 천사장이었으나 교만하여져서 하나님의 자리를 넘보며 반역함으로 천국에서 쫓겨났다. 하나님은 교만한 자를 대적하신다. 그리고 교만한 자는 마귀를 이길 수 없다. 그러나 우리가 항상 하나님 앞에서 겸손하고 정직한 심령, 그리고 회개하는 심령을 가질 때 하나님의 은혜를 풍성히 받고 마귀를 이길 수 있다.

"그러나 더욱 큰 은혜를 주시나니 그러므로 일렀으되 하나님이 교만한 자를 물리치시고 겸손한 자에게 은혜를 주신다 하였느니라 그런즉 너희는 하나님께 복종할지어다 마귀를 대적하라 그리하면 너희를 피하리라"약4:6-7.

"교만은 패망의 선봉이요 거만한 마음은 넘어짐의 앞잡이니라"잠16:18.

회개와 예수님의 보혈을 힘입어 항상 자신을 정결케 한다

사탄은 우리가 죄를 지었을 때 그 죄로 말미암아 하나님께서 우리를 버리실 것이라는 거짓말로 미혹하여 낙담하게 한다. 그러므로 혹시 죄를 범했을 때는 잘못된 생각과 말과 행동을 살펴 죄를 자백하고 예수님의 피로 자신을 정결하게 해야 한다. 그리고 주를 경외함으로 더 이상 죄를 짓지 않도록 결단하고 돌이켜 마귀에게 틈을 주지 말아야 한다.

"만일 우리가 우리 죄를 자백하면 그는 미쁘시고 의로우사 우리 죄를 사하시며 우리를 모든 불의에서 깨끗하게 하실 것이요"요일1:9.

"우리 형제들이 어린 양의 피와 자기들이 증언하는 말씀으로써 그를 이겼으니"계12:9-11; 고전11:31-32.

"사랑하는 자들아 이 약속을 가진 우리는 하나님을 두려워하는 가운데서 거룩함을 온전히 이루어 육과 영의 온갖 더러운 것에서 자신을 깨끗하게 하자"고후7:1.

원망이나 불평하지 말고 모든 상황에서 감사와 찬양을 드린다

원망이나 불평은 사람들을 파멸로 이끈다. 또한 부정적이고 불신앙의 말은 사탄이 우리의 삶에 개입하고 무너뜨릴 수 있는 틈을 준다."분을 내어도 죄를 짓지 말며 해가 지도록 분을 품지 말고 마귀로 틈을 타지 못하게 하라"엡4:26-27. 우리가 부정적이고 믿음 없는 말을 할 때 하나님의 보호하심과 도우심에서 벗어나는 결과를 가져온다. 성경은 출애굽 한 이스라엘 백성들이 광야에서 원망함으로 하나님께 죄를 범하였을 때 그들이 겪었던 일을 소개하고 있다. "백성이 모세에게 이르러 말하되 우리가 여호와와 당신을 향하여 원망함으로 범죄하였사오니 여호와께 기도하여 이 뱀들을 우리에게서 떠나게 하소서 모세가 백성을 위하여 기도하매 여호와께서 모세에게 이르시되 불뱀을 만들어 장대 위에 매달아라 물린 자마다 그것을 보면 살리라. 모세가 놋뱀을 만들어 장대 위에 다니 뱀에게 물린 자가 놋뱀을 쳐다본즉 모두 살더라"민21:7-9.

이스라엘 백성들은 하나님께서 노예의 삶에서 구원하셔서 가나안 땅으로 이끌고 계신 그 사랑에 감사하기 보다는 현실의 어려움에 집중했다. 그리하여 그들은 불뱀에게 물리게 되었다. 그때 하나님께서는 장대 위에 달린 놋뱀을 보게 하여 그들을 구원하셨다.

이 사건은 우리가 어떤 상황 속에서도 불평하고 원망하기보다는 예수 그리스도를 바라보고 믿음으로 살아야 함을 보여 주신 것이다. 하지만 마귀는 사람들이 하나님을 믿고 감사하는 대신 하나님과 서로를 원망하도록 부정적인 생각을 심어주려 한다. 그리하여 복의 근원 되시는 하나님을 신뢰하지 못하게 하여 결국은 파멸로 이끌려 한다. 성경에 이와 같은 사건이 또 나온다. 사탄은 욥이 고난을 겪으면 하나님을 욕할 것이라고 장담했다.

"사탄이 여호와께 대답하여 이르되 … 이제 주의 손을 펴서 그의 뼈와 살을 치소서 그리하시면 틀림없이 주를 향하여 욕하지 않겠나이까"욥2:4-5.

그러나 욥은 끝까지 하나님을 원망하지 않았다. "욥이 이르되 내가 모태에서 알몸으로 나왔사온즉 또한 알몸이 그리로 돌아가올지라 … 여호와의 이름이 찬송을 받으실지니이다 하고 이 모든 일에 욥이 범죄하지 아니하고 하나님을 향하여 원망하지 아니하니라"욥1:21-22.

사탄은 욥에게 고난을 주어 하나님을 원망하도록 하였으나 욥은 감사와 찬양으로 모든 시험을 이겨냈으며 하나님으로부터 갑절의 축복을 받았다.

원망과 불평은 파멸을 가져온다. 그러나 감사와 찬양은 사탄을 패배케 한다. 우리가 하나님께 감사와 찬양을 할 때 하나님께서 영광을 받으시고 친히 원수를 무찌르신다.

성경에는 우리에게 교훈이 되는 감동적인 한 사건을 소개한다. 이방 민족이 예루살렘 성에 쳐들어올 때 유다 백성들은 하나님을 향해 믿음으로 감사와 찬양을 드렸으며 하나님의 초자연적인 도우심을 경험하였다.

"백성과 더불어 의논하고 노래하는 자들을 택하여 거룩한 예복을 입히고 군대 앞에서 행진하며 여호와를 찬송하여 이르기를 여호와께 감사하세 그의 인자하심이 영원하도다 하게 하였더니 그 노래와 찬송이 시작될 때에 여호와께서 복병을 두어 유다를 치러 온 암몬 자손과 모압과 세일 산 주민들을 치게 하시므로 그들이 패하였으니"대하20:21-22.

또 다른 예로 바울과 실라는 복음을 전하다 얻어맞고 감옥에 갇혔으나 한밤중 하나님께 기도와 찬양을 드렸을 때 하나님의 구원을 체험하였다.

step 8 영적 씨름

"밤중쯤 되어 바울과 실라가 기도하고 하나님을 찬미하매 죄수들이 듣더라. 이에 홀연히 큰 지진이 나서 옥터가 움직이고 문이 곧 다 열리며 모든 사람의 매인 것이 다 벗어진지라"행16:25-26.

우리는 구원받은 자로서 그리고 우리를 사랑하시고 도우시는 주님을 신뢰함으로 모든 상황 속에서 믿음으로 하나님께 감사를 드려야 한다. 이럴 때 우리는 마귀를 이기고 하나님의 도우심을 경험할 수 있다. "범사에 감사하라 이것이 그리스도 예수 안에서 너희를 향하신 하나님의 뜻이니라"살전5:18.

영적 전쟁의 대상은 악의 영들이기에 사람들 간에는 화목해야 한다

"우리의 씨름은 혈과 육을 상대하는 것이 아니요 통치자들과 권세들과 이 어둠의 세상 주관자들과 하늘에 있는 악의 영들을 상대함이라"엡6:12.

영적 전쟁은 사람들과 싸우는 것이 아님을 명심해야 한다. 우리는 사람들을 포로로 잡고 그들에게 영향을 주는 악의 영들을 대적하는 것이다. 그러므로 주의해야 할 것은 사람과의 싸움을 피하는 것이다. 우리가 예수님과 연합하고 서로가 사랑 안에서 연합할 때 사탄이 개개인의 삶과 공동체 안에 들어오는 틈을 막게 된다. 사랑과 연합이 있는 곳에는 하나님이 함께 거하심으로 사탄은 견디지 못하고 도망가 된다. "형제들아 내가 우리 주 예수 그리스도의 이름으로 너희를 권하노니 모두가 같은 말을 하고 너희 가운데 분쟁이 없이 같은 마음과 같은 뜻으로 온전히 합하라"고전1:10.

우리는 서로의 차이와 허물을 용납하고 용서해야만 한다. 교회는 끊임없이 이해하고 참고 용서를 통해 하나됨을 이루어야 한다. "어느 때나 하나님을 본 사람이 없으되 만일 우리가 서로 사랑하면 하나님이 우리 안에 거하시고 그의 사랑이 우리 안에 온전히 이루어지느니라"요일4:12.

"누가 누구에게 불만이 있거든 서로 용납하여 피차 용서하되 주께서 너희를 용서하신 것 같이 너희도 그리하고 이 모든 것 위에 사랑을 더하라 이는 온전하게 매는 띠니라"골3:13-14.

영적 전쟁의 또 다른 측면

우리의 목적은 마귀와의 싸움이 아니라 하나님의 나라를 세우는 것이다

하나님은 구약성경의 느헤미야서를 통해 영적 전쟁이 무엇인가를 보여주고 있다. 느헤미야는 무너진 예루살렘의 성벽을 재건하는 일을 시작하였다. 그때 그의 대적들은 성벽 재건을 반대하며 위협해 왔다. 그러나 이스라엘 백성들은 한 손에는 무기를 다른 한 손에는 공구를 들고 계속 공사를 진행하였다. "성을 건축하는 자와 짐을 나르는 자는 다 각각 한 손으로 일을 하며 한 손에는 병기를 잡았는데 건축하는 자는 각각 허리에 칼을 차고 건축하며 나팔 부는 자는 내 곁에 섰었느니라"느4:17-18.

이스라엘 백성들의 목적은 전쟁이 아니라 예루살렘의 성벽을 재건하여 하나님의 나라를 세우는데 있었다. 이 원리와 목적은 오늘날 우리에게도 동일하게 적용되고 있다. 우리의 목적은 사탄에게 속고 있는 사람들에게 구원의 기쁜 소식을 전파하여 그들을 자유케 하고 하나님의 나라(몸된 성도)를 세우는 것이지 사탄과의 싸움이 아니다. 그러나 우리가 잊지 말아야 할 것은 우리의 대적 마귀는 우리가 하나님을 예배하고 섬기는 것과 하나님의 나라를 확장하는 것을 방해하고자 한다는 것이다.

그러므로 영적으로 무장된 군사만이 참된 예배자가 될 수 있고 하나님의 나라를 확장하는 건축가가 될 수 있다. "너희가 주 안에서와 그 힘의 능력으로 강건하여지고 마귀의 간계를 능히 대적하기 위하여 하나님의 전신 갑주를 입으라. 우리의 씨름은 혈과 육을 상대하는 것이 아니요 통치자들과 권세들과 이 어둠의 세상 주관자들과 하늘에 있는 악의 영들을 상대함이라. 그러므로 하나님의 전신 갑주를 취하라 이는 악한 날에 너희가 능히 대적하고 모든 일을 행한 후에 서기 위함이라"엡6:10-13.

"이기는 그에게는 내가 내 보좌에 함께 앉게 하여 주기를 내가 이기고 아버지 보좌에 함께 앉은 것과 같이 하리라"계3:21.

영적 전쟁을 통하여 더 높은 수준으로 올라가야 한다.

이 세상에 왜 영적 전쟁이 있는 것인가?

하나님께서 우리의 삶 속에 사탄의 시험을 허락하시는 이유는 무엇일까? 아마도 하나님의 자녀이며 상속자로서의 권세에 대한 책임을 가르치고, 그 시험을 통해 하나님의 선하심과 사탄의 사악함을 깨닫게 하려는 의도가 있으실 것이다. 또한 영적 전쟁을 통해 우리의 영적인 분별력과 인격과 능력이 주님을 닮도록 하여 모든 시험을 이긴 예수님의 신부로서 장차 하나님 나라를 상속받게 하시려는 것이다 롬8:17; 벧전4장.

"여호와께서 온갖 것을 그 쓰임에 적당하게 지으셨나니 악인도 악한 날에 적당하게 하셨느니라" 잠16:4.

"많은 사람이 연단을 받아 스스로 정결하게 하며 희게 할 것이나 악한 사람은 악을 행하리니 악한 자는 아무것도 깨닫지 못하되 오직 지혜 있는 자는 깨달으리라" 단12:10.

하늘에 있는 악의 영들과의 영적 씨름

영적 씨름은 우리 모두가 직면하는 현실이다.
우리의 대적 마귀는 우리가 영생을 얻고 천국에 가는 것을
방해하고 있다. 그러므로 우리는 믿음으로 무장하여
영혼을 구원하며 눌린 자를 자유케 하고
하나님의 나라를 확장하는
그리스도의 좋은 군사가 되어야 한다.

1 이번 공부를 통해 깨달은 것을 나눠 보자

영적 전쟁은 왜 일어나는가?

_____

사탄과 그의 부하들의 무기와 전략은 무엇인가?

_____

영적 전쟁에서 승리하는 방법은 무엇인가?

_____

※나누기에 대한 해답은 교재 맨 뒤 240 쪽에 있습니다.

2 믿음을 말하는 것이 믿음을 효과 있게 한다

"우리가 같은 믿음의 마음을 가졌으니 우리도 믿었으므로 또한 말하노라"고후4:13.

영적 전쟁

사탄은 이미 패배한 적이며 나는 권세와 능력을 가지고 있습니다.

나는 믿음을 굳건히 하여 삶 속에서 마귀를 대적하고 하나님의 나라를 확장합니다.

나는 하나님의 말씀으로 생각과 마음을 지키고 믿음으로 진리를 말합니다.

나는 말에나 일에나 다 예수의 이름으로 하고 항상 기도하고 성령 충만합니다.

나는 세상을 사랑하지 않고 하나님을 사랑하며 하나님의 말씀에 순종합니다.

나는 회개와 예수님의 보혈로 항상 나를 정결케 합니다.

나는 원망이나 불평을 하지 않고 모든 상황에 감사와 찬양을 드리며 승리합니다.

나는 사람들과 화목하고 사랑으로 교제합니다.

3
하나님 아버지!
제가 영적으로 무장하여 굳게 서고 잃어버린 영혼을 구원하며
하나님의 나라를 확장하는 좋은 군사가 되게 하옵소서.
예수님의 이름으로 기도드립니다. 아멘.

4 **암송해야 할 중요한 성경 말씀**

"근신하라 깨어라 너희 대적 마귀가 우는 사자 같이 두루 다니며 삼킬 자를 찾나니 너희는 믿음을 굳건하게 하여 그를 대적하라" 베드로전서5:8.

"이 세상이나 세상에 있는 것들을 사랑하지 말라 누구든지 세상을 사랑하면 아버지의 사랑이 그 안에 있지 아니하니 이는 세상에 있는 모든 것이 육신의 정욕과 안목의 정욕과 이생의 자랑이니 다 아버지께로부터 온 것이 아니요 세상으로부터 온 것이라" 요한일서2:15-16.

"하나님의 전신 갑주를 취하라 이는 악한 날에 너희가 능히 대적하고 모든 일을 행한 후에 서기 위함이라" 에베소서6:13.

"하나님이 교만한 자를 물리치시고 겸손한 자에게 은혜를 주신다 하였느니라 그런즉 너희는 하나님께 복종할지어다 마귀를 대적하라 그리하면 너희를 피하리라" 야고보서4:6-7.

5 **다음 단계로 올라가는 말**

우리에게는 천국 백성으로서 이 땅에서 요구되는 삶의 자세가 있다. 그것은 하나님과 이웃을 존중하는 삶이다. 존중하는 삶은 새로운 피조물의 삶의 태도이다.

6 **다음 단계를 위해 읽어올 성경말씀**

사무엘상1-2장. 마태복음6-7장.

당신은 존중하는 삶을 살고 있는가?

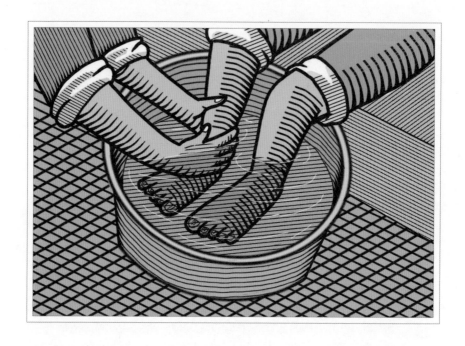

"남에게 대접을 받고자 하는 대로 너희도 남을 대접하라"
– 마7:12 –

당신의 겸손한 정도와
당신이 하나님과 사람을 존중하는 태도가
당신의 영적인 성숙도를 나타낸다.

새로운 피조물의 삶의 방식

존중하는 삶

"나 여호와가 말하노니 … 나를 존중히 여기는 자를
내가 존중히 여기고 나를 멸시하는 자를 내가 경멸하리라" – 삼상2:30 –

모든 그리스도인은
존중하는 삶을 살도록 부름 받았다

영적인 성장은 집을 짓는 것에 비유할 수 있다

우리는 지금까지 지극히 거룩한 믿음 위에 자신의 영혼의 집을 건축해
왔다. 이번 스텝(Step)에서 다루는 주제는 우리가 짓는 집의 외관을 마무
리하는 것과 같다. 훌륭한 건축물은 그 내부의 아름다움이 외관에서도 드
러나듯이 우리의 거듭난 내면의 상태는 하나님과 이웃들에 대한 우리 마
음의 태도를 통해 밖으로 드러나게 된다. 새로운 피조물의 영적인 성숙은
하나님과 사람을 존중하는 삶으로 드러난다.

그리스도인은 존중하는 삶을 살도록 부름 받았다. 우리는 하나님을
존중하고 그분의 형상대로 지음 받은 사람들을 존중해야 한다

존중이란 '귀중하게 대하다'라는 뜻이다. 우리는 모두 존중받고 싶어 한
다. 그렇다면 우리 또한 하나님과 이웃을 존중히 여겨야 한다. 예수님은 이
것을 우리가 모두 지켜야 할 황금률이라고 하셨다.

"남에게 대접을 받고자 하는 대로 너희도 남을 대접하라 이것이 율법이요 선지자(의 가르침의 골자)니라"마7:12.

하나님을 존중하며 그분의 형상대로 지음 받은 사람을 존중하는 것은 그리스도인이 갖춰야 할 삶의 자세이다. 이러한 존중하는 삶의 근원은 하나님을 경외함에서 비롯된다. 예수님께서는 우리 주위에 어떤 연약한 사람도 업신여기지 말라고 하심으로 존중하는 삶의 중요성을 가르쳐 주셨다.

"삼가 이 작은 자 중의 하나도 업신여기지 말라 너희에게 말하노니 그들의 천사들이 하늘에서 하늘에 계신 내 아버지의 얼굴을 항상 뵈옵느니라"마18:10.

"내가 진실로 너희에게 이르노니 너희가 여기 내 형제 중에 지극히 작은 자 하나에게 한 것이 곧 내게 한 것이니라"마25:40.

존중하는 삶은 상황과 관계없이 하나님의 나라에 속한 거듭난 하나님의 자녀들이 따라야 할 삶의 자세이다. 예수님께서는 우리가 죄인 되었을 때 우리를 존중히 여겨 구원하시기 위해 하늘 보좌를 떠나 겸손히 이 땅에 오셨다. 우리 주 예수께서는 겸손의 왕이시며 사랑의 왕이시다. 따라서 그리스도의 생명을 가진 제자된 우리도 겸손으로 옷 입고 하나님과 이웃을 사랑하고 존중히 여기며 그분을 닮아가야 한다.

"하나님이 미리 아신 자들을 또한 그 아들의 형상을 본받게 하기 위하여 미리 정하셨으니 이는 그로 많은 형제 중에서 맏아들이 되게 하려 하심이니라"롬8:29.

"사랑하는 자들아 하나님이 이같이 우리를 사랑(존중)하셨은즉 우리도 서로 사랑(존중)하는 것이 마땅하도다"요일4:11.

"사랑은 오래 참고, 친절합니다. 사랑은 시기하지 않으며, 뽐내지 않으며, 교만하지 않습니다. 사랑은 무례하지 않으며, 자기의 이익을 구하지 않으며, 성을 내지 않으며, 원한을 품지 않습니다. 사랑은 불의를 기뻐하지 않으며, 진리와 함께 기뻐합니다"고전13:4-5 새번역.

겸손과 존중하는 삶을 살 때 하나님께서는 때가 되면 반드시 높여주신다. 존중하는 삶을 사는 자는 하나님과 사람들 앞에서 자신을 낮출 수 있는 겸손한 사람이다. 우리가 하나님과 사람을 존중히 여기며 자신을 낮출 때 하나님께서는 때가 되면 그 사람을 반드시 높이신다. 하나님과 이웃을 존중히 여기는 겸손한 마음과 태도는 우리가 얼마나 올라갈 수 있는지를 결정한다. "무릇 자기를 높이는 자는 낮아지고 자기를 낮추는 자는 높아지리라"눅14:11; 마18:4. "하나님의 능하신 손 아래에서 겸손하라. 때가 되면 너희를 높이시리라"벧전5:6; 약4:6.

"너희 안에 이 마음을 품으라 곧 그리스도 예수의 마음이니 그는 근본 하나님의 본체시나 하나님과 동등됨을 취할 것으로 여기지 아니하시고 오히려 자기를 비워 종의 형체를 가지사 사람들과 같이 되셨고 사람의 모양으로 나타나사 자기를 낮추시고 죽기까지 복종하셨으니 곧 십자가에 죽으심이라. 이러므로 하나님이 그를 지극히 높여 모든 이름 위에 뛰어난 이름을 주사"빌2:5-9.

예수님께서는 친히 겸손과 사랑과 순종의 본을 보이셨다. 이처럼 겸손하면 높임을 받지만 교만하면 패망하게 된다.

"교만은 패망의 선봉이요 거만한 마음은 넘어짐의 앞잡이니라"잠16:18.

존중하지 않는 삶은 하나님의 축복의 걸림돌이 된다

우리는 상황과 관계없이 존중하는 삶을 살도록 부름 받았다. 그러나 존중해야 할 대상을 존중하지 않는 것은 하나님의 축복의 걸림돌이 된다.

첫째, 하나님을 존중하지 않을 때 우리는 온전한 축복을 받을 수 없다

"나를 존중히 여기는 자를 내가 존중히 여기고 나를 멸시하는 자를 내가 경멸하리라"삼상2:30. 특히 성령님을 존중하지 않을 때 치명적이다. 사람들이 성령님께서 하시는 일을 귀신의 역사라고 단정하거나 성령님이 주신 말씀이나 예언, 환상, 꿈 등을 무시할 때 걸림돌이 된다.

"성령을 소멸하지 말며 예언을 멸시하지 말고"살전5:19-20; 엡4:30.

예수님께서 귀신 들려 눈 멀고 말 못하는 사람을 하나님의 성령을 힘입어 고쳐주셨을 때 바리새인들은 귀신의 능력으로 귀신을 쫓았다고 비난하였다. 그때 예수님께서는 이렇게 말씀하셨다. "내가 너희에게 이르노니 사람에 대한 모든 죄와 모독은 사하심을 얻되 성령을 모독하는 것은 사하심을 얻지 못하겠고 또 누구든지 말로 인자를 거역하면 사하심을 얻되 누구든지 말로 성령을 거역하면 이 세상과 오는 세상에서도 사하심을 얻지 못하리라"마12:31-32. 그러므로 평소에 성령님을 모독하거나 거역하지 않도록 각별히 주의를 기울여야 한다.

둘째, 하나님이 세우신 지도자를 존중하지 않을 때 형통하지 못한다

"모세가 구스 여자를 취하였더니 그 구스 여자를 취하였으므로 미리암과 아론이 모세를 비방하니라. 그들이 이르되 여호와께서 모세와만 말씀하셨느냐 우리와도 말씀하지 아니하셨느냐? 하매 여호와께서 이 말을 들으셨더라 … 여호와께서 구름 기둥 가운데로부터 강림하사 장막 문에 서시고 아론과 미리암을 부르시는지라 … 너희가 어찌하여 내 종 모세 비방하기를 두려워하지 아니하느냐? 여호와께서 그들을 향하여 진노하시고 떠나시매 구름이 장막 위에서 떠나갔고 미리암은 나병에 걸려 눈과 같더라 아론이 미리암을 본즉 나병에 걸렸는지라"민12:1-10.

하나님이 세우신 영적 지도자를 존중하지 않는 것은 그들을 세우신 주님을 존중하지 않는 결과가 된다. 때로는 영적 지도자들에게도 허물이 보일 때가 있다. 그러한 때에도 하나님이 세우신 지도자를 존중하는 것이 하나님의 뜻이다. "오늘 여호와께서 굴에서 왕을 내 손에 넘기신 것을 왕이 아셨을 것이니이다 어떤 사람이 나를 권하여 왕을 죽이라 하였으나 내가 왕을 아껴 말하기를 나는 내 손을 들어 내 주를 해하지 아니하리니 그는 여호와의 기름 부음을 받은 자이기 때문이라 하였나이다"삼상24:10.

"너희는 너희 하나님 여호와를 신뢰하라 그리하면 견고히 서리라. 그의 선지자들을 신뢰하라 그리하면 형통하리라"대하20:20.

우리는 하나님의 말씀에 위배되지 않는 한 세상의 권세들에게도 복종해야 한다. "각 사람은 위에 있는 권세들에게 복종하라 권세는 하나님으로부터 나지 않음이 없나니 모든 권세는 다 하나님께서 정하신 바라 그러므로 권세를 거스르는 자는 하나님의 명을 거스름이니 거스르는 자들은 심판을 자취하리라"롬13:1-2.

셋째, 부모나 배우자를 존중하지 않을 때도 마찬가지다

"네 아버지와 어머니를 공경하라 이것은 약속이 있는 첫 계명이니 이로써 네가 잘되고 땅에서 장수하리라"엡6:2-3.

"남편들아 이와 같이 지식을 따라 너희 아내와 동거하고 그를 더 연약한 그릇이요 또 생명의 은혜를 함께 이어받을 자로 알아 귀히(존중히) 여기라. 이는 너희 기도가 막히지 아니하게 하려 함이라"벧전3:7.

존중하는 삶에 실패하면 하나님의 이름을 욕되게 하며 전도의 문이 막힌다. 믿는 자들이 존중하는 삶을 살지 않을 때 그것은 개인적인 일로 끝나는 것이 아니라 그로 인해 불신자들이 하나님을 믿지 않고 받아들이지 않게 한다. 또한 어둠의 영들은 그 틈을 타서 우리를 비방거리로 만들고 하나님의 이름과 예수님의 몸된 교회를 욕되게 한다. "무릇 멍에 아래에 있는 종들은 자기 상전들을 범사에 마땅히 공경할 자로 알지니 이는 하나님의 이름과 교훈으로 비방을 받지 않게 하려 함이라"딤전6:1; 딛2:9-10; 롬2:24.

"너희가 이방인 중에서 행실을 선하게 가져 너희를 악행한다고 비방하는 자들로 하여금 너희 선한 일을 보고 오시는 날에 하나님께 영광을 돌리게 하려 함이라"벧전2:12.

우리가 존중해야 할 대상

"모든 사람을 존경하고 형제들을 사랑하며 하나님을 두려워하고 왕을 공경하십시오"벧전2:17 우리말.

하나님을 존중한다

"나를 존중히 여기는 자를 내가 존중히 여기고 나를 멸시하는 자를 내가 경멸하리라"삼상2:30.

존중하는 대상이 하나님일 때 경외함으로 표현된다. 경외함이란 거룩한 두려움으로 존중히 여기는 것이다. 우리가 가장 존중해야 할 분은 하나님이시다. "일의 결국을 다 들었으니 하나님을 경외하고 그의 명령들을 지킬지어다 이것이 모든 사람의 본분이니라"전12:13.

첫째, 하나님의 말씀을 존중히 여긴다

"태초에 말씀이 계시니라 이 말씀이 하나님과 함께 계셨으니 이 말씀은 곧 하나님이시니라"요1:1.

"말씀이 육신이 되어 우리 가운데 거하시매 우리가 그의 영광을 보니 아버지의 독생자의 영광이요 은혜와 진리가 충만하더라"요1:14.

말씀은 곧 하나님이시다. 그리고 말씀이신 하나님이 이 땅에 육신이 되어 오셨다고 성경은 선포하고 있다. 그러므로 신앙의 최고의 정점은 하나님을 경외하여 그분의 말씀을 존중히 여기고 지키는 것이다. "할렐루야, 여호와를 경외하며 그의 계명을 크게 즐거워하는 자는 복이 있도다"시112:1.

"주께서 주의 말씀을 주의 모든 이름보다 높게 하셨음이라"시138:2.

"여호와를 경외하는 것이 지식의 근본이거늘 미련한 자는 지혜와 훈계를 멸시하느니라"잠1:7; 잠15:33; 시25:14:34:9; 시103:11,13; 잠15:33; 잠19:23.

"예수께서 대답하여 이르시되 사람이 나를 사랑(존중)하면 내 말을 지

하나님은 최고의 존중을 받아야 하는 대상이시다.

키리니 내 아버지께서 그를 사랑하실 것이요 우리가 그에게 가서 거처를 그와 함께 하리라. 나를 사랑(존중)하지 아니하는 자는 내 말을 지키지 아니하나니 너희가 듣는 말은 내 말이 아니요 나를 보내신 아버지의 말씀이니라"요14:21-24.

둘째, 하나님의 이름을 존중히 여긴다

하나님의 이름을 거룩히 여기는 것이 하나님을 경외하는 것이다.

"너는 너의 하나님 여호와의 이름을 망령되이 일컫지 말라 나 여호와의 이름을 망령되이 일컫는 자를 죄 없다 하지 아니하리라"출20:7.

"그 때에 여호와를 경외하는 자들이 피차에 말하매 여호와께서 그것을 분명히 들으시고 여호와를 경외하는 자와 그 이름을 존중히 여기는 자를 위하여 여호와 앞에 있는 기념책에 기록하셨느니라"말3:16; 계11:18.

"너희는 이렇게 기도하라 하늘에 계신 우리 아버지여 이름이 거룩히 여김을 받으시오며"마6:9.

셋째, 성령님을 존중히 여긴다

우리가 자칫 소홀히 대할 수 있는 분이 우리 안에 계시는 성령님이시다. 성령님은 우리 안에 계시면서 삶의 전 영역을 함께 하시고 돕기 원하신다. 그분은 우리를 모든 진리 가운데로 인도하시기 위해 기록된 진리의 말씀을 기억나게 하시며 깨닫게 하시며 환상과 꿈을 보여주기도 하신다요 16:13; 행2:17. 따라서 성령님의 감동으로 주신 말씀과 인도하심을 소중하게 다룰 때 성령님을 존중하는 것이 된다. 하지만 우리가 성령님이 주시는 감동을 무시할 때 그분은 근심하신다. "성령을 소멸하지 말며 예언을 멸시하지 말라"살전5:19-20. "하나님의 성령을 근심하게 하지 말라 그 안에서 너희가 구원의 날까지 인치심을 받았느니라"엡4:30.

넷째, 하나님께 드리는 예배를 존중히 여긴다

"너로 하여금 하나님의 집에서 어떻게 행하여야 할지를 알게 하려 함이니 이 집은 살아 계신 하나님의 교회요 진리의 기둥과 터니라"딤전3:15.

교회는 살아계신 하나님의 집이므로 하나님을 의식하고 존중하는 마음으로 임해야 한다. 하나님의 집에서 어떻게 할지를 교훈하는 한 사건이 있다. 이스라엘의 사사이자 대제사장인 엘리에게는 홉니와 비느하스라는 제사장인 두 아들이 있었다. 그들은 하나님의 집에서 백성들이 하나님께 드리기 위해 가져온 제물을 빼앗았으며, 회막문에서 수종 드는 여인들과 동침했다. 이때 하나님은 엘리의 아들들이 하나님의 집에서 드리는 제사(예배)를 소홀히 한 것이 하나님 자신을 존중하지 않는 것이라고 하셨다. 이 사건을 계기로 엘리의 가정은 망하게 되었다삼상2장.

"이 소년들의 죄가 여호와 앞에 심히 큼은 그들이 여호와의 제사를 멸시함이었더라"삼상2:17.

"나 여호와가 말하노니 … 나를 존중히 여기는 자를 내가 존중히 여기고 나를 멸시하는 자를 내가 경멸하리라"삼상2:30.

신약시대의 모든 성도는 왕 같은 제사장으로서 하나님의 집인 교회에서 어떻게 행하고 섬겨야 하는지를 주의해야 한다. "너희는 택하신 족속이요 왕 같은 제사장들이요 거룩한 나라요 그의 소유가 된 백성이니"벧전2:9.

영적 지도자를 존중한다

하나님을 존중하기 때문에 그분이 세우신 영적 지도자(선지자)를 존중한다. 예수님께서는 이 일에 관하여 말씀하셨다.

"내가 진실로 너희에게 이르노니 선지자가 고향에서는 환영을 받는 자가 없느니라. 내가 참으로 너희에게 이르노니 엘리야 시대에 하늘이 삼 년육개월간 닫히어 온 땅에 큰 흉년이 들었을 때에 이스라엘에 많은 과부가 있었으되 엘리야가 그 중 한 사람에게도 보내심을 받지 않고 오직 시돈 땅에 있는 사렙다의 한 과부에게 뿐이었으며 또 선지자 엘리사 때에 이스라엘에 많은 나병환자가 있었으되 그 중의 한 사람도 깨끗함을 얻지 못하고 오직 수리아 사람 나아만뿐이었느니라"눅4:24-27.

예수님께서는 이 말씀을 통해 선지자를 배척한 사람들은 하나님의 은혜를 입지 못했음을 강조하셨다. 그러나 하나님이 보내신 선지자를 존중하면 형통함을 얻는다. 사렙다 과부, 나아만 장군, 여호사밧 왕과 그의 백성 등 성경에 수많은 예가 나온다. 여호사밧 왕은 성령에 감동되어 다음과 같이 말했다. "너희는 너희 하나님 여호와를 신뢰하라 그리하면 견고히 서리라. 그의 선지자들을 신뢰하라 그리하면 형통하리라"대하20:20.

"너희를 영접하는 자는 나를 영접하는 것이요 나를 영접하는 자는 나를 보내신 이를 영접하는 것이니라"마10:40.

"형제들아 우리가 너희에게 구하노니 너희 가운데서 수고하고 주 안에서 너희를 다스리며 권하는 자들을 너희가 알고 그들의 역사로 말미암아 사랑 안에서 가장 귀히(존중히) 여기며 너희끼리 화목하라"살전5:12-13.

"여러분의 지도자들의 말을 곧이듣고, 그들에게 복종하십시오. 그들은 여러분의 영혼을 지키는 사람들이요, 이 일을 장차 하나님께 보고드릴 사람들입니다. 그러므로 여러분은 그들이 기쁜 마음으로 이 일을 하게 하고, 탄식하면서 하지 않게 해 주십시오. 그들이 탄식하면서 일하는 것은 여러분에게 유익이 되지 못합니다"히13:17 새번역.

"젊은 자들아 이와 같이 장로들에게 순종하고 다 서로 겸손으로 허리를 동이라 하나님은 교만한 자를 대적하시되 겸손한 자들에게는 은혜를 주시느니라"벧전5:5.

"잘 다스리는 장로(목사)들은 배나 존경할 자로 알되 말씀과 가르침에 수고하는 이들에게는 더욱 그리할 것이니라"딤전5:17.

"가르침을 받는 자는 말씀을 가르치는 자와 모든 좋은 것을 함께 하라" 갈6:6.

부모를 존중한다

부모에게 순종하는 것은 더 나아가 하나님 아버지를 존중하는 것이다.

"자녀들아 주 안에서 너희 부모에게 순종하라 이것이 옳으니라. 네 아버지와 어머니를 공경하라. 이것은 약속이 있는 첫 계명이니 이로써 네가 잘되고 땅에서 장수하리라"엡6:1-3.

"자녀들아 모든 일에 부모에게 순종하라. 이는 주 안에서 기쁘게 하는 것이니라"골3:20.

아내를 존중한다

남편들은 아내에게 존중 받기를 기대하기 전에 아내를 먼저 사랑해야 한다. 왜냐하면 그리스도께서 먼저 우리를 사랑하시고 자신을 희생하셨기 때문이다. "남편들아 아내 사랑하기를 그리스도께서 교회를 사랑하시고 그 교회를 위하여 자신을 주심 같이 하라 … 이와 같이 남편들도 자기 아내 사랑하기를 자기 자신과 같이 할지니 자기 아내를 사랑하는 자는 자기를 사랑하는 것이라"엡5:25-28.

"남편들아 아내를 사랑하며 괴롭게 하지 말라"골3:19.

"하나님의 뜻은 이것이니 너희의 거룩함이라 곧 음란을 버리고 각각 거룩함과 존귀함으로 자기의 아내 대할 줄을 알고"살전4:3-4.

"남편들이여, 이와 같이 아내는 더 연약한 그릇인 것을 알고 그녀와 함께 살아야 합니다. 또한 생명의 은혜를 함께 상속할 사람으로 알아 귀하게 여기십시오. 이는 여러분의 기도가 막히지 않게 하려는 것입니다"벧전3:7 우리말.

남편을 존중한다

"아내들이여 자기 남편에게 복종하기를 주께 하듯 하라. 이는 남편이 아내의 머리됨이 그리스도께서 교회의 머리됨과 같음이니 그가 바로 몸의 구주시니라. 그러므로 교회가 그리스도에게 하듯 아내들도 범사에 자기 남편에게 복종할지니라"엡5:22-24; 골3:18.

"아내들아 이와 같이 자기 남편에게 순종하라. 이는 혹 말씀을 순종하지 않는 자라도 말로 말미암지 않고 그 아내의 행실로 말미암아 구원을 받게 하려 함이니"벧전3:1.

자녀를 존중한다

"아비들아 너희 자녀를 노엽게 하지 말고 오직 주의 교훈과 훈계로 양육하라"엡6:4.

"아비들아 너희 자녀를 노엽게 하지 말지니 낙심할까 함이라"골3:21.

사회의 권위자(윗사람)들을 존중한다

"각 사람은 위에 있는 권세들에게 복종하라. 권세는 하나님으로부터 나지 않음이 없나니 모든 권세는 다 하나님께서 정하신 바라 그러므로 권세를 거스르는 자는 하나님의 명을 거스름이니 거스르는 자들은 심판을 자취하리라 … 모든 자에게 줄 것을 주되 조세를 받을 자에게 조세를 바치고 관세를 받을 자에게 관세를 바치고 두려워할 자를 두려워하며 존경할 자를 존경하라"롬13:1-7.

　모든 권세는 다 하나님께서 정하신 것이다. 그러므로 우리는 하나님을 경외함으로 위에 있는 권세들에게 복종해야 한다. 창세기에 보면 권세자를 존중하고 그 수하에 순종해야함을 가르치는 사건이 있다. 아브라함의 아내 사라가 임신하지 못하였을 때 사라가 자신의 여종 하갈을 아브라함에게 첩으로 주었다. 하갈이 임신하자 그 여주인 사라를 멸시하였으며 사라가 그를 학대하여 하갈이 도망 갔을 때 여호와의 사자가 다음과 같이 말했다.

　"여호와의 사자가 그에게 이르되 네 여주인에게로 돌아가서 그 수하에 복종하라"창16:9.

　"종들아 두려워하고 떨며 성실한 마음으로 육체의 상전에게 순종하기를 그리스도께 하듯 하라. 눈가림만 하여 사람을 기쁘게 하는 자처럼 하지 말고 그리스도의 종들처럼 마음으로 하나님의 뜻을 행하고 기쁜 마음으로 섬기기를 주께 하듯 하고 사람들에게 하듯 하지 말라. 이는 각 사람이 무슨 선을 행하든지 종이나 자유인이나 주께로부터 그대로 (보상)받을 줄을 앎이라"엡6:5-8.

　"사환(종)들아 범사에 두려워함으로 주인들에게 순종하되 선하고 관용하는 자들에게만 아니라 또한 까다로운 자들에게도 그리하라. 부당하게 고난을 받아도 하나님을 생각함으로 슬픔을 참으면 이는 아름다우나 … 선을 행함으로 고난을 받고 참으면 이는 하나님 앞에 아름다우니라. 이를 위하여 너희가 부르심을 받았으니 그리스도도 너희를 위하여 고난을 받으사 너희에게 본을 끼쳐 그 자취를 따라오게 하려 하셨느니라"벧전2:18-21.

　"무릇 멍에 아래에 있는 종들은 자기 상전들을 범사에 마땅히 공경할 자로 알지니 이는 하나님의 이름과 교훈으로 비방을 받지 않게 하려 함이라. 믿는 상전이 있는 자들은 그 상전을 형제라고 가볍게 여기지 말고 더 잘 섬기게 하라. 이는 유익을 받는 자들이 믿는 자요 사랑을 받는 자임이

라. 너는 이것들을 가르치고 권하라"딤전6:1-2.

"종들은 자기 상전들에게 범사에 순종하여 기쁘게 하고 거슬러 말하지
말며 훔치지 말고 오히려 모든 참된 신실성을 나타내게 하라 이는 범사에
우리 구주 하나님의 교훈을 빛나게 하려 함이라"딛2:9-10.

"너는 센 머리 앞에서 일어서고 노인의 얼굴을 공경하며 네 하나님을
경외하라. 나는 여호와이니라"레19:32.

맡겨진 이들(아랫사람들)을 존중한다

주님이 우리를 사랑하시고 존중해 주신 것처럼 우리 또한 아랫사람들
이나 우리에게 맡겨진 고용인들을 존중해야 한다. 만일 우리가 아랫사람들
에게 군림하거나 무례하게 행한다면, 그들은 상처 받고 믿음을 거부하며
실족할 수 있다. "상전들아 의와 공평을 종들에게 베풀지니 너희에게도 하
늘에 상전이 계심을 알지어다"골4:1.

"너는 그를 엄하게 부리지 말고 네 하나님을 경외하라"레25:43.

"이스라엘의 하나님이 말씀하시며 이스라엘의 반석이 내게 이르시기를
사람을 공의로 다스리는 자, 하나님을 경외함으로 다스리는 자여 그는 돋
는 해의 아침 빛 같고 구름 없는 아침 같고 비 내린 후의 광선으로 땅에서
움이 돋는 새 풀 같으니라 하시도다"삼하23:3-4.

"예수께서 불러다가 이르시되 이방인의 집권자들이 그들을 임의로 주
관하고 그 고관들이 그들에게 권세를 부리는 줄을 너희가 알거니와 너희
중에는 그렇지 않을지니 너희 중에 누구든지 크고자 하는 자는 너희를 섬
기는 자가 되고 너희 중에 누구든지 으뜸이 되고자 하는 자는 모든 사람의
종이 되어야 하리라"막10:42-44.

"너희 중 장로들에게 권하노니 … 너희 중에 있는 하나님의 양 무리를
치되 억지로 하지 말고 하나님의 뜻을 따라 자원함으로 하며 더러운 이득
을 위하여 하지 말고 기꺼이 하며 맡은 자들에게 주장하는 자세를 하지 말

고 양 무리의 본이 되라"벧전5:1-3.

"삼가 이 작은 자 중의 하나도 업신여기지 말라 너희에게 말하노니 그들의 천사들이 하늘에서 하늘에 계신 내 아버지의 얼굴을 항상 뵈옵느니라"마18:10; 마25:40.

성도간에 서로 존중한다

"형제를 사랑하여 서로 우애하고 존경하기를 서로 먼저 하며"롬12:10.

"그리스도를 경외함으로 피차(서로) 복종하라"엡5:21.

"그리스도 안에 무슨 권면이나 사랑의 무슨 위로나 성령의 무슨 교제나 긍휼이나 자비가 있거든 마음을 같이하여 같은 사랑을 가지고 뜻을 합하며 한마음을 품어 아무 일에든지 다툼이나 허영으로 하지 말고 오직 겸손한 마음으로 각각 자기보다 남을 낫게 여기고"빌2:1-3.

"너희는 하나님이 택하사 거룩하고 사랑 받는 자처럼 긍휼과 자비와 겸손과 온유와 오래 참음을 옷 입고 누가 누구에게 불만이 있거든 서로 용납하여 피차 용서하되 주께서 너희를 용서하신 것 같이 너희도 그리하고 이 모든 것 위에 사랑을 더하라. 이는 온전하게 매는 띠니라"골3:12-14.

"우리는 형제를 사랑함으로 사망에서 옮겨 생명으로 들어간 줄을 알거니와 사랑하지 아니하는 자는 사망에 머물러 있느니라"요일3:14.

"늙은이를 꾸짖지 말고 권하되 아버지에게 하듯 하며 젊은이에게는 형제에게 하듯 하고 늙은 여자에게는 어머니에게 하듯 하며 젊은 여자에게는 온전히 깨끗함으로 자매에게 하듯 하라"딤전5:1-2.

남자들에게 하는 교훈

"늙은 남자로는 절제하며 경건하며 신중하며 믿음과 사랑과 인내함에 온전하게 하고"딛2:2.

"너는 이와 같이 젊은 남자들을 신중하도록 권면하되 범사에 네 자신이 선한 일의 본을 보이며 교훈에 부패하지 아니함과 단정함과 책망할 것이 없는 바른 말을 하게 하라. 이는 대적하는 자로 하여금 부끄러워 우리를 악하다 할 것이 없게 하려 함이라"딛2:6-8.

여자들에게 하는 교훈

"늙은 여자로는 이와 같이 행실이 거룩하며 모함하지 말며 많은 술의 종이 되지 아니하며 선한 것을 가르치는 자들이 되고 그들로 젊은 여자들을 교훈하되 그 남편과 자녀를 사랑하며 신중하며 순전하며 집안 일을 하며 선하며 자기 남편에게 복종하게 하라. 이는 하나님의 말씀이 비방을 받지 않게 하려 함이라"딛2:3-5.

"그들은 게으름을 익혀 집집으로 돌아 다니고 게으를 뿐 아니라 쓸데없는 말을 하며 일을 만들며 마땅히 아니할 말을 하나니 그러므로 젊은이는 시집 가서 아이를 낳고 집을 다스리고 대적에게 비방할 기회를 조금도 주지 말기를 원하노라"딤전5:13-14.

믿지 않는 자들을 존중한다

믿지 않는 자들에게는 지혜롭게 행하고 은혜로운 말을 하며 섬겨주며 흠 잡힐 것이 없도록 해야 한다. "외인에게 대해서는 지혜로 행하여 세월을 아끼라. 너희 말을 항상 은혜 가운데서 소금으로 맛을 냄과 같이 하라 그리하면 각 사람에게 마땅히 대답할 것을 알리라"골4:5-6.

존중하는 삶은 외적으로 표현되는 삶의 메시지가 된다. 그리스도인들의 존중하는 말과 존중하는 태도는 세상에 하나님 나라의 삶과 우리 안에 계시는 그리스도의 향기를 나타내게 된다.

어떻게 존중하는 삶을 살 수 있는가?

내 안에 계신 그리스도를 의식한다

우리는 그리스도를 모심으로 그리스도의 생명을 얻었다. 그 생명(ZOE)에는 하나님의 신성한 사랑이 담겨 있다. 따라서 우리는 순간마다 그리스도의 생명을 가진 사람임을 의식해야 한다.

"내가 그리스도와 함께 십자가에 못 박혔나니 그런즉 이제는 내가 사는 것이 아니요 오직 내 안에 그리스도께서 사시는 것이라"갈2:20.

"우리에게 주신 성령으로 말미암아 하나님의 사랑이 우리 마음에 부은 바 됨이니"롬5:5.

"너희로 정욕을 인하여 세상에서 썩어질 것을 피하여 신의 성품에 참여하는 자가 되게 하려 하셨으니"벧후1:4.

하나님을 의식하여 모든 사람을 존중한다

삶 속에서 하나님을 의식하며 사람들을 대한다. 즉 모든 사람은 하나님의 형상대로 지음 받은 존귀한 자이며 특히 믿는 자들 안에는 그리스도가 계시다는 것을 의식하며 존중함으로 대한다.

"모든 사람을 존경하고 형제들을 사랑하며 하나님을 두려워하고 왕을 공경하십시오"벧전2:17 우리말.

"삼가 이 작은 자 중의 하나도 업신여기지 말라 너희에게 말하노니 그들의 천사들이 하늘에서 하늘에 계신 내 아버지의 얼굴을 항상 뵈옵느니라"마18:10.

모든 상황을 영으로부터 반응할 때 가능하다

우리 안에 성령으로 주어진 그리스도의 성품은 사랑이다. 그 사랑의 마음으로 사람들을 바라볼 때 상황과 무관하게 상대를 존중하게 된다. 그 사랑은 영으로부터 나오기 때문에 모든 상황을 영으로부터 반응하면 존중하는 삶을 살 수 있다. 이것이 그리스도의 마음을 가지고 사는 것이며 영을 따라 사는 것이다빌2:5-8.

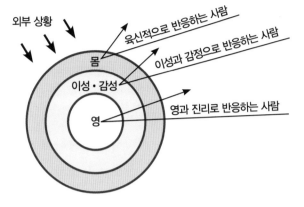

"육신을 따르지 않고 그 영을 따라 행하는 우리에게 율법의 요구가 이루어지게 하려 하심이니라"롬8:4.

자신을 살피고 훈련해야 한다

예수님께서는 사람들이 자신의 허물은 보지 못하고 타인의 작은 실수에 주목하는 것을 다음과 같이 비유하셨다. "어찌하여 형제의 눈 속에 있는 티는 보고 네 눈 속에 있는 들보는 깨닫지 못하느냐? 보라 네 눈 속에 들보가 있는데 어찌하여 형제에게 말하기를 나로 네 눈 속에 있는 티를 빼게 하라 하겠느냐? 외식하는 자여 먼저 네 눈 속에서 들보를 빼어라 그 후에야 밝히 보고 형제의 눈 속에서 티를 빼리라"마7:3-5.

"자기 허물을 능히 깨달을 자 누구리요 나를 숨은 허물에서 벗어나게 하소서"시19:12.

존중하는 삶은 끊임없는 자기 성찰과 훈련을 통해 가능하다. 즉 하나님의 말씀과 성령으로 생각과 말과 행동을 지속적으로 판단하고 훈련해야 한다. "우리가 우리를 살폈으면 판단을 받지 아니하려니와 우리가 판단을 받는 것은 주께 징계를 받는 것이니 이는 우리로 세상과 함께 정죄함을 받지 않게 하려 하심이라"고전11:31-32.

"하나님의 성품에 이르도록 스스로 훈련하라. 육체의 훈련은 유익이 적으나 하나님의 성품은 모든 일에 유익하며 현재의 생명과 다가올 생명의 약속을 지니고 있느니라"딤전4:7-8 KJV.

새로운 피조물의 삶의 방식 존중하는 삶

하나님은 우리를 존중하셔서 자신의 생명을 주심으로
우리를 천국 백성으로 삼아주셨다.
천국은 하나님을 존중하고 서로를 존중하는 사랑의 나라이다.
존중하는 삶은 새로운 피조물이 영원히 가져야 할 삶의 태도이므로
우리는 이 땅에서부터 이러한 삶을 연습해야 한다.

1 이번 공부를 통해 깨달은 것을 나눠 보자

존중하는 삶을 살아야 하는 이유와 그 유익은 무엇인가? _____

우리가 존중해야 할 대상은 누구인가? _____

존중하는 삶을 살려면 어떻게 해야 하는가? _____

2 믿음을 말(시인)하는 것이 믿음을 효과 있게 한다

존중하는 삶

나는 상황과 관계 없이 존중하는 삶을 살아갑니다.

나는 하나님을 경외하고 모든 사람들을 존중합니다.

모든 사람은 하나님의 형상대로 지음 받은 존귀한 자입니다.

나는 하나님과 영적 지도자들을 존중합니다.

나는 부모와 자녀를 존중합니다. 나는 내 남편(아내)을 존중합니다.

나는 사회 권위자들과 윗사람들과 아래사람들을 존중합니다.

나는 존중하는 삶으로 하나님을 영화롭게 합니다.

내 안에 그리스도가 계십니다. 나는 그리스도의 생명을 가진 자입니다.

나는 모든 상황 속에서 영으로 사랑으로 반응하고 나를 살피며 훈련합니다.

3 하나님 아버지!

제가 죄인 되었을 때에 먼저 저를 사랑해 주셔서 감사합니다.
저도 주님을 사랑하며 경외합니다. 그리고 하나님이 세우신 권위를 존중하며
저에게 맡겨주신 사람들을 존중합니다. 성령님, 저와 관계된 모든 사람들을
존중하며 살 수 있도록 도와주옵소서. 예수님의 이름으로 기도드립니다. 아멘.

4 암송해야 할 중요한 성경 말씀

"나를 존중히 여기는 자를 내가 존중히 여기고 나를 멸시하는 자를 내가 경멸하리라"사무엘상2:30.

"여호와를 경외하는 것이 지식의 근본이거늘 미련한 자는 지혜와 훈계를 멸시하느니라"잠언1:7.

"남에게 대접을 받고자 하는 대로 너희도 남을 대접하라 이것이 율법이요 선지자니라"마태복음7:12.

"자녀들아 주 안에서 너희 부모에게 순종하라 이것이 옳으니라 네 아버지와 어머니를 공경하라 이것은 약속이 있는 첫 계명이니 이로써 네가 잘되고 땅에서 장수하리라 또 아비들아 너희 자녀를 노엽게 하지 말고 오직 주의 교훈과 훈계로 양육하라"에베소서6:1-4.

"삼가 이 작은 자 중의 하나도 업신여기지 말라 너희에게 말하노니 그들의 천사들이 하늘에서 하늘에 계신 내 아버지의 얼굴을 항상 뵈옵느니라"마태복음18:10.

"그리스도를 경외함으로 피차(서로) 복종하라"에베소서5:21.

5 다음 단계로 올라가는 말

우리의 가장 큰 소망은 예수 그리스도께서 다시 오셔서 우리를 영원한 천국으로 영접해 주시는 것이다. 이 기다림 가운데 우리가 준비해야 할 것들이 있다. 다음 단계에서는 그리스도와의 만남에 대하여 알아보자.

6 다음 단계를 위해 읽어올 성경말씀

마태복음24-25장, 데살로니가전서4-5장, 요한계시록19-22장.

Q
당신은 예수님을 만날 준비를 하고 있는가?

"가서 너희를 위하여 거처를 예비하면
내가 다시 와서 너희를 내게로 영접하여
나 있는 곳에 너희도 있게 하리라"
– 요14:3 –

이스라엘 백성들은 그리스도의 오심을 수천 년 기다리다가
정작 그리스도께서 오셨을 때 그분을 알아보지 못하고 배척하였다.
이제 그리스도인은 주님의 다시오심을
어떻게 준비해야 하는가?

Step
10

생의 가장 중요한 만남
예수 그리스도와의 만남

"인자가 구름을 타고 능력과 큰 영광으로 오는 것을 보리라.
그가 큰 나팔소리와 함께 천사들을 보내리니 그들이 그의 택하신
자들을 하늘 이 끝에서 저 끝까지 사방에서 모으리라"- 마24:30-31 -

우리는 언젠가 예수 그리스도를 만나게 된다

우리 생의 가장 중요한 만남은 예수님과의 만남이다

예수님과의 만남은 한 사람이 얼마나 하나님의 창조 목적에 맞게 살았
는지에 대한 평가의 순간이며, 한 사람의 영원한 운명을 확정하는 순간이
므로 주님과의 만남은 생의 가장 중요한 순간이 된다.

우리에게는 예수님과 대면하는 두 가지 방법이 있다. 하나는 개인적인
죽음을 통해 그분 앞에 서는 것이고, 또 하나는 주님의 우주적 재림을 통해
그분을 만나는 것이다. 이 시대에 사는 우리는 두 가지 가능성을 모두 염두
에 두고 살아야 한다. 믿는 자이건 믿지 않는 자이건 간에 주님을 만나는
순간, 자신의 모든 삶에 대한 주님의 평가를 받고 그 결과 천국 혹은 지옥
에서 영원한 운명을 시작한다. 따라서 주님과의 만남은 우리 인생에서 가
장 중요한 순간이므로 우리는 그 만남을 염두에 두고 현재를 살아야 한다.
그러면 그 만남은 언제가 될지 또 어떻게 준비해야 하는지 살펴보겠다.

예수 그리스도는 다시 오신다

"내가 다시 와서 너희를 내게로 영접하여 나 있는 곳에 너희도 있게 하리라"요14:3. 주님은 세상에 계실 때 세상 죄를 위해 죽으시고 부활하실 것과 자신을 믿고 따르는 자들을 데리러 다시 오실 것을 말씀하셨다.

"내 아버지 집에 거할 곳이 많도다 그렇지 않으면 너희에게 일렀으리라. 내가 너희를 위하여 거처를 예비하러 가노니 가서 너희를 위하여 거처를 예비하면 내가 다시 와서 너희를 내게로 영접하여 나 있는 곳에 너희도 있게 하리라"요14:2-3.

"인자가 구름을 타고 능력과 큰 영광으로 오는 것을 보리라. 그가 큰 나팔소리와 함께 천사들을 보내리니 그들이 그의 택하신 자들을 하늘 이 끝에서 저 끝까지 사방에서 모으리라"마24:30-31.

주님께서는 부활하시고 40일 동안 제자들을 비롯한 많은 이들에게 자신을 보이셨으며, 마지막으로 감람산에서 사람들이 보는 가운데 하늘로 올라가셨다. 이때 천사들이 나타나서 예수님이 다시 오실 것을 말했다.

"갈릴리 사람들아 어찌하여 서서 하늘을 쳐다보느냐 너희 가운데서 하늘로 올려지신 이 예수는 하늘로 가심을 본 그대로 오시리라"행1:11.

유월절 어린양으로 오신 그리스도께서는 자신의 피 값으로 사신 사랑하는 성도들을 영원한 천국으로 인도하시기 위해 하늘로 부터 다시 오신다. 이때 그리스도 안에서 죽은 자들과 살아있는 성도들이 모두 끌어 올려져 공중에서 예수님을 만나게 된다(휴거).

예수님께서 거룩한 천사들과 함께 하나님의 영광으로 다시 오실 때 주님을 신실하게 따른 자들은 영광의 몸으로 변화되어 신랑 되신 그리스도와 만나는 역사적인 순간을 맞이하게 된다. 그리고 어린양의 혼인 잔치에 들어가게 된다.

"주께서 호령과 천사장의 소리와 하나님의 나팔 소리로 친히 하늘로부터 강림하시리니 그리스도 안에서 죽은 자들이 먼저 일어나고, 그 후에 우리 살아 남은 자들도 그들과 함께 구름 속으로 끌어 올려 공중에서 주를 영접하게 하시리니 그리하여 우리가 항상 주와 함께 있으리라"살전4:16-17.

"우리가 즐거워하고 크게 기뻐하며 그에게 영광을 돌리세 어린 양의 혼인 기약이 이르렀고 그의 아내가 자신을 준비하였으므로 그에게 빛나고 깨끗한 세마포 옷을 입도록 허락하셨으니 이 세마포 옷은 성도들의 옳은 행실이로다 하더라"계19:7-8.

예수님의 다시 오심과 세상 끝의 징조는 무엇인가?

마지막 때에는 전쟁, 기근, 지진 등 자연재해, 거짓 그리스도들과 거짓 선지자들, 믿음을 버리는 배교, 멸망의 아들이 나타남, 불법이 많아짐과 사랑이 식어짐 등의 징조들이 나타난다.

"예수께서 감람 산 위에 앉으셨을 때에 제자들이 조용히 와서 이르되 우리에게 이르소서 어느 때에 이런 일이 있겠사오며 또 주의 임하심과 세상 끝에는 무슨 징조가 있사오리이까 예수께서 대답하여 이르시되 너희가 사람의 미혹을 받지 않도록 주의하라 많은 사람이 내 이름으로 와서 이르되 나는 그리스도라 하여 많은 사람을 미혹하리라. 난리와 난리 소문을 듣겠으나 너희는 삼가 두려워하지 말라 이런 일이 있어야 하되 아직 끝은 아니니라. 민족이 민족을, 나라가 나라를 대적하여 일어나겠고 곳곳에 기근과 지진이 있으리니 이 모든 것은 재난의 시작이니라 … 그 때에 많은 사람이 실족하게 되어 서로 잡아 주고 서로 미워하겠으며 거짓 선지자가 많이 일어나 많은 사람을 미혹하겠으며 불법이 성하므로 많은 사람의 사랑이 식어지리라 그러나 끝까지 견디는 자는 구원을 얻으리라. 이 천국 복음이 모든 민족에게 증언되기 위하여 온 세상에 전파되리니 그제야 끝이 오리라 그러므로 너희가 선지자 다니엘이 말한 바 멸망의 가증한 것이 거룩한 곳에 선 것을 보거든 (읽는 자는 깨달을진저)"마24:5-15.

"이는 그 때에 큰 환난이 있겠음이라. 창세로부터 지금까지 이런 환난이 없었고 후에도 없으리라 … 그 때에 사람이 너희에게 말하되 보라 그리스도가 여기 있다 혹은 저기 있다 하여도 믿지 말라. 거짓 그리스도들과 거짓 선지자들이 일어나 큰 표적과 기사를 보여 할 수만 있으면 택하신 자들도 미혹하리라 보라 내가 너희에게 미리 말하였노라"마24:21-25; 막13장.

"일월 성신에는 징조가 있겠고 땅에서는 민족들이 바다와 파도의 성난 소리로 인하여 혼란한 중에 곤고하리라. 사람들이 세상에 임할 일을 생각하고 무서워하므로 기절하리니 이는 하늘의 권능들이 흔들리겠음이라 그 때에 사람들이 인자가 구름을 타고 능력과 큰 영광으로 오는 것을 보리라"눅21:25-27.

"우리 주 예수 그리스도의 강림하심과 우리가 그 앞에 모임에 관하여 영으로나 또는 말로나 또는 우리에게서 받았다 하는 편지로나 주의 날이 이르렀다고 해서 쉽게 마음이 흔들리거나 두려워하거나 하지 말아야 한다는 것이라 누가 어떻게 하여도 너희가 미혹되지 말라 먼저 배교하는 일이 있고 저 불법의 사람 곧 멸망의 아들이 나타나기 전에는 그 날이 이르지 아니하리니 그는 대적하는 자라 신이라고 불리는 모든 것과 숭배함을 받는 것에 대항하여 그 위에 자기를 높이고 하나님의 성전에 앉아 자기를 하나님이라고 내세우느니라"살후2:1-4; 마24:15.

"다니엘아 마지막 때까지 이 말을 간수하고 이 글을 봉함하라 많은 사람이 빨리 왕래하며 지식이 더하리라 … 많은 사람이 연단을 받아 스스로 정결하게 하며 희게 할 것이나 악한 사람은 악을 행하리니 악한 자는 아무것도 깨닫지 못하되 오직 지혜 있는 자는 깨달으리라"단12:4, 10.

"말세에 고통하는 때가 이르러 사람들이 자기를 사랑하며 돈을 사랑하며 자랑하며 교만하며 비방하며 부모를 거역하며 감사하지 아니하며 거룩하지 아니하며 무정하며 원통함을 풀지 아니하며 모함하며 절제하지 못하며 사나

우며 선한 것을 좋아하지 아니하며 배신하며 조급하며 자만하며 쾌락을 사랑하기를 하나님 사랑하는 것보다 더하며 경건의 모양은 있으나 경건의 능력은 부인하니 이같은 자들에게서 네가 돌아서라"딤후3:1-5.

이러한 징조들이 있을 때 주님께서 다시 오신다. 즉 세상이 너무 악해져서 자정능력을 상실했기 때문에 하나님께서 심판하실 수 밖에 없으시다. 그 때 주님의 몸된 교회는 연단받아 거룩해져서 주님의 빛을 세상에 드러내며 믿음을 지키다가 주님이 오실 때 휴거된다.

예수 그리스도는 어떻게 그리고 언제 오시는가?

예수 그리스도께서 이 땅에 처음 오실 때는 어린양으로 고난 받으시기 위해 오셨지만 나시 오실 예수님은 만왕의 왕으로 하늘로부터 영광중에 오신다. 예수님께서는 하늘로부터 구름을 타고 모든 세계가 볼 수 있도록 오신다. 그러나 그 날과 그 시각은 아무도 모르고 아버지만 아신다마24:36.

"번개가 동편에서 나서 서편까지 번쩍임 같이 인자의 임함도 그러하리라 … 그 날 환난 후에 즉시 해가 어두워지며 달이 빛을 내지 아니하며 별들이 하늘에서 떨어지며 하늘의 권능들이 흔들리리라. 그 때에 인자의 징조가 하늘에서 보이겠고 그 때에 땅의 모든 족속들이 통곡하며 그들이 인자가 구름을 타고 능력과 큰 영광으로 오는 것을 보리라. 그가 큰 나팔소리와 함께 천사들을 보내리니 그들이 그의 택하신 자들을 하늘 이 끝에서 저 끝까지 사방에서 모으리라. 무화과나무의 비유를 배우라 그 가지가 연하여지고 잎사귀를 내면 여름이 가까운 줄을 아나니 이와 같이 너희도 이 모든 일을 보거든 인자가 가까이 곧 문 앞에 이른 줄 알라"마24:27-33; 막13:24-33; 눅21:25-31.

"내가 보니 여섯째 인을 떼실 때에 큰 지진이 나며 해가 검은 털로 짠 상복 같이 검어지고 달은 온통 피 같이 되며 하늘의 별들이 무화과나무가 대풍에 흔들려 설익은 열매가 떨어지는 것 같이 땅에 떨어지며 하늘은 두루마리가 말리는 것 같이 떠나가고 각 산과 섬이 제 자리에서 옮겨지매"계6:12-14.

"주께서 호령과 천사장의 소리와 하나님의 나팔 소리로 친히 하늘로부터 강림하시리니 그리스도 안에서 죽은 자들이 먼저 일어나고, 그 후에 우리 살아 남은 자들도 그들과 함께 구름 속으로 끌어 올려 공중에서 주를 영접하게 하시리니 그리하여 우리가 항상 주와 함께 있으리라. 그러므로 이러한 말로 서로 위로하라"살전4:16-18.

"그들이 평안하다, 안전하다 할 그 때에 임신한 여자에게 해산의 고통이 이름과 같이 멸망이 갑자기 그들에게 이르리니 결코 피하지 못하리라 형제들아 너희는 어둠에 있지 아니하매 그 날이 도둑 같이 너희에게 임하지 못하리니 너희는 다 빛의 아들이요 낮의 아들이라 우리가 밤이나 어둠에 속하지 아니하나니 그러므로 우리는 다른 이들과 같이 자지 말고 오직 깨어 정신을 차릴지라"살전5:3-6.

"볼지어다 그가 구름을 타고 오시리라. 각 사람의 눈이 그를 보겠고 그를 찌른 자들도 볼 것이요 땅에 있는 모든 족속이 그로 말미암아 애곡하리니 그러하리라 아멘"계1:7.

예수 그리스도께서 재림하실 때 우리의 몸도 영광의 몸으로 변화되어 구원이 완성된다. 그리스도께서 다시 오실 때 주 안에서 죽은 자들과 살아 있는 자들의 몸은 예수 그리스도와 같은 영광의 몸으로 변화된다. 믿는 자의 부활은 너무나 위대하다. 피조물인 인간이 창조주이시며 구원주이신 주님이 부활하셨을 때 입으신 영광의 몸으로 변하는 것이다. "우리의 낮은 몸을 자기 영광의 몸의 형체와 같이 변하게 하시리라"빌3:21.

"진실로 진실로 너희에게 이르노니 죽은 자들이 하나님의 아들의 음성을 들을 때가 오나니 곧 이 때라 듣는 자는 살아나리라. 아버지께서 자기 속에 생명이 있음 같이 아들에게도 생명을 주어 그 속에 있게 하셨고 또 인자 됨으로 말미암아 심판하는 권한을 주셨느니라. 이를 놀랍게 여기지 말라. 무덤 속에 있는 자가 다 그의 음성을 들을 때가 오나니, 선한 일을 행한 자는 생명의 부활로, 악한 일을 행한 자는 심판의 부활로 나오리라"요5:25-29.

"주의 죽은 자들은 살아나고 그들의 시체들은 일어나리이다. 티끌에 누운 자들아 너희는 깨어 노래하라. 주의 이슬은 빛난 이슬이니 땅이 죽은 자들을 내놓으리로다"사26:19.

하지만 그 부활의 영광은 서로 다르다. 어떤 사람은 해의 영광으로 어떤 이는 달의 영광으로 어떤 이는 별의 영광으로 부활하게 된다. 그리고 그 영광은 영원하다. "해의 영광이 다르고 달의 영광이 다르며 별의 영광도 다른데 별과 별의 영광이 다르도다. 죽은 자의 부활도 그와 같으니 썩을 것으로 심고 썩지 아니할 것으로 다시 살아나며"고전15:41-42.

"지혜 있는 자는 궁창의 빛과 같이 빛날 것이요 많은 사람을 옳은 데로 돌아오게 한 자는 별과 같이 영원토록 빛나리라"단12:3.

"자녀이면 또한 상속자 곧 하나님의 상속자요 그리스도와 함께 한 상속자니 우리가 그와 함께 영광을 받기 위하여 고난도 함께 받아야 할 것이니라"롬8:17.

"또 내가 들으니 하늘에서 음성이 나서 이르되 기록하라 지금 이후로 주 안에서 죽는 자들은 복이 있도다 하시매 성령이 이르시되 그러하다 그들이 수고를 그치고 쉬리니 이는 그들의 행한 일이 따름이라 하시더라"계14:13.

"그러므로 내 사랑하는 형제들아 견실하며 흔들리지 말고 항상 주의 일에 더욱 힘쓰는 자들이 되라. 이는 너희 수고가 주 안에서 헛되지 않은 줄 앎이라"고전15:58; 고전15:19-23; 49-52; 롬8:22-23.

우리의 믿음의 경주는 예수님이 다시 오실 때(주님을 만날 때) 끝이 난다. 그때 주 안에서 죽은 자들과 살아있는 자들은 신령한 몸으로 변화되어 이 땅에서의 삶을 마치고, 영원한 천국 생활을 시작하게 된다. 하지만 믿지 않는 사람과 진정한 믿음을 갖지 못하고 주를 따르지 않은 사람들은 버려지는 무서운 순간이기도 하다. 예수님께서는 재림을 말씀하셨고(마24장) 이어서 재림을 준비하는 자세와 방법을 말씀하셨다(마25장).

어떻게 예수 그리스도와의 만남(재림)을 준비해야 하는가?

첫째, 기름을 준비해야 한다

예수님은 재림을 기다리는 자세를 혼인집에서 신랑을 기다리는 열명의 처녀와 같다고 말씀하셨다. 그 열명의 처녀들은 신랑과 함께 혼인 잔치에 들어가기 위해 오랜 시간을 기다려 왔다. 하지만 신랑이 왔을 때 모두가 잔치에 참여한 것이 아니라고 말씀하셨다.

"그 때에 천국은 마치 등을 들고 신랑을 맞으러 나간 열 처녀와 같다 하리니 그 중의 다섯은 미련하고 다섯은 슬기 있는 자라. 미련한 자들은 등을 가지되 기름을 가지지 아니하고 슬기 있는 자들은 그릇에 기름을 담아 등과 함께 가져갔더니, 신랑이 더디 오므로 다 졸며 잘새 밤중에 소리가 나되 보라 신랑이로다 맞으러 나오라 하매, 이에 그 처녀들이 다 일어나 등을 준비할새 미련한 자들이 슬기 있는 자들에게 이르되 우리 등불이 꺼져가니 너희 기름을 좀 나눠 달라 하거늘, 슬기 있는 자들이 대답하여 이르되 우리와 너희가 쓰기에 다 부족할까 하노니 차라리 파는 자들에게 가서 너희 쓸 것을 사라 하니, 그들이 사러 간 사이에 신랑이 오므로 준비하였던 자들은 함께 혼인 잔치에 들어가고 문은 닫힌지라. 그 후에 남은 처녀들이 와서 이르되 주여 주여 우리에게 열어 주소서 대답하여 이르되 진실로 너희에게 이르노니 내가 너희를 알지 못하노라 하였느니라. 그런즉 깨어 있으라. 너희는 그 날과 그 때를 알지 못하느니라"마25:1-13.

예수님과 그의 신부 되는 성도들이 만나는 그 순간이야말로 생애에서 가장 경이롭고 중요한 순간이 될 것이다. 그러므로 재림을 준비하기 위해서는 첫째, 성령충만하여 주님과 친밀한 교제를 가지며 믿음 안에서 깨어 있는 것이다마22:37. 주님께서는 기름이 부족한 처녀들에게 이렇게 말씀하

등과 기름을 준비하는 것은 주님을 사랑하고 그분과 친밀한 교제를 가지며 깨어있는 것이다.

셨다. "내가 너희를 알지 못한다"마25:12. 다시 말해 그 다섯 처녀는 주님을 사랑하지 않고 주님을 온전히 따르지 않아 주님이 모른다고 말씀하신 것이다. "누구든지 하나님을 사랑하면 그 사람은 하나님도 알아 주시느니라"고전8:3. "하나님을 가까이 하라 그리하면 너희를 가까이 하시리라"약4:8.

"술 취하지 말라 이는 방탕한 것이니 오직 성령으로 충만함을 받으라"엡5:18

둘째, 달란트(은사)로 충성해야 한다

예수님은 재림을 준비하는 우리의 자세를 주인의 소유를 맡아서 관리하는 종에 비유하였다. "또 (천국은) 어떤 사람이 타국에 갈 때 그 종들을 불러 자기 소유를 맡김과 같으니, 각각 그 재능대로 한 사람에게는 금 다섯 달란트를, 한 사람에게는 두 달란트를, 한 사람에게는 한 달란트를 주고 떠났더니, 다섯 달란트 받은 자는 바로 가서 그것으로 장사하여 또 다섯 달란트를 남기고, 두 달란트 받은 자도 그같이 하여 또 두 달란트를 남겼으되, 한 달란트 받은 자는 가서 땅을 파고 그 주인의 돈을 감추어 두었더니, 오랜 후에 그 종들의 주인이 돌아와 그들과 결산할 새, 다섯 달란트 받았던 자는 다섯 달란트를 더 가지고 와서 이르되 주인이여 내게 다섯 달란트를 주셨는데 보소서 내가 또 다섯 달란트를 남겼나이다. 그 주인이 이르되 잘하였도다 착하고 충성된 종아 네가 적은 일에 충성하였으매 내가 많은 것을 네게 맡기리니 네 주인의 즐거움에 참여할지어다 하고 … 한 달란트 받았던 자는 와서 이르되 주인이여 당신은 굳은 사람이라 심지 않은 데서 거두고 헤치지 않은 데서 모으는 줄을 내가 알았으므로 두려워하여 나가서 당신의 달란트를 땅에 감추어 두었나이다. 보소서 당신의 것을 가지셨나이다. 그 주인이 대답하여 이르되 악하고 게으른 종아 나는 심지 않은 데서 거두고 헤치지(뿌리지) 않은 데서 모으는 줄로 네가 알았느냐? 그러면 네가 마땅히 내 돈을 취리하는(돈놀이하는) 자들에게나 맡겼다가 내가 돌아와서 내 원금과 이자를 받게 하였을 것이니라 하고, 그에게서 그 한 달란트를 빼앗아 열 달란트 가진 자에게 주라. 무릇 있는 자는 받아 풍족하게 되고 없는 자는 그 있는 것까지 빼앗기리라. 이 무익한 종을 바깥 어두운 데로 내쫓으라 거기서 슬피 울며 이를 갈리라 하니라"마25:14 -30.

다시 오시는 예수님은 충성스러운 종들을 데려가신다. 이 말씀을 통해 주님이 맡기신 달란트(은사)로 사명을 충성되게 감당한 사람들에게는 칭찬과 큰 상급이 있지만, 그 달란트로 사명을 감당치 않은 종들에게는 심판이 있다고 경고하셨다. 그렇다면 주님이 우리에게 맡기신 사명은 무엇인가? 그것은 바로 모든 족속(영역)으로 제자를 삼는 것이다. 그러므로 재림을 준비하기 위해서는 둘째, 자신이 받은 달란트(은사)로 복음을 전하고 제자 삼는 일에 힘써야 한다. "그러므로 너희는 가서 모든 민족을 제자로 삼아 아버지와 아들과 성령의 이름으로 세례를 베풀고 내가 너희에게 분부한 모든 것을 가르쳐 지키게 하라"마28:19-20.

셋째, 서로 사랑해야 한다

예수님은 우리에게 서로 사랑하라고 명령하셨다. 그리고 이웃사랑을 어떻게 행했는가를 평가하신다고 말씀하셨다. "새 계명을 너희에게 주노니 서로 사랑하라 내가 너희를 사랑한 것같이 너희도 서로 사랑하라 너희가 서로 사랑하면 이로써 모든 사람이 너희가 내 제자인 줄 알리라"요13:34-35.

"인자가 자기 영광으로 모든 천사와 함께 올 때에 자기 영광의 보좌에 앉으리니, 모든 민족을 그 앞에 모으고 각각 구분하기를 목자가 양과 염소를 구분하는 것 같이 하여 양은 그 오른편에 염소는 왼편에 두리라. 그 때에 임금이 그 오른편에 있는 자들에게 이르시되 내 아버지께 복 받을 자들이여 나아와 창세로부터 너희를 위하여 예비된 나라를 상속받으라. 내가 주릴 때에 너희가 먹을 것을 주었고 목마를 때에 마시게 하였고 나그네 되었을 때에 영접하였고 헐벗었을 때에 옷을 입혔고 병들었을 때에 돌보았고 옥에 갇혔을 때에 와서 보았느니라. 이에 의인들이 대답하여 이르되 주여 우리가 어느 때에 주께서 주리신 것을 보고 음식을 대접하였으며 목마르신 것을 보고 마시게 하였나이까? 어느 때에 나그네 되신 것을 보고 영접하였으며 헐벗으신 것을 보고 옷 입혔나이까? 어느 때에 병드신 것이나 옥에 갇히신 것을 보고 가서 뵈었나이까? 하리니 임금이 대답하여 이르시되, 내가 진실로 너희에게 이르노니 너희가 여기 내 형제 중에 지극히 작은 자 하나에게 한 것이 곧 내게 한 것이니라. 하시고 또 왼편에 있는 자들에게 이르시되 저주를 받은 자들아 나를 떠나 마귀와 그 사자들을 위하여 예비된 영원한 불에 들어가라 ⋯ 이에 임금이 대답하여 이르시되 내가 진실로 너희에게 이르노니 이 지극히 작은 자 하나에게 하지 아니한 것이 곧 내게 하지 아니한 것이니라 하시리니 그들은 영벌에, 의인들은 영생에 들어가리라 하시니라"마25:31-46.

하나님은 사랑이시며 주님의 나라는 사랑의 나라이다요일4:8골1:13. 사람은 하나님의 형상대로 지음 받은 존귀한 존재이고 주님은 우리 안에 계시며 우리는 주님의 몸의 지체가 되기 때문이다골1:27; 고전12:27. 우리가 서로를 긍휼히 여기고 사랑하고 섬기는 것이 곧 주님을 섬기는 것이다. 그러므로 재림을 준비하기 위해서는 셋째, 우리가 이웃을 주님의 사랑으로 사랑하고 섬기는 것이다.

넷째, 주님의 정결한 신부로서 예복을 준비하고 깨어있어야 한다

우리에게 주어진 시간들은 예수 그리스도를 만날 준비를 하기 위해 주어진 것이다. 예수님은 우리의 신랑이 되시며 우리는 그분의 신부이다. 그러므로 영광의 왕이신 예수님의 정결한 신부로서 세상의 모든 더러운 것에서 우리 자신을 지켜야 한다. 그리고 죄를 범했을 때는 주님께 죄를 자백하여 어린 양의 피로 깨끗함을 받고 죄에서 돌이켜야 한다. 성도들은 예수 그리스도로 옷 입었음으로 그 옷을 깨끗하게 보존해야 하는 것이다갈3:27.

"내가 하나님의 열심으로 너희를 위하여 열심을 내노니 내가 너희를 정결한 처녀로 한 남편인 그리스도께 드리려고 중매함이로다 그러나 나는 뱀이 그 간계로 하와를 미혹한 것 같이 너희 마음이 그리스도를 향하는 진실함과 깨끗함에서 떠나 부패할까 두려워하노라"고후11:2-3.

"사랑하는 자들아 이 약속을 가진 우리는 하나님을 두려워하는 가운데서 거룩함을 온전히 이루어 육과 영의 온갖 더러운 것에서 자신을 깨끗하게 하자"고후7:1.

"만일 우리가 우리 죄를 자백하면 그는 미쁘시고 의로우사 우리 죄를 사하시며 우리를 모든 불의에서 깨끗하게 하실 것이요"요일1:9.

"평강의 하나님이 친히 너희를 온전히 거룩하게 하시고 또 너희의 온 영과 혼과 몸이 우리 주 예수 그리스도께서 강림하실 때에 흠 없게 보전되기를 원하노라"살전5:23.

"모든 사람과 더불어 화평함과 거룩함을 따르라 이것이 없이는 아무도 주를 보지 못하리라"히12:14.

"불의한 자가 하나님의 나라를 유업으로 받지 못할 줄을 알지 못하느냐 미혹을 받지 말라 음행하는 자나 우상 숭배하는 자나 간음하는 자나 탐색하는 자나 남색하는 자나 도적이나 탐욕을 부리는 자나 술 취하는 자나 모욕하는 자나 속여 빼앗는 자들은 하나님의 나라를 유업으로 받지 못하리라"고전6:9-10; 갈5:19-21; 엡5:5.

"종들이 길에 나가 악한 자나 선한 자나 만나는 대로 모두 데려오니 혼인 잔치에 손님들이 가득한지라. 임금이 손님들을 보러 들어올새 거기서 예복을 입지 않은 한 사람을 보고 이르되 친구여 어찌하여 예복을 입지 않고 여기 들어왔느냐? 하니 그가 아무 말도 못하거늘 임금이 사환들에게 말하되 그 손발을 묶어 바깥 어두운 데에 내던지라 거기서 슬피 울며 이를 갈게 되리라 하니라. 청함을 받은 자는 많되 택함을 입은 자는 적으니라"마22:10-14.

"이 흰 옷 입은 자들이 누구며 또 어디서 왔느냐? 내가 말하기를 내 주여 당신이 아시나이다 하니 그가 나에게 이르되 이는 큰 환난에서 나오는 자들인데 어린 양의 피에 그 옷을 씻어 희게 하였느니라"계7:13-14.

"보라 내가 도둑 같이 오리니 누구든지 깨어 자기 옷을 지켜 벌거벗고 다니지 아니하며 자기의 부끄러움을 보이지 아니하는 자는 복이 있도다"계16:15. "자기 두루마기를 빠는 자들은 복이 있으니 이는 그들이 생명나무에 나아가며 문들을 통하여 성에 들어갈 권세를 받으려 함이로다"계22:14.

"우리가 즐거워하고 크게 기뻐하며 그에게 영광을 돌리세 어린 양의 혼인 기약이 이르렀고 그의 아내가 자신을 준비하였으므로 그에게 빛나고 깨끗한 세마포 옷을 입도록 허락하셨으니 이 세마포 옷은 성도들의 옳은 행실이로다 하더라"계19:7-8.

"나더러 주여 주여 하는 자마다 다 천국에 들어갈 것이 아니요 다만 하늘에 계신 내 아버지의 뜻대로 행하는 자라야 들어가리라"마7:21.

그러므로 재림을 준비하기 위해서는 넷째, 세상의 모든 죄악에서 자신을 깨끗하게 하고 정결한 신부로서 주님을 맞이할 준비를 해야 한다.

우리에게 주어진 이 땅에서의 시간은
창조주이고 구원주이고 심판주이신 예수 그리스도와의
만남과 영원한 삶을 준비하기 위한 것이다

예수님이 다시 오시는 순간 준비된 사람들은 이 땅에서의 모든 수고
가 끝나고 신령한 몸으로 변화하여 영원한 천국 생활을 시작한다

우리의 전 생애는 창조주와의 만남과 영원한 삶을 준비하기 위해 주어
진 것이다. 예수님은 창조주이시며 구원주이시고 또한 심판주이시다. 이제
그분은 영광스러운 만왕의 왕으로 다시 오신다. 예수님이 다시 오시는 순
간 준비된 사람들은 신령한 몸으로 변화되어 천국에서 영원한 행복을 누리
게 되지만 준비되지 않은 사람들은 영원토록 버림받는 순간이 될 것이다.

그러므로 우리는 세상을 살면서 다시 오실 주님 맞이할 준비를 해야 한
다. 창조주가 피조물들에게 자신이 다시 올 때를 준비하라고 당부하셨다
면, 우리는 이 일을 심각하게 생각하고 우리의 전 생애를 걸고 준비해야 한
다. 주님의 재림은 모든 인류에게 가장 중요한 사건이 될 것이다.

"노아의 때와 같이 인자의 임함도 그러하리라. 홍수 전에 노아가 방주
에 들어가던 날까지 사람들이 먹고 마시고 장가 들고 시집 가고 있으면서
홍수가 나서 그들을 다 멸하기까지 깨닫지 못하였으니 인자의 임함도 이
와 같으리라. 그 때에 두 사람이 밭에 있으매 한 사람은 데려가고 한 사람
은 버려둠을 당할 것이요, 두 여자가 맷돌질을 하고 있으매 한 사람은 데려
가고 한 사람은 버려둠을 당할 것이니라. 그러므로 깨어 있으라. 어느 날에
너희 주가 임할는지 너희가 알지 못함이니라. 너희도 아는 바니 만일 집 주
인이 도둑이 어느 시각에 올 줄을 알았더라면 깨어 있어 그 집을 뚫지 못하
게 하였으리라. 이러므로 너희도 준비하고 있으라 생각하지 않은 때에 인
자가 오리라. 충성되고 지혜 있는 종이 되어 주인에게 그 집 사람들을 맡아

때를 따라 양식을 나눠 줄 자가 누구냐? 주인이 올 때에 그 종이 이렇게 하는 것을 보면 그 종이 복이 있으리로다. 내가 진실로 너희에게 이르노니 주인이 그의 모든 소유를 그에게 맡기리라"마24:37-47; 막13:33-37; 눅21:34-36.

"그 때에는 그의 음성이 땅을 뒤흔들었지만 이번에는 그가 약속하시기를 "내가 한 번 더, 땅뿐만 아니라 하늘까지도 흔들겠다" 하셨습니다. 이 '한 번 더'라는 말은 흔들리는 것들 곧 피조물들을 없애버리는 것을 뜻합니다. 그렇게 하는 것은 흔들리지 않는 것들이 남아 있게 하시려는 것입니다. 그러므로 우리는 흔들리지 않는 나라를 받으니 감사를 드립시다. 그리하여 경건함과 두려움으로 하나님이 기뻐하시도록 그를 섬깁시다. 우리 하나님은 태워 없애는 불이십니다"히12:26-29 새번역.

"우리가 다 반드시 그리스도의 심판대 앞에 나타나게 되어 각각 선악간에 그 몸으로 행한 것을 따라 받으려 함이라"고후5:10.

우리 모두 언젠가는 다 예수님 앞에 서게 될 것이다. 예수님이 재림하실 때 만나든지 아니면 개인적으로 육체적 죽음을 맞이해서 만나게 된다. 그리고 우리의 삶에 대한 그분의 평가를 받게 된다. 그러므로 우리는 신랑을 기다리는 신부처럼, 여행에서 돌아오는 주인을 기다리는 충성스러운 종의 자세로 주님을 만날 준비를 해야 한다. "너희는 스스로 조심하라 그렇지 않으면 방탕함과 술취함과 생활의 염려로 마음이 둔하여지고 뜻밖에 그 날이 덫과 같이 너희에게 임하리라. 이 날은 온 지구상에 거하는 모든 사람에게 임하리라. 이러므로 너희는 장차 올 이 모든 일을 능히 피하고 인자 앞에 서도록 항상 기도하며 깨어 있으라"눅21:34-36.

초대교회 성도들이 만날 때마다 나누었던 인사말은 '마라나타'(주 예수여 오시옵소서)였다. '마라나타'는 오늘날에도 우리의 고백이 되어야 한다.

"이것들을 증언하신 이가 이르시되 내가 진실로 속히 오리라 하시거늘 아멘 주 예수여 오시옵소서"계22:20.

생의 가장 중요한 만남 예수 그리스도와의 만남

당신은 지금 예수 그리스도를 맞이할 준비가 되었는가?
우리 모두 언젠가는 다 주님 앞에 서게 될 것이다. 주님이 재림하실 때
만나든지 아니면 개인적으로 육체적 죽음을 맞이해서 만나게 된다.
그리고 우리의 삶에 대한 그분의 평가를 받게 된다. 그러므로
등과 기름을 준비한 슬기로운 자로 달란트로 충성하며 이웃을 내 몸과 같이
사랑하며 다시오실 주님을 기다리는 정결한 신부로서 살아가야 한다.

1 **이번 공부를 통해 깨달은 것을 나눠 보자**

예수님의 재림과 마지막 때의 징조들은 무엇인가?

_____

성도들은 주님과의 만남을 염두에 두고 현재를 살아야 한다. 당신은 그렇게 살고 있는가?

_____

어떻게 주님을 만날 준비를 해야 하는지 함께 나눠보자

_____

※나누기에 대한 해답은 교재 맨 뒤 240 쪽에 있습니다.

2 **믿음을 말(시인)하는 것이 믿음을 효과 있게 한다**

생애 가장 중요한 만남

이 땅에서의 삶은 예수 그리스도와의 만남과 영원한 삶을 준비하기 위한 것입니다.
나는 성령 충만하여 주님과 친밀한 교제를 가지며 믿음 안에서 깨어 있습니다.
나는 받은 달란트로 복음을 전하고 제자 삼는 일에 힘씁니다.
나는 이웃을 주님의 사랑으로 사랑하고 섬깁니다.
나는 세상의 모든 죄악에서 자신을 깨끗하게 하고 정결한 신부로서 주님을 맞이할
준비를 합니다. 아멘 주 예수여 어서 오시옵소서.

3 하나님 아버지!
제가 주님의 정결한 신부로서 성령충만하고 믿음 안에서 깨어 있게 하옵소서.
또한 주님이 맡기신 사명을 감당하고, 이웃을 사랑하게 하옵소서.
그리하여 영광 중에 주님을 만나게 하옵소서. 예수님의 이름으로 기도드립니다. 아멘.

4 암송해아 힐 중요한 성경 말씀

"그러므로 내 사랑하는 형제들아 견실하며 흔들리지 말고 항상 주의 일에 더욱 힘쓰는 자들이 되라 이는 너희 수고가 주 안에서 헛되지 않은 줄 앎이라" 고린도전서15:58.

"이 흰 옷 입은 자들이 누구며 또 어디서 왔느냐 내가 말하기를 내 주여 당신이 아시나이다 하니 그가 나에게 이르되 이는 큰 환난에서 나오는 자들인데 어린 양의 피에 그 옷을 씻어 희게 하였느니라" 요한계시록7:13-14.

"평강의 하나님이 친히 너희를 온전히 거룩하게 하시고 또 너희의 온 영과 혼과 몸이 우리 주 예수 그리스도께서 강림하실 때에 흠 없게 보전되기를 원하노라" 데살로니가전서5:23.

"너희는 스스로 조심하라 그렇지 않으면 방탕함과 술취함과 생활의 염려로 마음이 둔하여지고 뜻밖에 그 날이 덫과 같이 너희에게 임하리라" 누가복음21:34.

5 삶으로 나가는 글

지금까지 영적 성장의 지름길을 걸어왔다. 진리가 자신의 것이 되기 위해서는 반복이 필수적이다. 우리는 예수 그리스도의 주인되심과 그리스도 안에서 자신이 누구이며, 무엇을 가졌으며, 무엇을 할 수 있는지, 무엇을 해야 하는지, 어떤 상급이 주어지는지를 항상 의식하고 성령의 충만함과 믿음으로 행할 때 영적으로 성장할 수 있다. 또한 주님께서 약속하신 풍성한 삶을 누리고 맡기신 사명을 감당할 수 있다.

암송 말씀 모음

"인자와 진리가 네게서 떠나지 말게 하고 그것을 네 목에 매며 네 마음판에 새기라 그리하면 네가 하나님과 사람 앞에서 은총과 귀중히 여김을 받으리라"잠언3:3-4.

❖Step 1 새로운 법(자유, 성령, 믿음, 사랑의 법)

"자유롭게 하는 온전한 (율)법을 들여다보고 있는 자는 듣고 잊어버리는 자가 아니요 실천하는 자니 이 사람은 그 행하는 일에 복을 받으리라"야고보서1:25.

"이제 그리스도 예수 안에 있는 자들에게는 정죄함이 없나니, 그들은 육신을 따라 걷지 아니하고 성령을 따라 걷느니라. 이는 그리스도 예수 안에 있는 생명의 성령의 법이 죄와 사망의 법에서 나를 해방시켰기 때문이라"로마서8:1-2 KJV.

"믿음은 들음에서 나며 들음은 그리스도의 말씀으로 말미암았느니라"로마서 10:17.

"나의 의인은 믿음으로 말미암아 살리라"히브리서10:38.

"새 계명을 너희에게 주노니 서로 사랑(아가페)하라 내가 너희를 사랑한 것 같이 너희도 서로 사랑하라"요한복음13:34.

❖Step 2 **그리스도 의식**

"그리스도를 죽은 자 가운데서 살리심과 같이 우리로 또한 새 생명 가운데서 행하게 하려 함이니라"로마서6:4.

"내가 그리스도와 함께 십자가에 못 박혔나니 그런즉 이제는 내가 사는 것이 아니요 오직 내 안에 그리스도께서 사시는 것이라"갈라디아서2:20.

"육신을 따르는 자는 육신의 일을 영을 따르는 자는 영의 일을 생각하나니 육신의 생각은 사망이요 영의 생각은 생명과 평안이니라"로마서8:5-6.

"너희는 유혹의 욕심을 따라 썩어져 가는 구습을 따르는 옛 사람을 벗어 버리고 오직 너희의 심령이 새롭게 되어 하나님을 따라 의와 진리의 거룩함으로 지으심을 받은 새 사람을 입으라"에베소서4:22-24.

"우리를 양육하시되 경건하지 않은 것과 이 세상 정욕을 다 버리고 신중함과 의로움과 경건함으로 이 세상에 살고"디도서2:12.

❖Step 3 **예수님의 주인 되심**

"그가 우리를 흑암의 권세에서 건져내사 그의 사랑의 아들의 나라로 옮기셨으니"골로새서1:13.

"하나님의 나라는 먹는 것과 마시는 것이 아니요 오직 성령 안에 있는 의와 평강과 희락이라"로마서14:17.

"아무든지 나를 따라오려거든 자기를 부인하고 날마다 제 십자가를 지고 나를 따를 것이니라"누가복음9:23.

"한 사람이 두 주인을 섬기지 못할 것이니 혹 이를 미워하고 저를 사랑하거나 혹 이를 중히 여기고 저를 경히 여김이라 너희가 하나님과 재물을 겸하여 섬기지 못하느니라"마태복음6:24..

❖Step 4 보혜사 성령님

"보혜사 곧 아버지께서 내 이름으로 보내실 성령 그가 너희에게 모든 것을 가르치고 내가 너희에게 말한 모든 것을 생각나게 하리라"요한복음14:26.

"내 양은 내 음성을 들으며 나는 그들을 알며 그들은 나를 따르느니라"요한복음10:27.

"귀 있는 자는 성령이 교회들에게 하시는 말씀을 들을지어다"요한계시록2:7.

"하나님이 말씀하시기를 말세에 내가 내 영을 모든 육체에 부어 주리니 너희의 자녀들은 예언할 것이요 너희의 젊은이들은 환상을 보고 너희의 늙은 이들은 꿈을 꾸리라"사도행전2:17.

"술 취하지 말라 이는 방탕한 것이니 오직 성령으로 충만함을 받으라"에베소서5:18.

"방언을 말하는 자는 사람에게 하지 아니하고 하나님께 하나니 이는 알아 듣는 자가 없고 영으로 비밀을 말함이라"고린도전서14:2.

❖Step 5 영광스러운 교회

"내가 이 반석 위에 내 교회를 세우리니 음부의 권세가 이기지 못하리라"마태복음16:18.

"교회는 그의 몸이니 만물 안에서 만물을 충만케 하시는 자의 충만이니라"에베소서1:23.

"그들이 사도의 가르침을 받아 서로 교제하고 떡을 떼며(성만찬) 오로지 기도하기를 힘쓰니라"사도행전2:42.

"이 복음은 천하 만민에게 전파된 바요 나 바울은 이 복음의 일꾼이 되었노라. 나는 이제 너희를 위하여 받는 괴로움을 기뻐하고 그리스도의 남은 고난을 그의 몸된 교회를 위하여 내 육체에 채우노라"골로새서1:23-24.

❖Step 6 권세를 사용하라

"허물로 죽은 우리를 그리스도와 함께 살리셨고 또 함께 일으키사 그리스도 예수 안에서 함께 하늘에 앉히시니"에베소서2:5-6.

"믿는 자들에게는 이런 표적이 따르리니 곧 그들이 내 이름으로 귀신을 쫓아내며 새 방언을 말하며 뱀을 집어올리며 무슨 독을 마실지라도 해를 받지 아니하며 병든 사람에게 손을 얹은즉 나으리라 하시더라"마가복음16:17-18.

"내가 천국 열쇠를 네게 주리니 네가 땅에서 무엇이든지 매면 하늘에서도 매일 것이요 네가 땅에서 무엇이든지 풀면 하늘에서도 풀리리라"마태복음16:19.

"누구든지 이 산더러 들리어 바다에 던저지라 (말)하며 그 말하는 것이 이루어질 줄 믿고 마음에 의심하지 아니하면 (말한)그대로 되리라"마가복음11:23.

"한 사람의 범죄로 말미암아 사망이 그 한 사람을 통하여 왕 노릇 하였은즉 더욱 은혜와 의의 선물을 넘치게 받는 자들은 한 분 예수 그리스도를 통하여 생명 안에서 왕 노릇 하리로다"로마서5:17.

❖Step 7 사명(Mission)

"너희는 가서 모든 민족을 제자로 삼아 아버지와 아들과 성령의 이름으로 세례를 베풀고 내가 너희에게 분부한 모든 것을 가르쳐 지키게 하라"마태복음28:19-20.

"내가 달려갈 길과 주 예수께 받은 사명 곧 하나님의 은혜의 복음을 증언하는 일을 마치려 함에는 나의 생명조차 조금도 귀한 것으로 여기지 아니하노라"사도행전20:24.

"오직 성령이 너희에게 임하시면 너희가 권능을 받고 예루살렘과 온 유대와 사마리아와 땅 끝까지 이르러 내 증인이 되리라 하시니라"사도행전1:8.

"이 세상도, 그 정욕도 지나가되 오직 하나님의 뜻을 행하는 자는 영원히 거하느니라"요한일서2:17.

"많은 사람을 옳은데로 돌아오게 한 자는 별과 같이 영원토록 빛나리라"다니엘12:3.

❖Step 8 영적 씨름

"근신하라 깨어라 너희 대적 마귀가 우는 사자 같이 두루 다니며 삼킬 자를 찾나니 너희는 믿음을 굳건하게 하여 그를 대적하라"베드로전서5:8.

"이 세상이나 세상에 있는 것들을 사랑하지 말라 누구든지 세상을 사랑하면 아버지의 사랑이 그 안에 있지 아니하니 이는 세상에 있는 모든 것이 육신의 정욕과 안목의 정욕과 이생의 자랑이니 다 아버지께로부터 온 것이 아니요 세상으로부터 온 것이라"요한일서2:15-16.

"하나님의 전신 갑주를 취하라 이는 악한 날에 너희가 능히 대적하고 모든 일을 행한 후에 서기 위함이라"에베소서6:13.

"그런즉 너희는 하나님께 복종할지어다 마귀를 대적하라 그리하면 너희를 피하리라"야고보서4:7.

❖Step 9 존중하는 삶

"나를 존중히 여기는 자를 내가 존중히 여기고 나를 멸시하는 자를 내가 경멸하리라"사무엘상2:30.

"여호와를 경외하는 것이 지식의 근본이거늘 미련한 자는 지혜와 훈계를 멸시하느니라"잠언1:7.

"남에게 대접을 받고자 하는 대로 너희도 남을 대접하라 이것이 율법이요 선지자니라"마태복음7:12.

"자녀들아 주 안에서 너희 부모에게 순종하라 이것이 옳으니라 네 아버지와 어머니를 공경하라 이것은 약속이 있는 첫 계명이니 이로써 네가 잘되고 땅에서 장수하리라 또 아비들아 너희 자녀를 노엽게 하지 말고 오직 주의 교훈과 훈계로 양육하라"에베소서6:1-4.

"삼가 이 작은 자 중의 하나도 업신여기지 말라 너희에게 말하노니 그들의 천사들이 하늘에서 하늘에 계신 내 아버지의 얼굴을 항상 뵈옵느니라"마태복음18:10.

"그리스도를 경외함으로 피차(서로) 복종하라"에베소서5:21.

❖Step 10 **예수 그리스도와의 만남**

"그러므로 내 사랑하는 형제들아 견실하며 흔들리지 말고 항상 주의 일에 더욱 힘쓰는 자들이 되라 이는 너희 수고가 주 안에서 헛되지 않은 줄 앎이라"
고린도전서15:58.

"이 흰 옷 입은 자들이 누구며 또 어디서 왔느냐 내가 말하기를 내 주여 당신이 아시나이다 하니 그가 나에게 이르되 이는 큰 환난에서 나오는 자들인데 어린 양의 피에 그 옷을 씻어 희게 하였느니라"요한계시록7:13-14.

"평강의 하나님이 친히 너희를 온전히 거룩하게 하시고 또 너희의 온 영과 혼과 몸이 우리 주 예수 그리스도께서 강림하실 때에 흠 없게 보전되기를 원하노라"데살로니가전서5:23.

"너희는 스스로 조심하라 그렇지 않으면 방탕함과 술취함과 생활의 염려로 마음이 둔하여지고 뜻밖에 그 날이 덫과 같이 너희에게 임하리라"누가복음21:34.

믿음의 고백 모음

"우리가 같은 믿음의 마음을 가졌으니 우리도 믿었으므로 또한 말하노라"고후4:13.

❖Step 1 **새로운 법(자유, 성령, 믿음, 사랑의 법)**

나는 새로운 규칙에 따라 살아가는 새로운 피조물입니다.

나는 자유케 하는 온전한 법 안에서 새롭게 된 나를 발견함으로 자유케 됩니다.

나는 생명의 성령님의 도우심과 인도를 받습니다.

나는 모든 것을 믿음으로 생각하고 말하고 행동합니다.

나는 내 안에 계시는 그리스도의 사랑으로 행합니다.

❖Step 2 **그리스도 의식**

나의 옛 사람은 그리스도와 함께 죽었습니다.

내 안에 그리스도가 계십니다.

나는 그리스도의 영을 따르는 자입니다.

나는 그리스도의 믿음으로 사는 자입니다.

나는 세상의 경건하지 않은 옛 습관을 버립니다.

나는 성령 충만을 받으며 영으로 기도하고 마음으로 기도합니다.

나는 진리로 생각하고 진리를 말하고 진리를 행합니다.

나는 그리스도의 사랑을 행합니다. 사랑은 새로운 피조물의 삶의 방식입니다.

❖Step 3 **주인 되신 예수 그리스도**

예수님께서 나의 주인이십니다.

나는 하나님의 나라에 속해 있습니다.

나는 내 모든 삶을 예수님께서 다스리시도록 내어드립니다.

예수님은 내 생명의 주인이십니다.

예수님은 내 마음의 주인이십니다.

예수님은 내 몸의 주인이십니다.

예수님은 내 가정의 주인이십니다.

예수님은 내 재정의 주인이십니다.

예수님은 내 직장(사업장)의 주인이십니다.

예수님은 내 시간의 주인이십니다.

나는 주님의 다스림을 받으며 주님을 섬기는 자입니다.

❖Step 4 **보혜사 성령님**

예수님은 성령으로 내 안에 계십니다.

나는 주님의 양이며 주님의 음성을 들을 수 있습니다.

나는 말씀으로 마음을 새롭게 합니다.

나는 성령께서 기억나게 하는 말씀에 집중합니다.

나는 성령 안에서 진리 안에서 생각합니다.

나는 성령님과 교제하고 협력하고 하나가 됩니다.

나는 항상 영의 생각에 집중하여 영으로부터 삽니다.

나는 성령 충만함을 유지합니다.

나는 영의 기도와 마음의 기도를 많이 합니다.

나는 양심의 소리와 성령님의 감동 하심에 순종합니다.

❖Step 5 **영광스러운 교회**

나는 영광스러운 그리스도의 몸된 교회의 지체입니다.

나는 주일을 거룩히 지킵니다.

나는 물질을 하나님께 드리며 하나님의 나라를 확장합니다.

나는 성도들과 서로 사랑하며 연합합니다.

나는 나의 은사로 겸손히 주님과 교회를 섬깁니다.

나는 시간을 드리며 주님과 교회를 섬깁니다.

나는 교회 핵심 가치관으로 하나가 됩니다. (10대 핵심 가치관을 함께 고백하기)

❖Step 6 **권세를 사용하라**

마귀는 이미 패배했습니다. 나는 예수님과 함께 승리자의 자리에 앉아 있습니다.

나에게는 원수의 모든 능력을 제어할 권세가 있습니다.

나는 예수님의 이름으로 귀신을 통제하고 쫓아냅니다.

나는 예수님의 이름으로 기도하고 명령함으로 하나님의 뜻을 이루어갑니다.

나는 하나님의 말씀을 선포함으로 삶을 다스리며 창조해 나갑니다.

❖Step 7 **사명**

나는 먼저 하나님의 나라와 하나님의 의를 구합니다.

나는 그리스도의 생명으로 살며, 제자가 되고 제자를 삼는 자입니다.

나는 그리스도인이 가진 의로움을 일깨워 주고 성장시키는 의의 직분을 수행합니다. 나는 은사를 사용함으로 사명을 감당합니다.

나는 그리스도의 남은 고난에 동참하여 주님과 함께 영광을 누릴 것입니다.

❖Step 8 **영적 씨름**

사탄은 이미 패배한 적이며 나는 권세와 능력을 가지고 있습니다.

나는 믿음을 굳건히 하여 삶 속에서 사탄의 세력을 무력화시키고 하나님의 나라를 확장합니다.

나는 하나님의 말씀으로 생각과 마음을 지키고 믿음으로 진리를 말합니다.

나는 말에나 일에나 다 예수의 이름으로 하고 항상 기도하고 성령 충만합니다.

나는 세상을 사랑하지 않고 하나님을 사랑하며 하나님의 말씀에 순종합니다.

나는 예수님의 보혈로 항상 나를 정결케 합니다.

나는 모든 상황에 감사와 찬양을 드림으로 승리합니다.

나는 사람들과 화목하고 사랑으로 교제합니다.

❖Step 9 **존중하는 삶**

나는 상황과 관계 없이 존중하는 삶을 살아갑니다.

나는 하나님을 경외하고 모든 사람들을 존중합니다.

모든 사람은 하나님의 형상을 닮은 존귀한 자입니다.

나는 하나님과 영적 지도자들을 존중합니다.

나는 부모와 자녀를 존중합니다. 나는 내 남편(아내)을 존중합니다.

나는 사회 권위자들과 윗사람들과 아래사람들을 존중합니다.

나는 존중하는 삶으로 하나님을 영화롭게 합니다.

내 안에 그리스도가 계십니다. 나는 그리스도의 생명을 가진 자입니다.

나는 모든 상황 속에서 영으로 사랑으로 반응하고 나를 살피며 훈련합니다.

❖Step 10 **예수 그리스도와의 만남**

이 땅에서의 삶은 예수 그리스도와의 만남과 영원한 삶을 준비하기 위한 것
입니다. 나는 예수님을 사랑하고 믿음 안에서 깨어 있습니다.

나는 예수님이 맡기신 사명을 충성되이 감당합니다.

나는 사랑을 행하며 살아갑니다.

나는 예수님의 정결한 신부로서 예복을 준비합니다.

나는 세상으로 부터 자신을 거룩히 지키고 예수님을 기쁘게 섬깁니다.

주 예수여 오시옵소서.

되짚어보기 답

❖Step**1**. 새로운 법(자유, 성령, 믿음, 사랑의 법)

이번 배움을 통해 깨달은 것을 나누기

서론에서 다루었던 세 부류 사람의 특성에 관해 나눠보자

답: 성경에서 사람을 육에 속한 사람(자연인), 육적인 그리스도인(영적 어린아이), 그리고 영적인 그리스도인(영적으로 성장한 자)으로 크게 세 부류로 나눠 설명한다.

첫째, 육에 속한 사람(자연인)은 하나님의 성령의 일들을 받지 아니하는 자로 하나님도 모르고 영원한 소망도 없는 사람이다. 이들은 오감에 기초한 감각적 지식을 기반으로 살아가며, 본질상 사탄에 속한 진노의 자녀들이다.

둘째, 육적인 그리스도인(영적 어린아이)은 하나님의 생명으로 거듭난 새 피조물로 하늘에 속한 자들이지만 영적인 어린아이 상태에 머물러 있는 자들로 여전히 오감에 기초한 이성과 감정을 따라 살아가는 자들이다.

셋째, 영적인 그리스도인(영적으로 성장한 자)은 하나님의 생명으로 거듭났으며 그 거듭난 새 새명을 계속 성장시켜 영적으로 성숙한 단계에 들어선 자들이다. 예수 그리스도의 신성한 성품을 닮아 온전케 되고, 주님의 사명을 감당할 능력을 갖춘 자들이다. 이들은 거듭난 영이 진리의 말씀을 따라 이성과 감정과 육신을 다스리며 살아간다.

은혜의 말씀 속에서 각자 자신의 정체성을 확인하고 그 생각을 나눠보자

답: 은혜의 말씀 속에서 자신을 바라보면 나는 예수님과 같은 생명을 가진 의인이며, 하나님의 사랑을 받고 있고, 하나님의 생명과 본성을 가진 능력있는 새로운 피조물이다. 그리고 자유하게 하는 온전한 법, 생명의 성령의 법, 믿음의 법, 그리고 사랑의 법으로 살도록 부르심을 받은 사람이다.

당신은 생명의 성령의 법 안에서 살고 있는가 아니면 죄와 사망의 법 아래 살고 있

는가? 답: 생명의 성령의 법 안에 사는 자는 그리스도 예수 안에 있는 자들로 성령님의 보호와 영향력 아래 살아간다. 이런 자들에게는 사랑, 희락, 화평, 오래 참음, 자비, 양선, 충성, 온유, 절제 같은 성령의 열매를 맺고 살아간다.

그러나 죄와 사망의 법 아래 사는 자는 그리스도 밖에 있는 사람들로 이들의 운명은 하나님과 원수가 되어 영원한 지옥에 들어가는 것이다. 이들은 육신대로 살며, 음행, 더러운 것, 호색, 우상숭배, 주술, 원수 맺는 것, 분쟁, 시기, 분냄, 당 짓는 것, 분열함, 이단, 투기, 술 취함, 방탕함과 같은 육체의 일을 하는 자들이다.

믿음으로 사는 것과 하나님의 사랑으로 사는 것에 관해 나눠보자

답: 믿음은 새로운 피조물의 삶의 방식이다. 즉 믿음이란 하나님의 말씀에 대한 인간의 반응으로, 성경에 기록된 모든 말씀은 신리이므로 보이지 않아도 실상임을 믿고 따르는 것이다.

답: 하나님의 사랑으로 사는 것은 성령으로 하나님의 사랑이 우리의 마음에 부어졌으므로 그 사랑에 뿌리를 박고 사랑이 동기가 되어서 사는 것이다.

❖Step2. 그리스도 의식

이번 배움을 통해 깨달은 것을 나누기

새로운 피조물이 가져야 할 '그리스도 의식'을 나눠 보자

답: 그리스도 안에 있는 새로운 피조물은 예수님과 같은 생명과 정체성을 가진 사람이다. 내 영에 계시는 그리스도를 의식할 때 새 생명으로 살 수 있기에 새롭게 창조된 그리스도인이 가지고 살아가야 할 의식은 다음과 같다.

1) 나의 옛 사람은 그리스도와 함께 죽었다. 나는 죄에 대하여 죽은 자이다.

2) 내 안에 그리스도가 사신다(그리스도를 의식하라).

3) 나는 영을 따르는 자이다.

4) 나는 그리스도의 믿음으로 사는 자이다.

어떻게 새생명의 삶을 훈련하는지 나눠보자

답: 옛 사람의 습관을 벗어 버리고 새로운 피조물의 습관을 입는다.

첫째, 죄의 옛 습관을 버리라

둘째, 성령으로 충만하라

셋째, 영으로 기도하고 또 마음으로 기도하라

넷째, 진리로 생각을 새롭게 하라(새 피조물의 의식을 가져라)

다섯째, 믿음으로 진리를 말하라(고백하라)

여섯째, 믿음으로 진리를 행하라

일곱째, 믿음으로 아가페 사랑을 행하라

나의 영적습관에서 어떠한 부분을 보완해야 할지 나눠보자

답: 새롭게 창조된 사람이 가져야 할 의식과 습관들을 항목별로 점검하고 부족한 부분을 보완한다.

❖Step3. 예수님의 주인 되심

이번 배움을 통해 깨달은 것을 나누기

예수 그리스도의 나라에 들어온다는 것은 어떤 의미인가?

답: 사탄의 지배에서 벗어나 예수 그리스도의 보호 속으로 들어온 것이다. 즉 구원받은 것이다. 또한 그분의 왕 되심을 인정하고 삶의 모든 부분(내 마음, 내 몸, 가정, 직업, 재정, 시간 등)에서 주님의 다스림을 받는 것이며 예수님의 말씀을 지키는 것이다.

당신은 주인되신 예수님의 다스리심 가운데 있는가?

답: 만왕의 왕이요 만주의 주이신 예수님을 자신의 주인으로 믿고 입으로 시인하여 그분의 다스리심과 보호 안으로 들어와 예수님의 다스림을 받을 수 있다. 예수님의 다스림 가운데 있는지 여부는 자신이 주님의 말씀을 듣기만 하는 것에 머무르지 않고 그 말씀대로 행하는지, 그리고 자기를 부인하고 왕 되신 예수님을 따라 좁은 문, 좁은 길로 가고 있는지를 점검함으로 알 수 있다.

당신은 삶의 어느 영역까지 주님의 통치가 이루어지고 있는가?

답: 다음과 같이 제시하는 영역을 점검함으로 나의 삶의 어느 영역까지 주님의 통치가 이뤄지고 있는지 확인할 수 있다.

첫째, 예수님의 주 되심은 우리의 영혼 뿐만 아니라 우리 몸 또한 주님이 거하시는 성전이 된 것이다. 그리하여 몸의 사욕에 순종하지 않고 몸을 불의의 무기로 죄에게 내주지 말고 자신의 몸을 의의 무기로 하나님께 드려야 한다.

둘째, 하나님께서 설계하신 가정은 주님의 사랑과 통치가 실현되는 곳이 되어야 한다. 남편은 주님이 교회를 위해 자신을 주심 같이 아내를 아끼고 사랑해야 하며, 아내 또한 주께 하듯 남편을 존경하고 따라야 한다. 그리고 부모는 자녀들을 노엽게 하지 말고 오직 주의 교훈과 훈계로 양육해야 하며, 자녀들은 주 안에서 부모의 말씀에 순종하고 부모를 공경해야 한다.

셋째, 우리의 직업은 주님이 맡기신 사명으로 알고 그 직업과 사업장을 통해 주님을 영화롭게 하여 주님의 다스림이 세상에 확장되도록 해야 한다.

넷째, 돈을 자기의 것이라 여기지 않고 하나님의 것을 맡은 청지기의 자세로 주님의 뜻대로 다스려야 한다. 돈은 필요하고 소중한 것은 맞지만, 돈이 하나님을 대신하여 섬김의 대상이 되거나 돈을 사랑해서는 안 된다.

다섯째, 예수님은 또한 시간의 주인이시다. 따라서 세월을 아끼며 주님께서 중요하게 여기시는 일에 우선순위를 두어야 한다.

❖Step4. 보혜사 성령님

이번 배움을 통해 깨달은 것을 나누기

성령님의 인도하심을 받으려면 영혼.몸 가운데 무엇에 집중해야 하는가, 그리고 그 이유는? 답: 성령님의 인도하심을 받으려면 우리의 지성소인 영에 집중해야 한다. 왜냐하면 성령님은 우리의 영에 거하시기에 우리는 영을 통하여 성령님의 인도하심을 받을 수 있다. 초자연적인 성령님의 인도를 받으며 살기 위해서는 의식적으로 영의 생각에 집중하여 영의 갈망과 인도함을 따라 살아야 한다.

성령님이 우리를 인도하시는 방법을 나눠보자

답: 첫째, 성령님은 우리의 영과 하나가 되셨다. 그러므로 성령의 인도하심을 따름은 영으로부터 떠오르는 하나님의 말씀과 영의 갈망을 따라 살아가는 것이다. 우리의 머리(이성)의 생각이나 귀로 들리는 것이 아니라, 우리의 심령 깊은 곳인 영으로부터 흘러나오는 영에 집중하여 그 영의 갈망이 무엇인지를 생각하여야 한다.

둘째, 성령님은 지혜와 계시의 영을 주셔서 모든 상황 속에서 깨달음과 통찰력을 주심으로 나를 인도하신다. 특히 그분은 때에 맞는 하나님의 말씀을 생각나게 함으로 나를 인도하신다.

셋째, 영으로부터 오는 내적 증거(내적 확신)는 거듭난 영의 판단이다. 성령님은 나의 영의 내적 증거와 확신으로 인도하신다. 영의 생각은 머리에서나 감정에서 일어나는 것이 아니라, 심령 깊은 곳으로부터 오는 평안과 확신이다.

넷째, 내적 음성 즉 양심의 소리로도 인도하시기에 내적 음성을 듣기 위해서 머리 쪽에서 일어나는 생각을 듣는 것이 아니라 심령 깊은 곳인 양심에서 나오는 소리를 들어야 한다. 그러기위해 양심을 깨끗이 유지해야 한다,

다섯째, 성령님은 우리가 확실하게 알아들을 수 있게 직접 말씀하시기도 한다. 모든 믿는 자들은 주님께서 성령으로 말씀하시는 음성을 들어야 한다.

여섯째, 성령에 감동된 설교자와 성령님의 감동 받은 믿음의 형제 자매들과의 교제를 통해 또한 성령의 기름부음으로 쓰인 신앙서적을 통해서도 성령님은 우리에게 말씀하신다.

일곱째, 믿는 자들에게 장래의 일을 준비케 하시기 위해 보여주시는 예언, 환상, 꿈을 통해 인도하신다. 하지만 모든 예언과 환상과 꿈이 성령님이 주시는 메시지는 아니기에 하나님의 말씀과 내적 직감(확신)에 비추어 보아 그것이 하나님께로부터 온 것인가를 분별하고 올바로 해석해야 한다.

마지막으로 성령님의 인도를 받을 때 주의할 것은 자신의 생각이나 혹은 사

탄이 준 생각은 아닌지를 점검해야 한다. 하나님께로부터 온 생각이라면 하나님의 말씀과 일치하는 방향으로 가게 할 것이다.

성령님의 인도하심을 잘 받으려면 어떻게 해야 하는가?

답: 주님이 성령으로 내 안에 계심을 항상 의식한다.

성령님과 같은 비전을 갖는다.

주를 섬겨 금식하며 기도할 때 성령님의 인도를 잘 받을 수 있다.

하나님의 말씀을 매일 읽고 마음을 새롭게 해야 한다.

성령으로 충만하고 방언 기도와 마음의 기도를 많이 한다.

하나님을 경외하고 사랑하며 말씀과 감동하심에 순종한다.

나는 성령님의 인도를 잘 받고 있는가?

답: 위에서 살펴본 내용으로 자신을 점검함으로 나는 지금 성령님의 인도를 잘 받고 있는지를 점검해볼 수 있다.

❖Step5. 영광스러운 교회

이번 배움을 통해 깨달은 것을 나누기

당신이 생각하고 있던 교회와 성경에서 말씀하는 교회의 차이점은 무엇인가?

답: 자신이 생각하고 있던 교회에 대해서 자유롭게 이야기 나눠보세요. 그리고 이번 교재를 공부하면서 자신이 느낀 교회에 대해 토론한다.

교회의 존재 목적은 무엇인가?

답: 초대교회는 사도의 가르침을 받고, 성찬을 나누고, 기도에 힘쓰고, 성도간의 사랑의 교제를 나누고 하나님을 찬양하였으며 주께서 구원 받는 사람의 수를 날마다 더하셨다. 그러면 교회는 무엇을 하는 곳인가?.

 첫째, 교회는 우리를 창조하시고 구원하신 하나님께 예배드리고 기도하며 하나님을 섬기는 곳이다.

 둘째, 모든 성도는 예수 그리스도 안에서 한 몸으로 부름 받았다. 그러므로 성도가 서로 아가페 사랑으로 교제하고 연합하는 곳이다.

셋째, 교회는 말씀으로 양육되어 제자(하나님의 진리로 충족되고 성품과 능력면에서 성숙하게 된 성도들은 몸된 교회와 이웃을 섬기며 사명을 감당하는 제자)로 세워지는 곳이다.

넷째, 교회는 위로는 하나님을 섬기고 옆으로는 이웃을 섬기는 곳이다.

다섯째, 교회는 예수 그리스도의 군대로서 복음을 전파하는 곳이다.

교회 공동체의 10대 핵심 가치관을 나눠보자 (p117~119 참조)

❖Step6. 권세를 사용하라

이번 배움을 통해 깨달은 것을 나누기

믿는 자의 위치는 어디인가? 또한 당신은 세상에서 피해자로 사는가 아니면 다스리는 자로 사는가?

답: 믿는 자는 예수님과 함께 십자가에서 죽고 함께 장사되고 함께 부활하여 그리스도와 함께 하늘에 앉혀진 존재이다. 거듭난 그리스도인의 위치는 왕좌, 즉 하늘과 땅의 모든 권세를 가지신 주님과 함께 있다. 그곳이 하나님께서 우리를 앉히고 싶어 하시는 자리다. 이를 위해 예수님께서 죄인의 자리인 십자가에서 대신 죽으신 것이다. 이러한 자신에게 주어진 위치와 권세를 깨닫는 순간 자신의 정체성에 자신감을 갖게 된다. 더는 무력감에 머물러있지 않고 무엇을 해야 할지 알게 된다. 삶의 수준이 달라진다. 삶의 영향력이 달라진다. 세상에서 피해자가 아니라 다스리는 자로 살게 된다. 만약 우리가 권세를 행하지 않는다면 사탄이 우리를 다스리려 할 것이다.

우리에게 어떤 권세가 주어졌으며 그 권세를 어떻게 사용해야 하는가?

답: 새로운 피조물은 주어진 상황에 굴복하지 않고 오직 예수님의 이름과 말씀과 성령의 능력으로 삶을 다스리고 정복하는 승리자로 살도록 부름 받았다. 예수 그리스도의 권세는 그의 몸된 성도들에게 주어졌으며, 그 권세는 예수님

의 이름을 통하여 나타난다. 즉 무엇을 하든지 말에나 일에나 다 예수 그리스도의 이름으로 한다. 예수님의 이름으로 기도하고 믿음으로 말의 권세를 사용해야 한다. 즉 마귀와 마귀의 일은 대적하고 버리고 믿음으로 하나님의 일들(축복, 건강, 치유, 공급, 평안...)은 선포하고 풀어놓아야 한다. 우리에게 주어진 강력한 무기인 하나님의 말씀을 자신의 믿음으로 고백하여 삶을 창조하고 다스려야 한다. 그리고 주님께서는 죄 사함의 권세를 우리에게 위임하셨다. 그러므로 우리는 왕 같은 제사장으로 이웃의 죄를 용서해 주고 중보하고 복음을 전하여 예수님을 통해 죄사함을 얻도록 섬겨야 한다.

❖Step7. 사명(Mission)

이번 배움을 통해 깨달은 것을 나누기

우리의 사명은 무엇이며 사명을 품은 자는 어떤 자인가?

답: 우리의 사명은 복음을 전하고 양육하여 제자를 삼는 것이다.

우리의 사명은 그리스도의 몸을 세우는 것이다.

사명을 품은 자는 그리스도의 대사이다.

새 언약의 일꾼은 새 생명의 의를 일깨워 주는 영광스러운 직분이다.

 사명을 감당하기 위해서는 어떻게 해야 하는가?

답: 영적으로 성장해야 한다.

성령님의 도우심을 받아야 한다(성령 충만).

우리는 받은 은사(달란트)로 사역해야 한다.

사명을 감당하는 자에게 주어지는 보상은 무엇인가?

답: 첫째, 창조주 하나님의 영광과 즐거움에 참여하게 된다.

 둘째, 하나님의 가족이 되고 예수님과 함께 하나님 아버지의 상속자가 되어 영광의 보좌에 앉아 통치하는 권세를 주신다.

셋째, 영원한 영광과 면류관을 주신다.

넷째, 하늘에 있는 영원한 집을 주신다.

다섯째, 후세뿐 아니라 현실 세계에서도 보상이 있다.

❖Step8. 영적 씨름

이번 배움을 통해 깨달은 것을 나누기

영적 전쟁은 왜 일어나는가?

답: 영적 전쟁이 있는 이유는 사탄과 그의 부하들이 모든 능력을 동원하여 하나님의 형상대로 창조된 인간을 미혹하고 죽이고 멸망시키려 하기 때문이다. 사탄은 하나님과 인간 사이를 갈라놓으려 한다. 따라서 마귀는 실제로 존재하며 마귀와 악한 영들이 하나님을 따르는 것을 방해하고 공격을 한다는 것을 하나님을 향해 믿음의 길을 걸어가는 우리는 잊지 말아야 한다.

사탄과 그의 부하들의 무기와 전략은 무엇인가?

답: 사탄의 무기는 거짓이다. 사탄은 거짓말, 속임수, 미혹, 유혹 등을 무기로 삼아 사람들을 멸망으로 이끌고 있다. 사탄과 그의 부하들이 하는 일(전략)은 다음과 같다.

첫째, 사탄은 각종 종교를 만들어 진정한 구원자이신 예수님을 믿지 못하도록 미혹한다.

둘째, 사탄은 사람의 마음에서 하나님의 말씀(하나님의 말씀은 믿음의 씨앗이며, 성령의 검 곧 사탄을 무찌르는 무기이고 문제를 해결하는 열쇠가 된다.)을 빼앗아 믿음에서 멀어지게 한다.

셋째, 사탄은 하나님의 선하심을 의심하게 하고 하나님의 말씀에 불순종하게 하여 하나님과 사람 사이를 갈라놓으려 한다.

넷째, 사탄은 하나님 보다 세상을 더 사랑하도록 이끈다.

다섯째, 사탄은 부정적인 생각과 감정을 심어주어 마음을 둔하게 하여 믿음에서 멀어지게 한다.

여섯째, 사탄은 교회와 가정을 파괴하려 한다.

영적 전쟁에서 승리하는 방법은 무엇인가?

답: 우리의 싸움은 원수를 이기신 예수님과 연합하고 그분의 약속의 말씀을 믿고 믿음을 지키면 된다. 영적 전쟁에서 승리하는 방법은 다음과 같다.

첫째, 믿음으로 죄사함을 받고 사탄의 지배에서 벗어나 예수 그리스도 안에 있어야 한다.

둘째, 하나님의 말씀으로 생각과 마음을 지키고 진리를 말해야 한다.

셋째, 무엇을 하든지 말에나 일에나 다 주 예수의 이름으로 한다.

넷째, 기도와 성령의 능력으로 속사람을 강건하게 한다.

다섯째, 이 세상이나 세상에 있는 것들보다 하나님을 더 사랑하고 그분의 말씀에 순종한다.

여섯째, 교만하지 않고 항상 겸손한 마음을 갖는다.

일곱째, 회개와 예수님의 보혈을 힘입어 항상 우리 자신을 정결케 한다.

여덟째, 원망이나 불평하지 말고 모든 상황에서 감사와 찬양을 드린다.

아홉째, 영적 전쟁의 대상은 악의 영들이기에 사람들 간에는 화목해야 한다.

❖Step9. 존중하는 삶

이번 배움을 통해 깨달은 것을 나누기

존중하는 삶을 살아야 하는 이유와 그 유익은 무엇인가?

답: 모든 그리스도인은 존중하는 삶을 살도록 부름 받았다. 예수님께서는 우리가 죄인 되었을 때 우리를 존중히 여겨 구원하시기 위해 하늘 보좌를 떠나 겸손히 이 땅에 오셨다. 따라서 그분의 생명을 가진 제자 된 우리도 겸손으로 옷입고 하나님과 이웃을 사랑하고 존중하며 예수님을 닮아가야 한다.

겸손과 존중하는 삶을 살 때 하나님께서는 때가 되면 반드시 높여주신다. 하나님과 이웃을 존중히 여기는 겸손한 마음과 태도는 우리가 얼마나 올라갈 수 있는지를 결정한다. 또한 존중하는 자에게 하나님의 축복이 부어지고 이들을 통해 하나님의 이름이 높임을 받으며 전도의 문이 열린다.

우리가 존중해야 할 대상은 누구인가?

답: 첫째, 우리가 가장 존중히 여기고 경외해야 할 분은 바로 삼위일체 하나님이시다. 우리는 하나님의 말씀과 하나님의 이름과 우리 안에 계신 성령님과 하나님께 드리는 예배를 존중히 여겨야 한다.

둘째, 영적 지도자를 존중히 여긴다.

셋째, 부모를 존중한다.

넷째, 아내와 남편을 존중한다.

다섯째, 자녀를 존중한다.

여섯째, 사회의 권위자들과 윗사람들을 존중한다.

일곱째, 맡겨진 이들(아랫사람들)을 존중한다.

여덟째, 성도간에 서로 존중한다.

아홉째, 믿지 않는 자들을 존중한다.

어떻게 존중하는 삶을 살 수 있는가?

답: 첫째, 내 안에 계신 그리스도를 의식한다.

둘째, 하나님을 의식하며 모든 사람을 존중한다.

세째, 모든 상황을 영으로부터 반응할 때 가능하다.

네째, 자신을 살피고 훈련해야 한다.

❖Step10. 예수 그리스도와의 만남

이번 배움을 통해 깨달은 것을 나누기

예수님의 재림과 마지막 때의 징조들은 무엇인가?

답: 마지막 때에는 전쟁, 기근, 지진 등 자연재해, 거짓 그리스도들과 거짓 선지자들, 믿음을 버리는 배교, 멸망의 아들이 나타남, 불법이 많아짐과 사랑이 식어짐 등의 징조들이 나타난다.

성도들은 주님과의 만남을 염두에 두고 현재를 살아야 한다. 당신은 그렇게 살고 있는가?

답: 현재 자신이 가진 생각을 솔직하게 나눈다.

어떻게 주님을 만날 준비를 해야 하는지 나눠보자

답: 첫째, 성령 충만하여 주님과 친밀한 교제를 가지며 믿음 안에서 깨어 있어야 한다.

둘째, 자신이 받은 달란트로 복음을 전하고 제자를 삼는 일에 힘써야 한다.

셋째, 이웃을 주님의 사랑으로 사랑하고 섬겨야 한다.

넷째, 세상의 모든 죄악에서 자신을 깨끗하게 하고 정결한 신부로서 주님을 맞이할 준비를 해야 한다.

그러므로 그리스도의 생명으로 살며 제자가 되고 제자를 삼아야 한다.

이 책을
활용하는 방법

이 책은 영적 성장을 위해 쓰였다.

영적인 성장을 위해서는 제자가 되고 또 제자를 삼는 것이 필수적이다.
제자 양육을 위해 일대일이나 소그룹으로 모여 진리의 말씀을 함께 공부하고
고백하며 삶에 적용한다면 예수 그리스도의 좋은 제자, 좋은 군사로 성장하는
축복을 누리게 될 것이다. 그리고 모임은 일주일에 한두 번 정도가 좋으며,
소요시간은 약 1시간 30분에서 2시간 정도가 적당하리라 본다.

† 첫 만남

❶ 친교 하기. - 첫 만남은 서로에 대한 소개로 시작한다.

　이때 신앙과 관련된 나눔을 간단히 갖는 것이 좋다.

❷ 기도로 모임을 시작한다. (시간이 허락한다면 찬양하는 시간을 갖는다.)

❸ 이 책을 먼저 읽어온 내용에 관해 의견을 발표하고 서로의 의견을 나눈다.

❹ '목차'를 함께 읽으며 공부가 어떻게 흘러가는가의 전체 내용을 함께 파악한다.

❺ 제자훈련을 통해 영적으로 성장할 자신의 모습을 그려본다.

❻ Step1을 읽고 중요 부분 밑줄 긋기를 과제로 내준다.

❼ 기도로 모임을 마친다.

† 두 번째 만남

❶ 친교 하기. - 영적인 관점에서 지난 한 주간의 삶을 나눈다. (약 10분)

❷ 기도로 모임을 시작한다. (시간이 허락한다면 찬양하는 시간을 갖는다.)

❸ Step1을 읽은 내용을 얼마나 이해하였는지, 어떤 부분에 감동을 받았는지,

　삶에 적용할 부분이 무엇인지를 함께 나눈다. (지,정,의를 묻는 질문)

❹ Step의 지적 이해, 영적 감동, 삶에 적용 부분을 함께 나눈다.

　(중간마다 말씀을 토대로 서로의 믿음과 삶을 나눈다.)

❺ '되짚어 보기'로 배운 내용을 함께 나누고 고백하고 기도한다.

❻ 암송 말씀, 믿음의 고백, Step 2 예습(읽고 중요 부분 밑줄 긋기, 말씀 묵상 기도하기

　등을 과제로 내준다.)-기도하기는 영의 기도와 마음의 기도를 많이 하도록 권한다.

❼ 기도로 모임을 마친다.

† 세 번째 만남부터 열한 번째는 동일하다

❶ 친교 하기. −영적인 관점에서 지난 한 주간의 삶을 나눈다. (약 10분)

❷ 기도로 모임을 시작한다. (시간이 허락한다면 찬양하는 시간을 갖는다.)

❸ 과제를 검사하고 한 주간의 삶을 간단하게 나눈다.

특히 지난주에 배운 것을 삶에 어떻게 적용했는가를 중심으로 나눈다.(약 10분)

❹ Step2을 읽은 내용을 얼마나 이해하였는지, 어떤 부분에 감동을 받았는지,

 삶에 적용할 부분이 무엇인지를 함께 나눈다. (지, 정, 의를 묻는 질문)

❺ Step의 지적 이해, 영적 감동, 삶에 적용 부분을 함께 나눈다.

 (중간마다 말씀을 토대로 서로의 믿음과 삶을 나눈다.)

❻ '되짚어 보기'로 배운 내용을 함께 나누고 고백하고 기도한다.

❼ 암송 말씀, 믿음의 고백, Step 3 예습 그리고 기도하기 등을 과제로 내준다. 암송 말씀과 믿음의 고백은 교재 뒤편에 있는 말씀 묵상 모음집을 처음부터 배운 데까지 한다.

❽ 기도로 모임을 마친다.

"예수께서 나아와 말씀하여 이르시되 하늘과 땅의 모든 권세를 내게 주셨으니 그러므로 너희는 가서 모든 민족을 제자로 삼아 아버지와 아들과 성령의 이름으로 세례를 베풀고 내가 너희에게 분부한 모든 것을 가르쳐 지키게 하라 볼지어다 내가 세상 끝날까지 너희와 항상 함께 있으리라"마28:18−20.

참고로 교재의 한 스텝(Step)의 내용이 많으므로 두세 번에 나눠서 공부해도 좋다. 그렇게 여유 있게 한다면 1권을 마치는데 약 5~6개월 정도가 소요된다. 1권을 마친 다음에는 2권을 배운다. 2권을 마친 다음에는 다른 사람을 제자로 삼아 1권부터 가르칠 수 있도록 복습하며 준비한다. 여기에서 우리가 꼭 기억해야 할 것은 배우고 확신한 일에 거하는 것이다. 즉 배운 진리대로 생각하고 말하고 행함으로 삶이 바뀌는 것을 목표로 삼아야 한다. 그리스도의 생명으로 살며, 제자가 되고 제자를 삼는 일은 목회자나 선교사에게만 주어진 명령이 아니라, 모든 믿는 자에게 주어진 사명이다. 그러므로 당신이 지금 이 일에 동참하고 있다면 제일 좋은 선택을 한 것이다. 언젠가 당신이 주님 앞에 설 때 "잘하였도다 착하고 충성된 종아"라고 칭찬받게 될 것이다.

독자에게 올리는 글

지금까지 '구원과 새 생명의 정체성'과 '어떻게 새 생명으로 살 것인가?'를 읽고 영적으로 성장하심을 진심으로 감사드립니다.

저는 24세 때 거듭나서 지금까지 40여 년을 전도자의 삶과 제자 양육을 위해 뛰어 왔습니다. 저의 유일한 삶의 소망은 그리스도의 생명으로 살며 제자가 되고 제자를 삼는 것입니다. 이렇게 살아야 죄악 된 세상에서 오염되지 않고 주님 다시 오실 때까지 성령님과 동행하며 살 수 있습니다. 우리 모두가 제자를 삼는 삶을 살려면 한번 배우는 것으로 끝내지 말고 이 교재를 가지고 겸손한 마음으로 반복해서 공부하며 실천하여 먼저 자신이 진정한 제자가 되어야만 합니다. 이 책 속에 담긴 진리가 온전히 자신의 것으로 소화되어 계속 영적으로 성장할 때 비로소 제자를 삼는 제자가 될 줄로 믿습니다.

이 책을 읽고 공부하는 사랑하는 동역자 여러분! 끝까지 믿음의 경주를 마치기 위해서는 주님의 제자 삼으라는 명령에 동참해야 합니다.

"너희는 가서 모든 민족을 제자로 삼아 … 모든 것을 가르쳐 지키게 하라"마28:19-20. 주님을 뜨겁게 사랑하며 이 명령을 향해 하루하루 살아간다면 주님을 다시 만날 때 다음과 같은 말씀을 듣게 될 것입니다.

"잘하였도다 착하고 충성된 종아 네가 적은 일에 충성하였으매 내가 많은 것을 네게 맡기리니 네 주인의 즐거움에 참여할지어다"마25:21.

저는 여러분 모두가 예수님의 위대한 명령에 순종함으로 주님의 다시 오심을 예비하며 마지막 영혼들을 추수하는 일에 동참하시길 예수님의 이름으로 축복합니다.

주후 2025년 5월 20일
조 용 식 올림